砂卵石地层盾构
长距离高效施工技术

高洪吉　石宗涛　孙　亮　苗春刚　杨志勇　编著

中国铁道出版社有限公司

2022年·北　京

内 容 简 介

本书依托中铁十四局集团有限公司承建的北京大兴国际机场线07标段2号风井～3号风井区间盾构隧道工程，对工程中涉及的关键问题进行了研究。主要研究内容包括：长距离砂卵石地层土压平衡盾构刀具磨损研究、长距离砂卵石地层盾构渣土改良技术研究、盾构穿越风险源施工技术及辅助措施研究、盾构管片上浮机理及控制技术研究、盾构长距离掘进运输方式研究。

图书在版编目(CIP)数据

砂卵石地层盾构长距离高效施工技术/高洪吉等编著. —北京：中国铁道出版社有限公司，2022.8
ISBN 978-7-113-28448-0

Ⅰ.①砂… Ⅱ.①高… Ⅲ.①卵石-地层-隧道施工-盾构法 Ⅳ.①U455.43

中国版本图书馆CIP数据核字(2021)第203834号

书　　名：砂卵石地层盾构长距离高效施工技术
作　　者：高洪吉　石宗涛　孙　亮　苗春刚　杨志勇

策　　划：梁　雪
责任编辑：梁　雪　　　　**编辑部电话：**(010)51873193
封面设计：郑春鹏
责任校对：焦桂荣
责任印制：樊启鹏

出版发行：中国铁道出版社有限公司(100054，北京市西城区右安门西街8号)
网　　址：http://www.tdpress.com
印　　刷：北京建宏印刷有限公司
版　　次：2022年8月第1版　2022年8月第1次印刷
开　　本：787 mm×1 092 mm 1/16　**印张：**13.25　**字数：**315千
书　　号：ISBN 978-7-113-28448-0
定　　价：80.00元

版权所有　侵权必究

凡购买铁道版图书，如有印制质量问题，请与本社读者服务部联系调换。电话：(010)51873174
打击盗版举报电话：(010)63549461

编 委 会

主　　编：高洪吉　石宗涛　孙　亮

苗春刚　杨志勇

副 主 编：周庆合　朱统步　孙正阳

赵树才　孙　伟

序言

随着我国经济不断地发展，以北京为代表的大城市国际地位不断提升，国际事务的参与程度越来越高。在此背景下，大城市的交通枢纽基础工程纷纷开始建设。北京大兴国际机场定位为大型国际枢纽机场，是国家发展一个新的动力源，是支撑雄安新区建设的京津冀区域综合交通枢纽。北京大兴国际机场线作为北京大兴国际机场的配套工程，在完善大兴机场的功能上发挥着重要的作用。

北京大兴国际机场线被誉为“北京市轨道交通建设新里程碑”，该线采用世界最高等级、具有完全自主知识产权的全自动驾驶系统，不仅可实现无人驾驶，还可实现列车自动唤醒、自检、运行、休眠等全过程。北京大兴国际机场线是北京市轨道交通“十三五”规划中的一条骨干线路，是落实北京城市总体规划、促进京津冀协同发展的重要组成部分，也是北京大兴国际机场“五纵两横”配套交通工程中的快速、直达、大运量的公共交通服务专线、快线，将对加速京津冀地区经济融合、助力新引擎建设起到积极推进作用。

在大兴国际机场线修建过程中应用了明挖法、暗挖法、盾构法等几乎全部的轨道交通建设工法，其中地下段的修建以盾构法为主。本书所依托工程(2 号风井～3 号风井区间)为全线最长的盾构区间，单线长度达到 3 825 m，土压平衡盾构机在无水卵石地层中一次性穿越 3.8 km 以上在世界范围内都比较罕见，且大兴机场线采用的盾构相较于普通盾构直径更大，达到 9 m，大直径盾构刀盘直径更大，施工扭矩更大，刀具磨损也更严重，对施工技术及组织提出了更高的要求。

基于工程的特殊性，施工单位中铁十四局集团有限公司在工程准备期对盾构施工的关键技术重难点进行了分析，施工过程中对重点数据进行了收集整理，并进行总结分析，最终形成本书。本书对大直径土压平衡盾构长距离穿越砂卵石地层的问题进行了细化研究，主要内容包括：刀具磨损分析、渣土改良技术、穿越重大风险源技术、管片上浮机理与控制技术、盾构长距离掘进物料运输方式等。本书的研究内容覆盖了整个工程的重难点，同时也为研究人员提供了可借鉴工程案例，有助于促进行业的发展。本书针对性强、数据翔实、实用性好，可为类似工程的施工技术人员及科研人员提供参考借鉴。

2021 年 10 月

前言

北京地铁大兴机场线被誉为“北京市轨道交通建设新里程碑”，其车辆最高时速可达每小时 160 km，是北京市轨道交通“十三五”规划中的一条骨干线路。北京地铁大兴机场线土建工程长度 41.2 km，其中地下段长 22.4 km，地下段中盾构区间隧道长度 14.8 km，共分为 4 个标段，5 个区间。项目依托的标段为 2 号风井～3 号风井区间，该区间是全线最长的盾构区间，且相较于普通盾构，大直径盾构刀盘直径更大，扭矩更大，刀具磨损也更严重，换刀距离更难合理确定。另外，刀具检修需要修建多个检修竖井，这些竖井会为城市带来短暂的拥堵。因此进行大直径土压平衡盾构机长距离穿越砂卵石地层的相关技术研究有着重要的社会与经济效益。

为保证工程顺利实施及总结提升土压平衡盾构施工技术水平，在工程建设初期工程承建单位中铁十四局集团有限公司联合中国矿业大学(北京)提出了北京地铁新机场线长距离砂卵石地层盾构施工技术课题，并在工程建设过程中进行了数据收集、室内试验、现场试验等科研工作，基于研究成果形成本书，主要内容包括：

(1)长距离砂卵石地层土压平衡盾构刀具磨损研究。依托室内试验、理论分析等方法对土压平衡盾构在砂卵石地层中掘进的磨损问题进行研究。分析刀具磨损的机理，并对地层的特点进行分析总结影响地层磨蚀性的主要因素，最后提出复合地层刀具磨损量预测公式及刀具设计优化的相关措施。

(2)长距离砂卵石地层盾构渣土改良技术研究。分析不同渣土改良材料在砂卵石地层中的渣土改良效果，选取合适的配合比进行现场试验，确定最终应用到工程中的配合比。

(3)盾构穿越风险源施工技术及辅助措施研究。工程涉及多个不同类型的风险工程：连续下穿高压塔、下穿既有线结构、浅覆土段施工等。对施工过程中的盾构施工技术及辅助措施进行研究，保障盾构穿越风险源时周围环境及盾构施工的安全。对风险源的变形规律进行分析，为后期优化盾构施工技术提供依据。

(4)盾构管片上浮机理及控制技术研究。盾构在砂卵石地层掘进过程中会发生管片上浮的情况，会导致管片错台，并影响后续线路运营。因此对盾构管片的上浮机理进行研究，总结影响管片上浮的因素，提出上浮控制措施，保证盾构隧道成型管片质量。

(5)盾构长距离掘进运输方式研究。目前盾构的运输方式还是以土斗运输为主，但由于工程距离长的特点，仍采用土斗运输的方式已经不能充分满足盾构掘进的需要。对盾构长距离掘进运输方式进行研究，总结新型运输方式的优缺点，并对应用过程提出优化。

以上研究构成了本书的主要内容，研究成果可为类似长距离砂卵石盾构隧道的施工提供借鉴。本书在编著过程中参考了许多文献资料，再次对各位作者表示衷心的感谢！由于编者水平有限，书中还存在诸多不足之处，敬请广大读者批评指正。

目录

1 绪　言

1.1 研究背景

随着中国的现代化和城市化发展，以北京为代表的大城市国际地位不断提升，国际事务的参与程度越来越高，城市各种交通方式的水平已渐渐地不能承受发展的需要。在此背景下，大城市的交通枢纽基础工程纷纷开始建设。北京大兴国际机场定位为大型国际枢纽机场，是国家发展一个新的动力源，支撑雄安新区建设的京津冀区域综合交通枢纽。北京大兴国际机场线(以下简称"北京新机场线")作为北京大兴国际机场的配套工程，在完善大兴机场的功能上发挥着重要的作用。

北京新机场线被誉为"北京市轨道交通建设新里程碑"，该线采用世界最高等级、具有完全自主知识产权的全自动驾驶系统，不仅可实现无人驾驶，还可实现列车自动唤醒、自检、运行、休眠等全过程。北京新机场线车辆最高时速可达 160 km，从北京市丰台区的草桥到大兴区的新机场仅需 19 min。列车品质充分对标航空，座椅尺寸和间距超过复兴号高铁动车组二等座和一等座要求。北京新机场线是北京市轨道交通"十三五"规划中的一条骨干线路，是落实北京城市总体规划、促进京津冀协同发展的重要组成部分，也是北京新机场"五纵两横"配套交通工程中的快速、直达、大运量的公共交通服务专线、快线，将对加速京津冀地区经济融合、助力新引擎建设起到积极推进作用。北京新机场线是北京市第一次采用 PPP 模式建设运营的轨道交通项目，采用城际铁路标准，是目前国内设计速度最快(160 km/h)、单线断面直径最大(8.8 m)的城市轨道交通工程，采用基于 CRH6 动车组平台研发的新型市域车组、AC 25 kV 供电模式、刚性接触网均属北京首例。

修建地铁隧道的主要方法有明挖法、暗挖法、盾构法等，在北京新机场线建设过程中，以上工法均得到了应用，其中盾构法以其安全、快速、环保、经济等优势被越来越多地应用于地铁建设。北京新机场线土建工程长度 41.2 km，其中地下段长 22.4 km，地下段中盾构区间隧道长度 14.8 km，共分为 4 个标段，5 个区间，见表 1.1.1。本项目依托的标段为 2 号风井～3 号风井区间，该区间是全线最长的盾构区间，单线长度达到 3 825 m。大直径土压平衡盾构机在无水卵石地层中一次性穿越 3.8 km 以上在世界范围内都比较罕见，且相较于普通盾构，大直径盾构刀盘直径更大，扭矩更大，刀具磨损也更严重，换刀距离更难合理确定。另外，刀具检修需要修建多个检修竖井，这些竖井会使城市短暂拥堵。因此基于工程进行大直径盾构长距离砂卵石地层的相关技术研究有着重要的社会与经济效益。

表 1.1.1　大兴新机场线一期盾构隧道区间

区　　间	区间单线长度	区间单线环数	穿越地层
永兴河站～磁各庄站	2 783 m	1 739	粉质黏土、粉砂
磁各庄站～1 号风井	2 852 m	1 783	粉细砂、卵石
1 号风井～2 号风井	2 108 m	1 318	卵石
2 号风井～3 号风井	3 825 m	2 391	卵石
3 号风井～草桥	3 189 m	1 993	卵石

1.2　工程概况

1. 线路情况

工程拟建场地位于北京市大兴区西红门镇二村、三村、四村和丰台区新宫村，起自新机场线南五环北侧西红门镇二村 2 号区间风井，向北下穿南西路、大兴线地铁、西红门镇后，向西北向最终到达丰台区海子公园内 3 号区间风井。沿线场地主要为道路、耕地、林地、高压线沿线区域、既有地铁线、民房、厂房、公园绿地等，地势由南向北逐渐升高，局部有堆土，地形整体平坦，具体位置如图 1.2.1 所示。

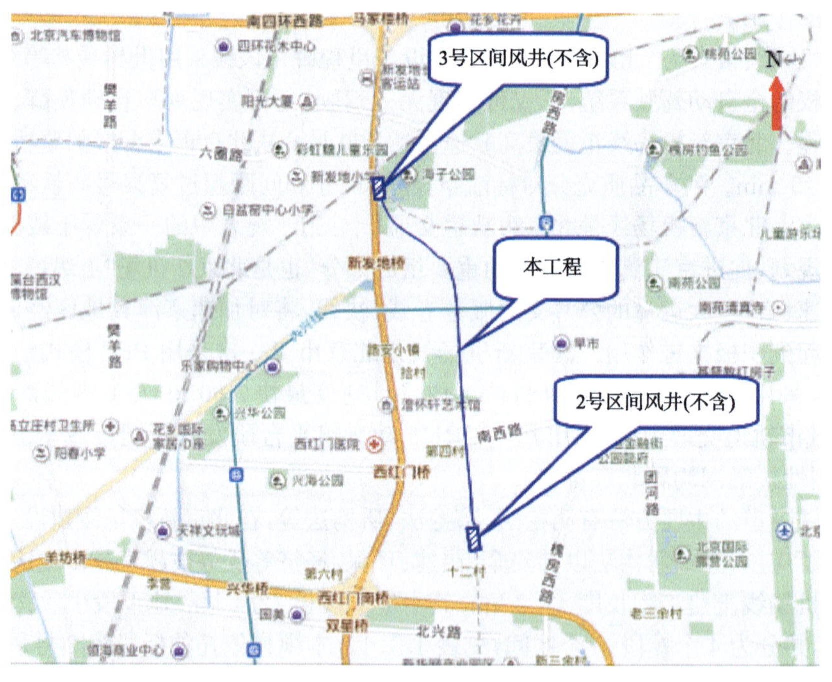

图 1.2.1　工程位置图

盾构区间起始里程为右 K35＋675.000，终点里程为右 K39＋522.044，左线全长 3 832.39 m，右线全长 3 847.44 m，为双线双洞区间，线路埋深 12～16 m，最大坡度 5.9‰，最小曲线半径为 1 300 m。区间共设 3 座检修井和 6 座联络通道，联络通道采用矿山法施工。盾构区间隧道外径 8.8 m，管片厚度 450 mm；采用 2 台外径 9.15 m 的土压平衡盾构机同时施工,区间线路图如图 1.2.2 所示。

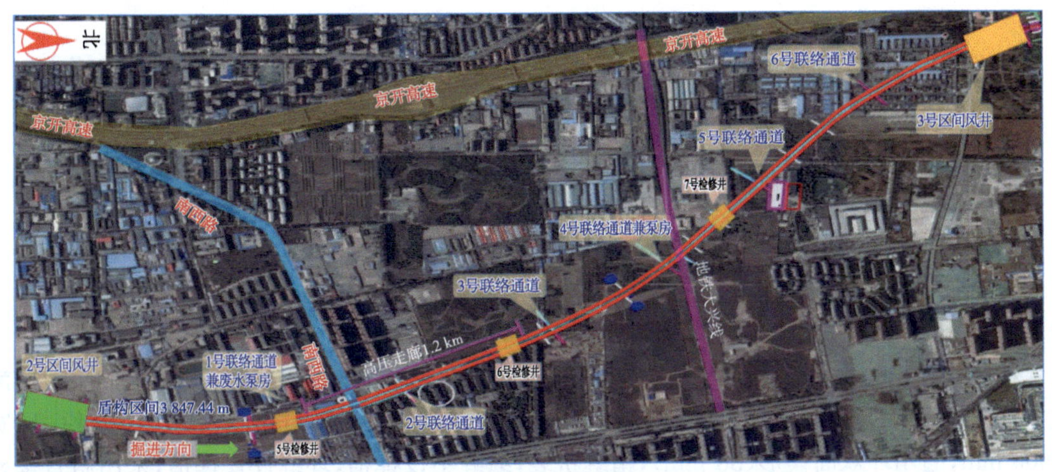

图 1.2.2　区间线路图

2. 工程地质

(1)地质条件

区间位于工程地质Ⅱ单元。区间地质断面从上至下依次为:粉土填土①、杂填土①$_1$、粉土②、粉质黏土②$_1$、粉细砂②$_3$、粉土③、粉质黏土③$_1$、粉细砂③$_3$、粉质黏土④、粉土④$_2$、粉细砂④$_3$、中粗砂④$_4$、卵石圆砾⑤、中粗砂⑤$_1$、粉质黏土⑥、粉土⑥$_2$、细中砂⑥$_3$、卵石圆砾⑦、细中砂⑦$_2$、粉质黏土⑧、粉土⑧$_2$、细中砂⑧$_3$、卵石⑨层、中粗砂⑨$_1$ 层、细中砂⑨$_2$、粉质黏土⑩、粉土⑩$_2$、细中砂⑩$_3$、卵石⑪层、粉质黏土⑪$_4$、黏土⑪$_5$。

卵石圆砾⑤层为杂色,密实,湿,颗粒直径在 5～20 mm 之间,最大颗粒直径不低于 140 mm,其中直径大于 20 mm 的颗粒含量应高于 50%,中粗砂充填;中粗砂⑤$_1$ 层为褐黄色,饱和,密实,含云母、氧化铁;卵石圆砾⑦层为杂色,饱和,密实,最大颗粒直径不低于 150 mm,绝大部分颗粒直径在 15～60 mm 之间,亚圆形,其中直径超过 20 mm 颗粒含量大约占总质量的 60%,中粗砂填充;细中砂⑦$_2$ 层为褐黄色,密实,饱和,含个别砾石。

盾构主要穿越地层为:隧道拱部为粉土④$_2$,边墙为卵石圆砾⑤,隧底为卵石圆砾⑦。卵石圆砾层分布长 3 847.44 m,约占区段总长的 100%。

(2)水文条件

区间所处位置为水文地质Ⅱ单元,水层主要分布为上层滞水(一)、层间水(三)和层间水(四)。

上层滞水(一):勘察未观测到。

层间水(三):测得水位埋深在 22.88 m 左右,含水层主要为卵石圆砾⑤层。

层间水(四):测得水位埋深在 25.75～29.19 m 之间,含水层主要为卵石圆砾⑦层和细中砂⑦$_2$ 层、粉细砂⑧$_3$ 层、卵石圆砾⑨层、卵石⑪层。

综上所述,2 号区间风井～3 号区间风井盾构区段隧道埋深范围(12～16 m)内无地下水,具体剖面如图 1.2.3 所示。

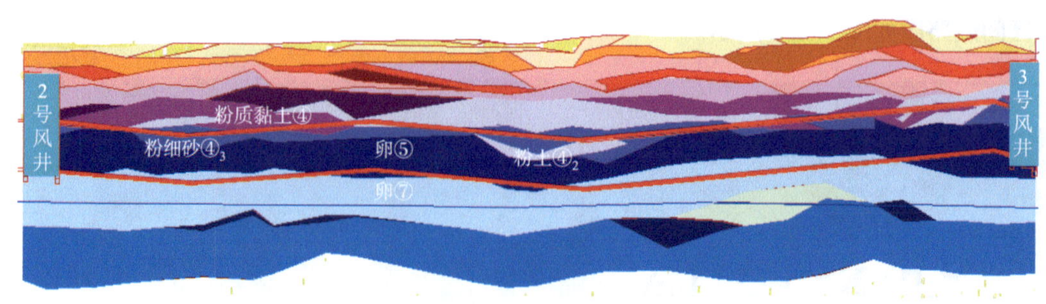

图 1.2.3 地质剖面图

3. 盾构设备

标段双线总长 7 694 m,最大坡度为 5.9‰,最小曲线半径为 1 300 m。隧道区间采取装配式钢筋混凝土管片进行拼装,管片外径 8 800 mm,内径 7 900 mm,一环有 8 分块,环宽 1 600 mm,通用环双面楔形(38 mm),错缝拼装,纵缝不设榫槽,环缝设置榫槽,采用斜直螺栓连接(环向 16 根,纵向 22 根)。

区间使用铁建重工生产的土压平衡盾构进行隧道的施工,设备总重约 1 250 t,装机额定功率约为 4 500 kW,最大推力水平转弯半径为 500 m,纵向爬坡能力±50‰。

ZTE9100 盾构机刀盘的设计原则为刀盘设计和刀具布置完全能适应工程地质条件,并且具有高效及减少刀具磨损的特点。盾构刀盘类型为辐条式刀盘,刀盘直径为 9 150 mm,刀盘的开口率约为 60%,如图 1.2.4 所示,主要由轮缘、辐条和布设在辐条上的刀具组成。6 根辐臂支撑的厚壁法兰连接主驱动装置作为刀盘辐臂的基座,以传递足够的扭矩和推力,刀盘可以双向旋转。为了保证刀盘的整体结构强度和刚度,刀盘的中心部位采用整体铸钢铸造,刀盘正面堆焊耐磨网格,刀盘上切刀为螺栓连接,可以实现刀具更换。刀盘上设有搅拌棒,可以随着刀盘一起转动,辅以土仓壁上的固定搅拌棒可起到搅拌渣土的功能,对土仓中的废弃土体进行强制搅拌,使注入在开挖面上或土仓中的添加材料(泥、水、气泡)与切削下来的土体在土仓中进行充分的搅拌,提高土体的塑性流动性,使在滞留土仓中的废弃土体具有良好的流动性和止水性。

4. 工程重难点

(1)建设工期紧

北京新机场线拟于 2019 年 9 月投入运营,2 号风井～3 号风井区间左、右线盾构分别于 2017 年 11 月、12 月进行始发。根据北京新机场线工期要求,其盾构工期节点分别为 2018 年 9 月 30 日、2018 年 8 月 31 日,左、右线盾构工期为 9 个月,综合考虑盾构区间长度,工期较为紧张。

(2)盾构长距离穿越卵石地层

2 号风井～3 号风井区间隧道主要穿越卵石地层夹粉质黏土、粉砂,盾构在全断面卵石地层中掘进,刀具磨损严重,频繁检修换刀,严重影响工期。同时砂卵石地层对于盾构渣土改良的要求较高,渣土改良效果不好会严重影响盾构施工效率。

(3)盾构区间隧道长

2 号风井～3 号风井区间单线隧道长 3 825 m,是北京新机场线中最长的盾构区间段,土压平衡盾构机在卵石地层中连续掘进 3 825 m 的区段,在北京尚无先例。盾构长距离的连续快速掘进,对施工组织及设备性能要求高。

开挖直径ϕ9 150 mm
刀梁10
270°
刀梁9
240°
刀梁11
300°
刀梁8
210°
刀梁12
330°
刀梁7
180°
刀梁1
0°
刀梁6
150°
刀梁2
30°
刀梁5
120°
刀梁3
60°
刀梁4
90°

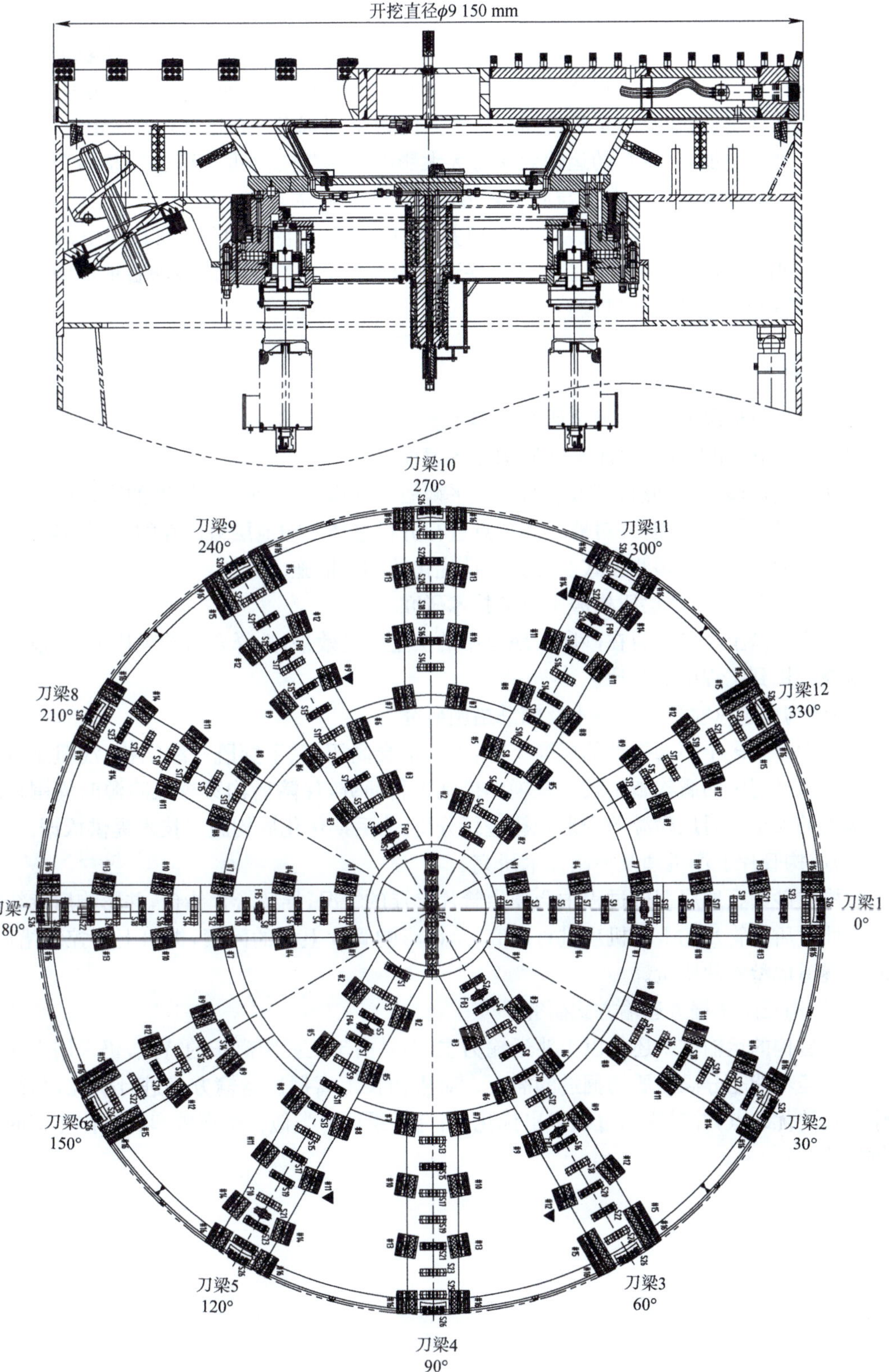

图 1.2.4　刀盘结构图

(4)施工组织难度大

北京新机场线盾构区间隧道管片外径 8.8 m,环宽 1.6 m,是目前国内城市轨道交通单线断面最大盾构法区间,土方工程量是普通盾构区间 3 倍以上,且工期紧,要求盾构掘进速度快,这就导致场地使用、运输及施工组织压力极大。同时,2 号风井～3 号风井区间距离超长,随着隧道开挖长度的增加,电瓶车的运输效率将大大影响盾构施工进度。隧道穿越多个重要风险源,隧道穿越风险源时,保证自身与周围环境的安全是工程的重点。

通过对北京新机场线 2 号风井～3 号风井区间隧道工程特点的分析可以得出,2 号风井～3 号风井区间盾构施工面临的核心问题是保证盾构在长距离高风险的砂卵石地层中安全快速掘进,确保盾构区间隧道按时贯通。

1.3 研究内容及方法

通过对项目概况的分析,确定研究内容主要分为以下五部分:

(1)长距离砂卵石地层土压平衡盾构刀具磨损研究

依托室内试验、理论分析等方法对土压平衡盾构在砂卵石地层中掘进的磨损问题进行研究。分析刀具磨损的机理,并对地层的特点进行分析总结影响地层磨蚀性的主要因素,最后提出复合地层刀具磨损量预测公式及刀具设计优化的相关措施。

(2)长距离砂卵石地层盾构渣土改良技术研究

分析不同渣土改良材料在砂卵石地层中的渣土改良效果,选择合适的配比进行现场试验,确定最终应用到工程中的配比。

(3)盾构穿越风险源施工技术及辅助措施研究

工程中涉及多个不同类型的风险工程:连续下穿高压塔、下穿既有线结构、浅覆土段施工等。对施工过程中的盾构施工技术及辅助措施进行研究,保障盾构穿越风险源时周围环境及盾构施工的安全。对风险源的变形规律进行分析,为后期优化盾构施工技术提供依据。

(4)盾构管片上浮机理及控制技术研究

盾构在砂卵石地层掘进过程中会发生管片上浮的情况,导致管片错台,并影响后续线路运营。因此对盾构管片的上浮机理进行研究,总结影响管片上浮的因素,提出上浮控制措施,保证盾构隧道成型管片质量。

(5)盾构长距离掘进运输方式研究

目前盾构的运输方式还是以土斗运输为主,但是由于工程距离长的特点,仍采用土斗运输的方式已经不能充分满足盾构掘进的需要。对盾构长距离掘进运输方式进行研究,总结新型运输方式的优缺点,并对应用过程提出优化,研究结果可为类似长距离砂卵石盾构隧道的施工提供借鉴。

长距离砂卵石地层土压平衡盾构刀具磨损分析

我国地铁区间隧道建设过程中，部分城市遇到了大面积卵石地层，如北京、成都、兰州、沈阳等。土压平衡盾构在卵石地层中掘进，由于卵石强度高、磨蚀性强，刀具磨损严重，需频繁开舱检修刀具，盾构掘进效率低下，严重影响工期，且工程造价急剧增加。以北京地下轨道交通建设为例，随着地铁建设的不断开展，目前埋深 10～20 m 的地下空间开发已趋于饱和，为更好地实现新建线路与既有线路的换乘，新建线路地铁隧道的埋深会更深，将进入富水的卵石地层，例如：北京地铁部分在建和新建线路埋深已经超过 40 m，进入受承压水层影响的卵石⑨层(卵石粒径更大、磨蚀性更强)，这将给盾构施工带来极大的挑战。区间是典型的全断面砂卵石地层，为了保证地铁建设的顺利进行，必须对全断面砂卵石地层长距离施工的一系列关键问题进行深入研究。

作为盾构全断面砂卵石地层长距离施工的一个关键点，盾构施工刀具寿命的预测及刀具检修换刀位置的合理设定对工程的顺利开展起到重要的作用。合理地设置盾构检修位置，通过定期的检修作业，对损耗较为严重的刀具进行更换，使盾构设备时刻处于良好的工作状态，是保证盾构施工顺利进行的关键。另外，设备选型、刀盘刀具设计、施工参数控制及渣土改良等各方面也是保证工程顺利开展的关键，通过一系列技术手段降低施工过程中刀盘刀具的损耗，延长刀盘刀具寿命的措施，对于保证施工安全、降低工程成本、提高施工效率有着重要的意义。

本章拟采用理论分析、原位试验相结合的方法，对全断面砂卵石地层盾构刀具磨损特性进行研究，并针对性地提出提高刀具耐磨性的措施。这不仅对深入揭示刀具在卵石地层中掘进的力学行为及刀具在卵石地层的磨损机理、规律等具有重要的科学意义，而且为卵石地层中盾构刀具设计，减小土压平衡盾构刀具磨损，延长换刀距离，加快工程进度，降低工程造价等提供了理论依据，具有较大的工程实用价值。

2.1 引　言

盾构施工过程中刀具磨损的根本原因是土体与刀具的相互作用，土体自身性质、刀具形式、刀具布置、盾构施工参数等都是影响刀具磨损的重要因素，国内外学者从不同角度出发做了大量的研究。根据研究对象可将其分为三部分：刀具磨损特性研究、砂卵石地层磨蚀性研究和刀具切削土体力学模型研究。

1. *刀具磨损特性研究现状*

目前，国内外对于盾构施工刀具磨损特性的研究有刀具磨损机理和刀具磨损规律，研究得出了大量较为有意义的成果。整体上，多以滚刀与岩石相互作用的相关磨损特性为研究对象，而对于切刀及先行刀与砂卵石地层相互作用的磨损特性研究较少，且研究方法也多借鉴滚刀与岩石的作用。对于刀具磨损机理的研究多以金属摩擦学理论中二体磨损为基础，再结合盾构施工实际工况进行理论推导。对于刀具磨损规律的分析，多以日本隧道协会提出的磨损量计算公式为基础。刀具磨损预测及识别的研究，多是通过盾构施工参数来判断刀具磨损情况。

目前，关于刀具磨损特性研究各个方面较为独立，而对于将刀具微观磨损机理扩展至宏观磨损规律方面研究较少。对于现场发现的问题研究深度大多停留在分析规律层面，较少去探究问题发生的原因。刀具磨损的研究对象也多集中在滚刀、切刀破除软岩方面，而对于先行刀、切刀在砂卵地层中刀具的磨损特性研究较少。

2. *砂卵石地层磨蚀性研究现状*

磨蚀性是指金属器具(盾构刀具、钻机钻头等)与岩石或土体作用时，岩土体对金属器具产生的一定程度的磨损，国内外在硬岩隧道工程中研究岩石的磨蚀性已经有很长的历史。Cerchar 提出的 CAI(Cerchar Abrasivity Index)岩石磨蚀性试验在世界范围内得到了广泛应用。但卵石地层的磨蚀性研究还属于一个新的领域，目前国内外用以测试卵石地层磨蚀性的仅有 LCPC 及类似试验仪器(图 2.1.1)，LCPC(Laboratoire Central des Ponts et Chaussees)试验是唯一能对不同粒径级配的混合土体进行磨蚀性研究的方法，其试验仪器及磨蚀性判断标准在法国相关规范中有详细规定。但现有的 LCPC 试验规范对土体的颗粒粒径要求较高，粒径需小于 6.3 mm，磨损的试验状态与砂卵石地层实际粒径相差较大，而适用于较大粒径卵石的类似于 LCPC 的卵石磨蚀性试验还处于空白。国内外学者以 LCPC 试验或其他类似设备为依托进行了大量的砂卵石地层磨蚀性研究，采用的试件方式也存在较大不同，如图 2.1.2 所示。

图 2.1.1　LCPC 磨蚀试验仪器及类似设备

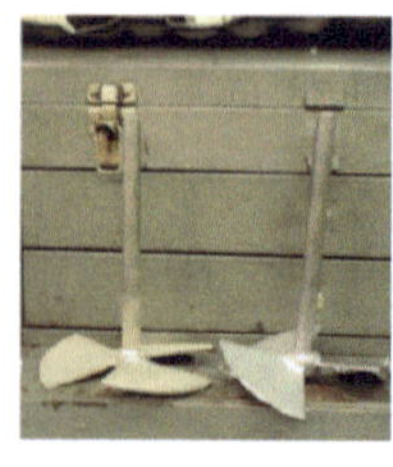
(a)扇叶形试件

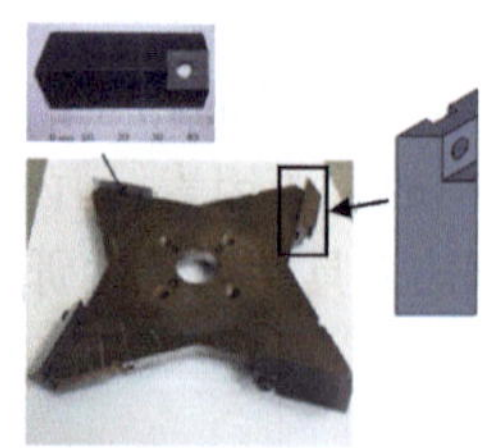
(b)四角星形试件

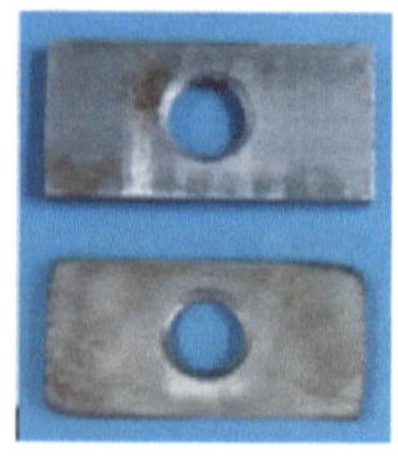
(c)长方形试件

(d)长条形试件

图 2.1.2　砂卵石磨蚀性试验试件

目前，地层磨蚀性的研究重点主要还是集中在岩体方面，而岩石磨蚀性的一些试验方法未充分考虑砂卵石地层的特性，一些试验方法适用于部分粒径范围的砂卵石地层，目前还没有适用于全范围砂卵石地层的试验设备及方法。另外，各个试验方法之间存在一定的差异，对于砂卵石地层的磨蚀性判断还没形成统一标准。

3. 刀具切削土体力学模型研究现状

国内外关于刀具切削土体的力学模型的研究主要集中在单把切刀切削土体过程中刀具的受力分析、刀具破岩的数值计算方面。

对于刀具切削土体的研究最早集中于农业中耕具与土体相互作用的受力计算方面，国外学者根据理论分析建立了较多刀具受力计算的理论模型。Rowe 等针对斜刃耕具切削土壤时刀具受力进行了分析，建立了二维的刀具受力模型(图 2.1.3)，并对不同速度、不同土体性质对刀具受力的影响进行了分析。Mckyes、Godwin 等分别建立了刀具切削土体三维受力模型及土体破坏模型，如图 2.1.4 和图 2.1.5 所示。由于盾构切刀刀具切削土体与耕具的作用模式有一定的相似性，国内外学者在对盾构切刀受力分析时借鉴了耕具的相关理论成果。

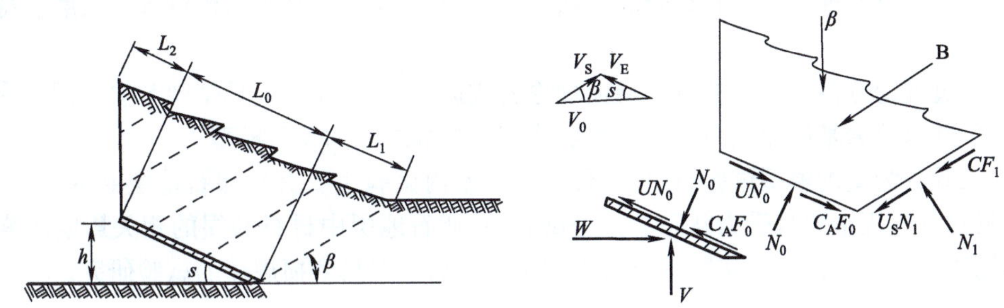

图 2.1.3 Rowe/Barnes 的耕具二维切削模型

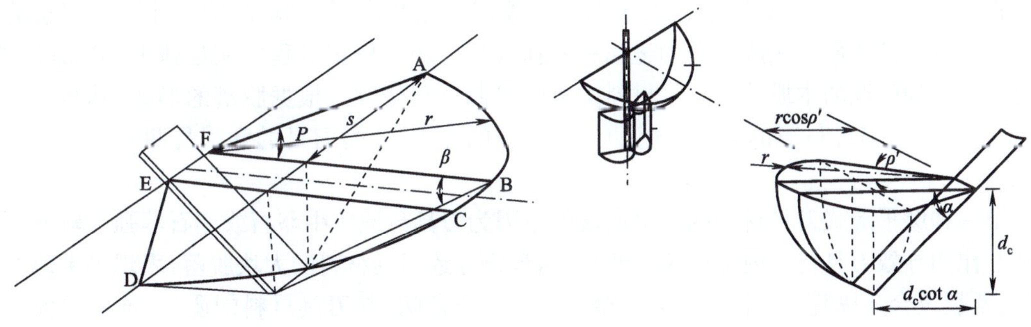

图 2.1.4 Mckyes-Ali 刀具三维切削模型

图 2.1.5 Godwin & Spoor 刀具三维切削模型

目前对于盾构刀具切削土体力学模型的研究多集中在单把刀具切削过程的理论分析、数值计算等方面。单把刀具切削力学行为的研究对象主要集中在滚刀对岩体的破岩力学行为、切刀对软岩的切削力学行为、切刀对黏性土的切削力学行为等方面。在目前的研究中多将土体视为连续均质体，且对刀具与被切削土体的相对空间位置关系、刀具土体周围外界环境的假定多与盾构在砂卵石地层中掘进的实际施工情况存在差异。

4. 研究内容

在查阅大量相关文献的基础上，以理论分析、试验、数值模拟为主要研究手段，开展砂卵石地层土压平衡盾构掘进过程中刀具力学行为及磨损特性相关具体问题的研究。

结合摩擦学理论，对施工过程中刀具磨损机理进行研究，分析刀具磨损的发生原因、影响因素、变化规律等。在现有岩土磨蚀性研究的基础上，对不同岩土磨蚀性试验设备及方法进行分析，选取适用于砂卵石地层磨蚀性定性定量评判的试验方法，对颗粒级配、卵石圆度、地层含水率、渣土改良等可能影响砂卵石地层磨蚀性的因素进行分析，确定影响砂卵石地层磨蚀性的主要因素。

通过理论分析、原位试验、数值模拟对刀具磨损的规律进行研究。设置变量研究不同刀具形式、刀盘布置形式、盾构施工参数、渣土改良质量情况下，刀具磨损的规律。基于刀具磨损机理及规律的研究，从刀具形式、刀盘布置形式、盾构施工参数、渣土改良质量等方面提出相应的措施提高刀具的耐磨性，延长刀具寿命，延长盾构掘进距离。

5. 研究方法

采用理论分析、现场试验相结合的方法，对砂卵石地层土压平衡盾构掘进刀具磨损特性进行研究。

(1)通过理论分析对刀具的微观磨损理论公式进行推导，建立刀具微观磨损与刀具受力之间的关系，并以此为基础建立刀具磨损与盾构施工参数之间的关系模型。

(2)试验分为室内模型试验、现场原位试验。室内试验主要有砂卵石地层磨蚀性的分析，盾构刀具切削过程中刀具受力状态的模型试验，砂卵石地层中材料磨损的相关影响因素判定等。现场原位试验是指依托实际工程对不同工况下盾构刀具磨损规律的试验研究。

2.2 刀具磨损机理分析

在盾构施工中，刀具磨损是指由于刀具与地层的相互作用，其从原始尺寸不断缩小的过程。刀具磨损的本质是构成刀具的金属材料在与地层相互作用过程中从母体上不断地脱落，研究刀具磨损问题的本质是对刀具材料的去除机制进行研究。根据脱落的形式不同，刀具磨损可分为两种：刀具材料的大块崩落和刀具材料的微观去除，刀具的磨损是两种共同作用的结果。

第一种磨损形式刀具材料的大块崩落的原因为刀具与地层中卵石或漂石等强度较大的土体相互作用导致刀具材料内部裂纹不断扩展，最终导致刀具材料的大块脱落，表现出来即刀具崩齿、断裂及合金块脱落。该问题属于金属断裂力学范畴，与刀具材料的质量、地层中大粒径颗粒的分布及强度有关。刀具材料的崩落随机性比较大，要准确预测此部分磨损较为困难。第二种刀具材料的微观去除是一个典型的金属摩擦学问题，在刀具与地层的挤压滑动过程中，地层中的硬质矿物作用于刀具表面，导致刀具表面发生微切削、点蚀、疲劳剥落等现象。刀具表面材料由于硬质矿物颗粒的作用不断的脱落，累积作用导致刀具明显的磨损。

根据砂卵石地层盾构施工后对刀具形态的统计刀具发生崩落的概率较低，相较于由于刀具材料微观去除而产生的磨损而言可以忽略不计。下面基于摩擦磨损基本原理对刀具磨损微观机理进行研究。

2.2.1 基于摩擦学的材料磨损特征及分类

磨损是相互接触的物体在相对运动中表面材料不断损伤的过程。材料磨损性能与其他力学性能不同,他不是材料的固有性能,而是材料在实际摩擦学系统中表现出来的综合性能,对所处条件有着强烈的依赖性;磨损过程是时变性很强的随机过程,该过程同时与环境因素密切相关。由于表面材料损伤的过程难以直接观察,因此一般通过观察损伤前后被磨材料表面状态变化来对材料磨损的过程进行分析。基于对损伤前后材料表面状态的对比分析,出于简化研究工作的目的,将实际存在的磨损形式归纳成几种基本类型。

早期根据两摩擦表面作用方式不同,可将磨损分为以下三类:机械类、分子—机械类、腐蚀—机械类。机械类是指由于摩擦过程中摩擦表面的机械作用产生的材料磨损,细化可分为磨粒磨损、表面塑性磨损、脆性剥落等;分子—机械类是指由于两个摩擦表面之间的分子力作用,导致两个表面之间形成黏结点,再经机械作用使黏结点剪切所产生的磨损,这一部分磨损称之为黏着磨损;腐蚀—机械类是指由于化学作用而产生材料表面的腐蚀。以上分类对各种磨损产生的原因进行了说明,但却过于笼统。

Крагельский(1962 年)提出了较全面的磨损分类方法。他将磨损划分为三个过程,依次为:表面相互作用阶段、表面变化阶段、表面破坏阶段,并根据每一过程对磨损进行分类,如图 2.2.1 所示。

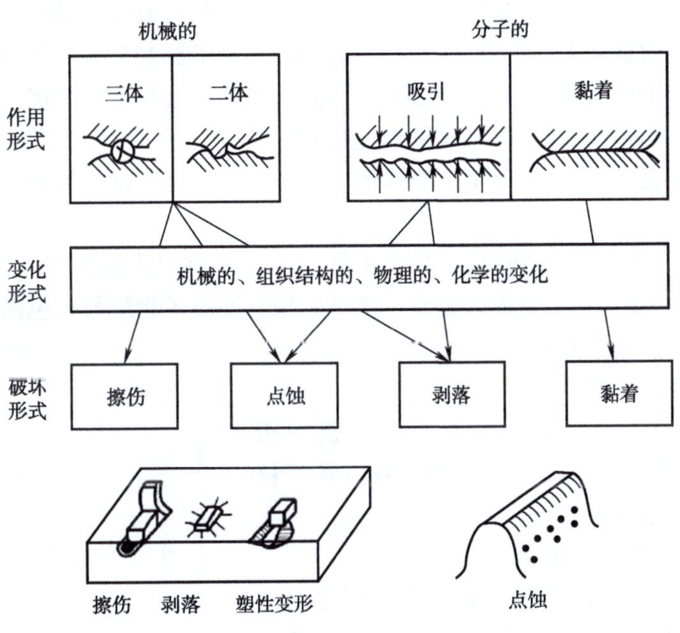

图 2.2.1 磨损的分类

两个表面的相互作用阶段的作用形式可以分为机械作用和分子作用两类。机械作用包括弹性变形、塑性变形和犁沟效应,它是由两个表面的粗糙峰直接啮合引起的(二体),或是夹在两表面间的外界磨粒造成的(三体)。而分子作用包括相互吸引和黏着效应两种,前者作用力小而后者的作用力较大。

两个表面的相互作用会导致材料表面的变化,表面材料的变化包括机械性质、组织结构、物理和化学变化等。表面材料变化到一定程度后则会发生破坏，破坏形式可分为擦伤、点蚀、剥落、胶合。

(1)擦伤：由于犁沟作用在材料表面产生沿摩擦方向的沟痕。

(2)点蚀：在两个表面之间接触应力反复作用下，使材料发生疲劳破坏而形成的表面凹坑。

(3)剥落：材料表面由于变形强化而变脆，在荷载作用下产生微裂纹随后剥落。

(4)胶合：由黏着效应形成的表面黏结点具有较高的连接强度时，使剪切破坏发生在层内一定深度，因而导致严重磨损。

综合以往的研究，从磨损机理的角度出发，将磨损划分为四个基本类型：磨粒磨损、黏着磨损、表面疲劳磨损和腐蚀磨损。虽然这种分类不是十分完善，但它概括了各种常见的磨损形式。必须要说明的是，在现实的磨损现象中，往往是多种形式的磨损同时发生的。接下来我们分别对不同形式磨损的机理及计算模型进行介绍。

2.2.2 磨粒磨损

1. 磨粒磨损机理

磨粒磨损是指外界硬颗粒或者对磨损材料表面上硬的凸起物或粗糙峰在相互作用过程中引起表面材料脱落的现象。磨粒磨损又可分为二体磨损与三体磨损。

二体磨粒磨损是指磨粒沿一个固体表面相对运动产生的磨损。当磨粒相对于固体表面的运动方向垂直时，磨粒与表面发生碰撞，导致表面磨出较深的沟槽，这种磨损常称为冲击磨损。当磨粒与固体表面的运动方向接近平行时，在外力的作用下磨粒压入固体表面，当发生相对运动时在固体表面产生擦伤和微小的犁沟痕迹。另外，当两个表面发生摩擦时，硬表面上的粗糙凸起也会对软表面起到磨损的作用，这种情况也称之为二体磨损。三体磨粒磨损是指外界磨粒移动位于两摩擦表面之间，类似于研磨作用。二体磨损通常是低应力磨粒磨损，三体磨损通常是高应力磨损。

当盾构在砂卵石地层中掘进时，刀具与土体的相互作用形式是典型的二体磨损。磨粒为土体中的硬质矿物颗粒，刀具是被磨表面。这里所指的硬质矿物颗粒既包括土体中细颗粒，也包括地层大直径颗粒表面的硬质凸起。

2. 磨粒磨损的影响因素

影响材料发生磨粒磨损的主要因素包括：磨粒相对于材料的硬度、磨粒作用在材料上的荷载以及磨粒相对于材料的运动速度。

(1)磨粒与材料的相对硬度

研究证明磨粒硬度 H_0 与被磨表面硬度 H 之间的相对值对于磨粒磨损有着重要的影响，如图 2.2.2 所示。当 $H_0<(0.7\sim1)H$ 时被磨表面不发生磨损或产生轻微磨损。而当 $H_0>H$ 时被磨表面的磨损量随磨粒硬度的增加而增大。当 H_0/H 持续增大时，磨损量不再随 H_0 的增加而增加。在研究刀具在卵石地层中的耐磨性时，磨料及被磨表面分别是指卵石地层与盾构刀具，因此研究刀具与卵石地层的硬度指标是十分必要的。

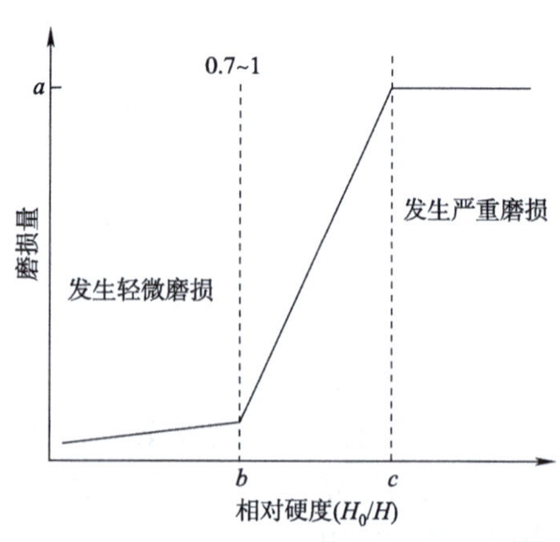

图 2.2.2 磨损量与相对硬度之间的关系

盾构刀具一般以合金调质钢或者低碳钢为基体，以硬质合金为工作刃，借助钎焊的方式将硬质合金与钢基体结合在一起，其主要是依靠硬质合金发挥抗磨性能。硬质合金与钢基体相结合的方式，既保证了刀具耐磨抗冲击的性能，同时也降低了刀具的造价。目前评价金属硬度普遍采用的指标为洛氏硬度(Rockwell hardness)、维氏硬度。

洛氏硬度试验方法是用顶角为120°的金刚石圆锥体或一定直径的钢球，在一定荷载下压入被测材料表面，由压痕深度求出材料的硬度。最常用的三种标尺为A、B、C，即HRA、HRB、HRC，要根据试验材料硬度的不同，选用不同硬度范围的标尺来表示。

维氏硬度试验的原理为将顶部两相对面具有规定角度的正四棱锥体金刚石压头用一定的试验力压入试样表面，保持规定时间后，卸除试验力，测量试样表面压痕对角线长度，如图2.2.3所示。维氏硬度的计算见式(2.2.1)。

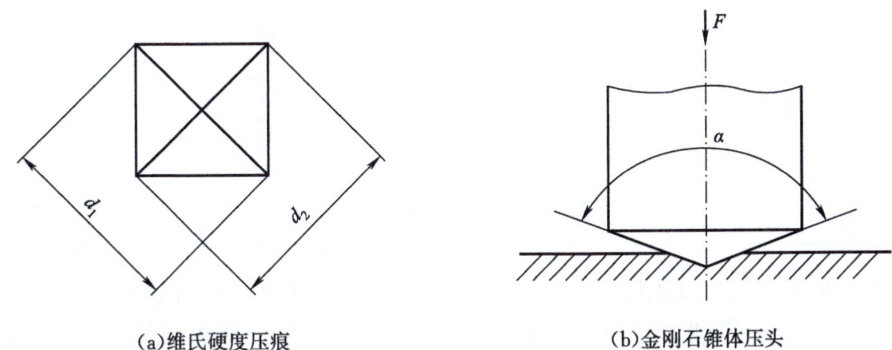

(a)维氏硬度压痕　　(b)金刚石锥体压头

图2.2.3　维氏硬度压头及压痕

$$维氏硬度=\frac{1}{g}\times\frac{试验力}{压痕表面积} \tag{2.2.1}$$

式中　g——重力加速度。

国标《硬质合金牌号　第2部分：地质、矿山工具用硬质合金牌号》(GB/T 18376.2—2014)中对地质、矿山工具用硬质合金的基本力学性能、化学成分进行了介绍，见表2.2.1。在该标准中，以洛氏硬度及维氏硬度作为评价合金硬度的指标。

表2.2.1　地质、矿山工具用硬质合金基本力学性能、化学成分

合金牌号		基本化学成分(质量分数)%			力学性能		
特征代号	分组号	Co	其他	WC	洛氏硬度 HRA	维氏硬度 HV	抗弯强度(MPa)
G	05	3～6	<1	余量	≥88.5	≥1 250	≥1 800
	10	5～9	<1	余量	≥87.5	≥1 150	≥1 900
	20	6～11	<1	余量	≥87.0	≥1 140	≥2 000
	30	8～12	<1	余量	≥86.5	≥1 080	≥2 100
	40	10～15	<1	余量	≥86.0	≥1 050	≥2 200
	50	12～17	<1	余量	≥85.5	≥1 000	≥2 300
	60	15～25	<1	余量	≥84.0	≥820	≥2 400

通过表2.2.1可知维氏硬度是评价硬质合金的硬度指标之一，同时维氏硬度也被用来评

价岩石的硬度。瑞典学者 Ulrik Beste 等人采用纳米压痕仪测试一些常见岩石的显微硬度。他们通过两种不同的测试方法表征不同岩石的显微硬度，第一种是固定压痕深度为 1 μm 的固深显微硬度，第二种是荷载为 4.9 N 的低荷载显微硬度(压痕深度约为 800 μm)。表 2.2.2 为通过这两种方法测定的几种岩石的微观硬度值。

表 2.2.2　九种常见岩石的显微硬度

Minerals(矿物)	Fixed depth hardness (固深显微硬度)(HV)	Low load hardness(低荷载显微硬度)(HV)
Calcite(方解石)	195	120
Magnetite(磁铁矿)	495	310
Coarser Magnetite (粗磁铁矿)	410	360
Hematite(赤铁矿)	555	410
Mica schist(云母片岩)	790	355
Granite(花岗岩)	800	695
Leptite(细晶石)	790	570
Sandstone(砂岩)	1 010	660
Quartz(石英)	1 220	815

卵石地层是岩石风化沉积后的结果，因此在进行单个卵石的硬度评价时，可借鉴对岩石硬度测定的方法。《岩石物理力学性质试验规程　第 6 部分：岩石硬度试验》(DZ/T 0276.6—2015)作为地质矿产行业的标准对岩石硬度试验提出了规范的要求，标准中介绍了三种岩石硬度的测量方法，分别为肖氏硬度、磨耗硬度、摩氏硬度。另外在评价岩石的磨蚀性时，很多学者采用了“等效石英含量”的概念，这个概念是基于另一种硬度(Rosiwal abrasion hardness，本书中称之为罗氏硬度)计算所得的评价指标。

罗氏硬度与磨耗硬度的计算方法相似，即采用试样与特定的磨粒进行磨损，并称取试样的质量变化量作为评价试样硬度的指标。也有研究证明，罗氏硬度与摩氏硬度之间存在一定的对应关系，表 2.2.3 是部分数据。在目前的研究中普遍认为矿物罗氏硬度越大其研磨性越高。研究表明对数摩氏硬度和对数维氏硬度之间几乎呈线性关系，如图 2.2.4 所示。

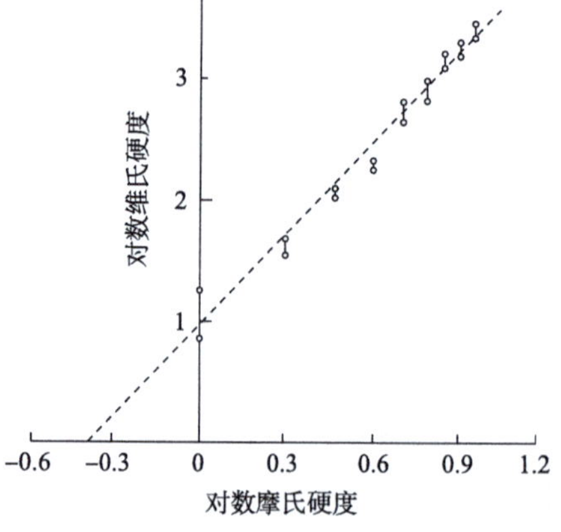

图 2.2.4　对数摩氏硬度与对数维氏硬度 VHN 关系

表 2.2.3　不同矿物罗氏硬度与摩氏硬度比较

矿物	Talc 滑石	Gypsum 石膏	Calcite 方解石	Fluorite 萤石	Apatite 磷灰石	Feldspar 长石	Quartz 石英	Topaz 黄玉	Emery 刚玉	Diamond 金刚石
摩氏硬度	1	2	3	4	5	6	7	8	9	10
罗氏硬度	0.03	1.25	4.5	5	6.5	37	120	175	1 000	140 000

综上所述，按照相对硬度分析可知地层中的矿物颗粒对于合金块、基体的磨损有着较大的差异。刀具基体材料的硬度显然小于硬质合金硬度，因此地层中基体产生较大磨损的矿物含量要大于硬质合金产生磨损的矿物含量。这也是在施工完成后往往刀具基体的磨损量要大于硬质合金磨损量的原因。

(2)磨粒与被磨表面之间的作用力

磨粒磨损与磨粒和被磨表面之间的作用力有着直接的关系，可以从磨粒磨损的机理出发，基于微观切削的作用方式对作用力对磨粒磨损的影响进行分析。

微观切削是指法向荷载将磨料压入摩擦表面，当两者发生相对滑动时，磨粒的犁沟作用使刀具表面发生剪切、犁皱和切削，产生槽状磨痕。最简单的磨粒磨损计算模型就是根据微观切削机理提出的，如图 2.2.5 所示。在此模型中假设磨粒为圆锥形，磨粒磨损的单位磨粒移动距离磨损量计算如下：

$$V=\frac{W}{\sigma_s \pi \tan\theta} \tag{2.2.2}$$

式中 W——每个磨粒承受的荷载；

σ_s——被磨材料的受压屈服极限；

θ——圆锥体半角。

由于材料的σ_s与硬度 H 有关，因此公式还可表示为

$$V=k_a\frac{W}{H} \tag{2.2.3}$$

式中 k_a——磨粒磨损常数，由磨粒硬度、形状和起切削作用的磨粒数量等因素决定。

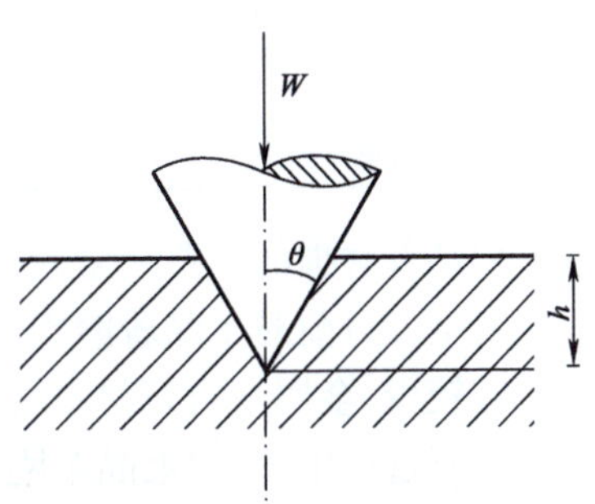

图 2.2.5 圆锥体磨粒磨损模型

由上述分析可知，磨损量与磨粒和被磨材料之间的作用力呈正相关性，而与被磨材料的硬度呈负相关性。但在以上的分析中对于实际情况进行了简化，忽略了部分影响因素，由公式可知 k_a 是计算刀具磨损量的重要因素，实际工程中的取值对计算结果很重要，但目前的相关研究及理论尚不成熟，对于矿物颗粒与金属之间接触的取值尚没有明确的研究。

2.2.3 黏着磨损

黏着磨损也是磨损的一种基本类型。当两个摩擦表面相对滑动时，由于黏着效应所形成的黏结点发生剪切断裂，被剪切的材料或脱落成磨屑，或由一个表面迁移到另一个表面，此类磨损统称为黏着磨损，黏着磨损发生的过程如图 2.2.6 所示。

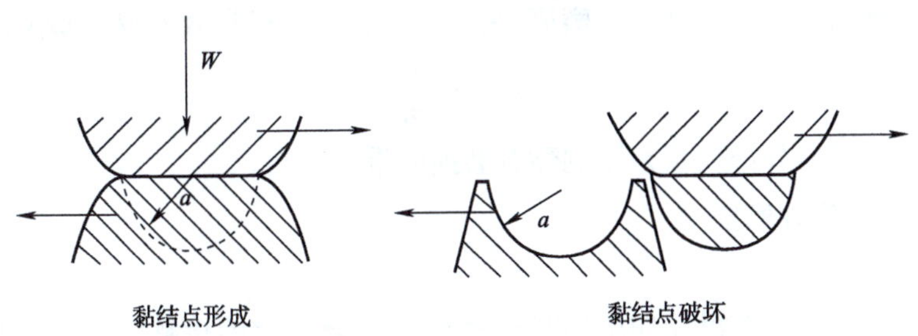

图 2.2.6 黏结点的形成及破坏

影响黏着磨损的关键因素就是黏结点的形成，影响黏结点形成的主要因素为荷载、表面温度以及摩擦副材料。苏联学者维诺格拉多瓦系统地研究了荷载对胶合磨损的影响，认为当表面压力达到一定的临界值，并经过一段时间后才会发生胶合。表 2.2.4 给出了部分金属之间的临界压力值与临界时间。除了荷载外，材料表面的温度对于黏结点的生成也有很大的影响，较高的温度更易引起黏结点的形成。另外，相同金属或者互溶性大的材料组成的摩擦副黏着效应较强，容易发生黏着磨损。异种金属或者互溶性小的材料组成的摩擦副的抗黏着磨损的能力较强。而金属和非金属材料组成的摩擦副的抗黏着磨损能力高于异种金属组成的摩擦副。从材料的组织结构而论，多相金属比单相金属的抗黏着磨损能力高。

表 2.2.4 黏着磨损临界状态

摩擦副材料	临界荷载(MPa)	胶合发生时间(min)
3 号钢—青铜	170	1.5
3 号钢—GCr15 钢	180	2.0
3 号钢—铸铁	467	0.5

影响黏着磨损的主要因素就是黏结点的形成，黏结点的形成必须在一定压力和温度条件下才会发生。目前对于黏着磨损的研究主要集中在两金属之间，而对金属与非金属之间黏着磨损研究较少，金属与岩石材料之间的黏着磨损研究更是鲜见报道。王昶皓在 PDC 钻头磨损机理的研究过程中，采用聚晶金刚石刀刃与岩石进行切削试验，并对金刚石刀刃进行了电镜扫描。金刚石刀刃发生磨损部分的元素组成发生了很大的改变，切削之后刀刃表面增加了岩石的成分。王昶皓认为这是因为刀刃在切削岩石的时候，两者之间形成了黏结点。

黏着磨损的估算公式，由 Archard(1953 年)提出：

$$W=\sigma_s \pi a^2 \tag{2.2.4}$$

式中 W——每个黏结点支撑的荷载；

a——黏结点半径；

σ_s——较软材料的受压屈服极限。

当相对滑动位移为 $2a$ 时，磨损体积为$\frac{2}{3}\pi a^3$，则单位长度移动距离磨损量计算公式为

$$V=\frac{\frac{2}{3}\pi a^3}{2a}=\frac{W}{3\sigma_s} \tag{2.2.5}$$

考虑到不是所有黏结点都能形成磨屑，因此引入黏着磨损常数 k_s(k_s 远小于 1)，则

$$V=k_s\frac{W}{3\sigma_s} \tag{2.2.6}$$

由式(2.2.6)可知，外部荷载是影响黏着磨损的重要因素。

2.2.4 疲劳磨损及腐蚀磨损

1. 疲劳磨损

两个相互滚动或滚动兼滑动作用的摩擦表面，在循环变化的接触应力作用下，由于材料疲劳而形成的凹坑，称之为疲劳磨损。按照疲劳坑的形状一般将疲劳磨损分为鳞剥与点蚀两种。疲劳磨损中鳞剥的疲劳坑浅而面积较大，磨屑是片状；点蚀的疲劳坑为小而深的麻点，磨屑多

为扇形颗粒。影响疲劳磨损的因素可分为以下几种:宏观应力场、摩擦副材料的强度、材料内部的缺陷性质等。

疲劳磨损的重要影响因素宏观应力场是由荷载性质所决定的。总结现有的关于疲劳磨损的研究,多以两个相互作用的金属零件为研究对象,例如:齿轮、滚筒等。由于两接触表面之间的相互滚动,导致表面一直处于循环荷载的作用下。对于砂卵石地层施工中的刀具以先行刀与刮刀为主,在刀具切削地层的过程中,刀具表面处于持续受力的状态,并不存在受循环荷载的状态,不满足发生疲劳磨损的前提条件。

2. 腐蚀磨损

摩擦过程中,金属与周围介质发生化学或电化学反应而产生的表面损伤称为腐蚀磨损。常见的腐蚀磨损包括氧化磨损和特殊介质腐蚀磨损。

当金属摩擦副在氧化性介质中工作时,表面所生成的氧化膜被磨掉以后,又很快地形成新的氧化膜,所以氧化磨损是化学氧化和机械磨损两种作用相继进行的过程。氧化磨损的大小取决于氧化膜连接强度和氧化速度。脆性氧化膜与基体连接的抗剪切强度较差,或者氧化膜的生成速度低于磨损率时,它们的磨损量较大。而当氧化膜韧性高,与基体连接处的抗剪切强度较高,或者氧化速度高于磨损率时,氧化膜能起减摩耐磨作用,所以氧化磨损量较小。

对于在化工设备中工作的摩擦副,由于金属表面与酸、碱、盐等介质作用而形成腐蚀磨损。腐蚀磨损的机理与氧化磨损相类似,但磨损痕迹较深,磨损量也较大,磨屑呈颗粒状和丝状,它们是表面金属与周围介质的化合物。盾构刀具在切削土体时,正常情况下地层很少处于酸、碱等介质环境中,因此刀具发生腐蚀磨损的概率较小。

2.2.5 刀具表面微观形态观察

上文基于摩擦学原理对先行刀及刮刀切削砂卵石地层时刀具磨损的机理进行了分析。对于磨损前后刀具表面的微观观察是一种更为直观的研究方法。利用光学显微镜对全新的刀具以及施工过后的刀具表面进行微观观察,对表面形态进行分析,进而更加准确地研究刀具的磨损机理。吕丹采用电子扫描显微镜对切刀切削岩石后,其前后表面磨损后的形态进行了观察(图 2.2.7),微观结构显示切刀的表面材料的去除机制主要有犁沟变形及微观切削。王昶皓对微牙轮与岩石作用后的表面形态进行了观察(图 2.2.8),磨损表面与未磨损表面有很大差别,磨损表面充满了剥落坑、犁沟、裂纹。舒标等对切削岩石后滚刀刀圈的表面形态进行了观察,刀圈表面充满了犁沟及脆性断裂,如图 2.2.9 所示。

(a)200 μm切刀前表面的犁沟现象

(b)100 μm切刀前表面的犁沟现象

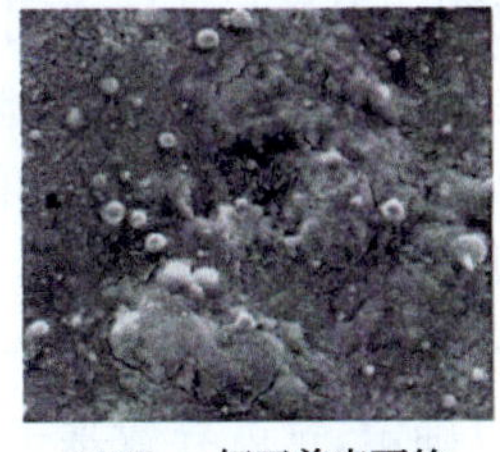
(c)50 μm切刀前表面的微观裂纹现象

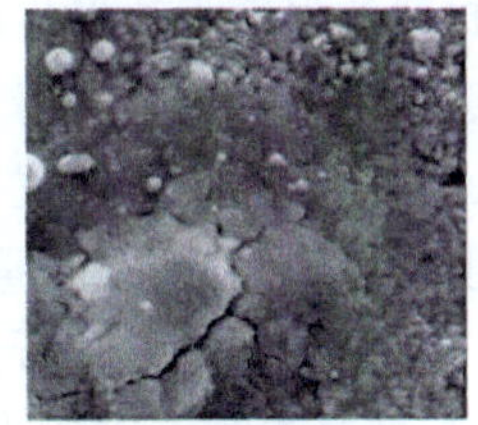
(d)20 μm切刀前表面的微观裂纹现象

图 2.2.7 磨损后切刀表面微观形态

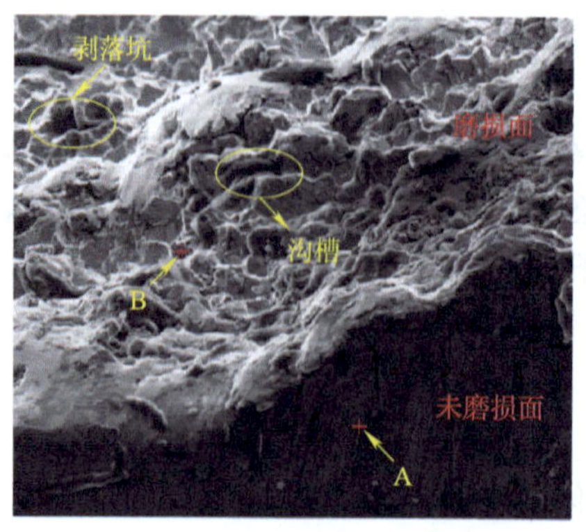

(a)磨损边界电镜扫描照片(×1 200)

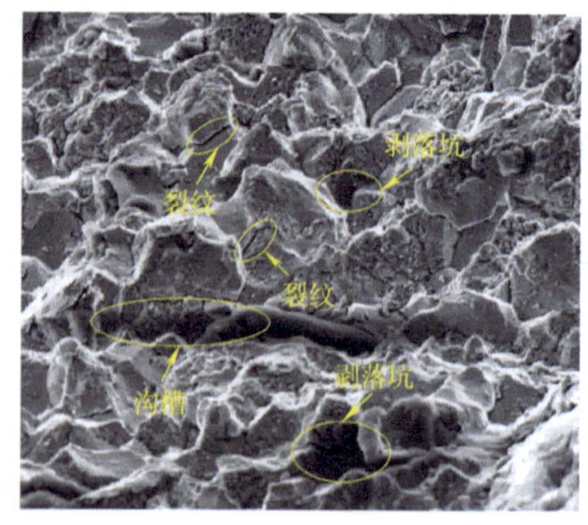

(b)磨损面扫描电镜照片(×2 400)

图 2.2.8 微牙轮钻头表面微观形态

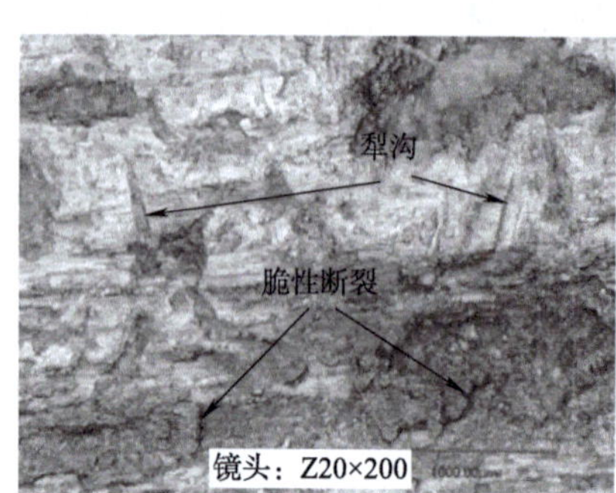

图 2.2.9 滚刀刀圈表面微观形态

2.2.6 小　结

目前在对盾构刀具的磨损机理的研究中，多认为刀具发生磨损的主要微观类型是磨粒磨损及黏着磨损，疲劳磨损以及磨蚀磨损在计算先行刀及刮刀的磨损中可忽略。通过对刀具切削砂卵石地层过程的分析及刀具表面形态的分析，也可得出类似的结论。

通过对磨粒磨损及黏着磨损机理的分析可知，在同样的地质条件下影响刀具材料在施工过程中的磨损的主要因素为刀具材料强度、刀具与地层之间作用力、磨粒磨损及黏着磨损常数。刀具材料强度在盾构制造时已经确定，在施工过程中除对刀具进行检修更换，一般情况刀具材料的强度无法发生改变。刀具与地层之间的作用力与盾构掘进控制参数(转速、贯入度、掘进速度等)、工程自身性质(隧道埋深、穿越地层性质、水文情况等)、盾构设备情况(刀盘类型、刀具类型、刀具布置等)有着重要的关系。磨粒磨损及黏着磨损常数与地层中土体颗粒的硬度、形状等参数有着重要的关系。

实际工程中刀具所处的环境往往较为复杂，在根据微观磨损机理对刀具的磨损量进行计算时，部分参数的取值难以确定，这就导致基于微观磨损机理的刀具磨损量计算无法十分准确地应用到实际的工程中。但是微观磨损理论给出了影响刀具磨损的一些因素，其中最为主要的就是刀具与地层之间的作用力、穿越地层的水文情况。可在此基础上通过各种研究手段对刀具受力状态进行分析，进而对砂卵石地层中盾构刀具磨损的一般规律进行分析。另外，地层的磨蚀性也是影响刀具磨损的重要因素，研究地层磨蚀性可为预测盾构刀具磨损量提供一定的依据。

2.3 基于LCPC试验的砂卵石地层磨蚀性分析

目前采用LCPC试验的对象多为岩块，把岩块破碎成符合规定直径的颗粒进行试验。而砂、砾石、卵石这种本身就是由直径较大(大于0.05 mm)土体颗粒组成的地层采用LCPC试验进行磨蚀性评价较为合适。因此采用LCPC试验，通过原位取样的方式，对工程的砂性地层磨蚀性进行研究，分析地层的主要特征，研究影响地层磨蚀性的主要因素，并构建合理的指标，用以评价砂性地层磨蚀性，为刀具磨损的预测提供一定的基础。

2.3.1 LCPC试验

LCPC试验需采用特定装置[图2.3.1(a)]来进行，该装置由法国桥梁与道路中心试验室于20世纪80年代研发。装置配备一个功率为750 W的驱动电机，能够驱动固定在旋转轴上的钢片以4 500 r/min的转速转动。钢片尺寸为50 mm×25 mm×5 mm[图2.3.1(b)]，由HRB(洛氏硬度)为60～75的标准钢制成，Jakob Küpferle等使用不同钢片材料对相同的土样材料进行了LCPC试验，结果证明不同类型的钢片材料对试验结果有10%左右的影响。因此在同一批次试验中，应保证钢片材料完全一致，以保证试验结果的准确性。标准试验程序如下：首先将钢片安装在旋转轴末端的钢片安装接头上，然后将盛土容器与装置连接紧固；通过进料口将质量为(500±2) g的土样添加到样品容器中；启动装置，使钢片在装有土样的容器内以4 500 r/min的转速旋转5 min。为了确定土样的磨蚀性，在试验前后采用高精度天平[精度为0.1 mg，如图2.3.1(c)所示]对钢片进行称重，称重前对钢片进行超声波清洗及烘干以去除钢片表面附着的土样颗粒。采用LAC值作为土样的磨蚀性评价指标，LAC计算方法如下：

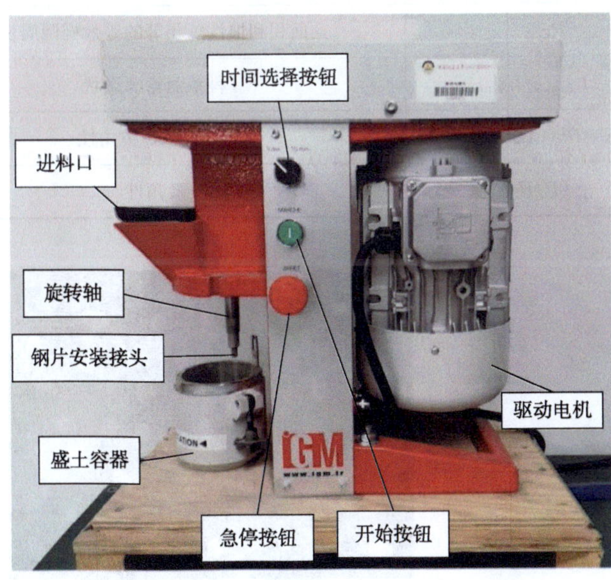

(a)LCPC装置

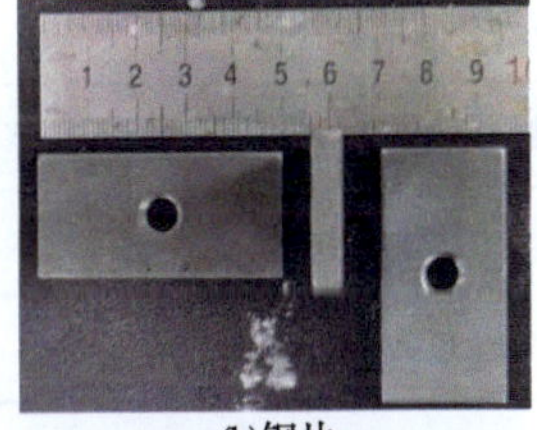

(b)钢片

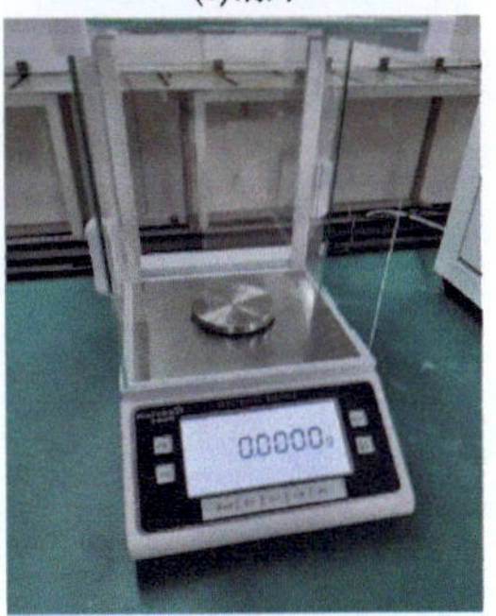

(c)高精度天平

图2.3.1 LCPC试验装置及钢片

$$LAC=\frac{m-m_0}{M} \tag{2.3.1}$$

式中 m——试验后钢片的质量；

m_0——试验前钢片的质量；

M——土样的质量。

2.3.2 土体颗粒特征及矿物组成分析

1. 土体颗粒特征分析

以往研究中考虑的主要颗粒特征包括平均直径、长短轴比、圆度、形状系数、棱角程度。有的学者将颗粒的棱角化程度分为6类，圆度分为2类。选取轴向系数、圆度、棱角性系数等作为描述颗粒特征的参数，见表2.3.1。基于Matlab对筛分后不同直径的土体颗粒进行分析，将土样颗粒特征数字化。采用Matlab中的图像分析功能，对不同直径的颗粒进行操作，首先将三维的颗粒进行二维化处理，将颗粒随机摆放在平面上，然后对其进行扫描，形成二维的图像，如图2.3.2(a)所示，之后通过灰度处理[图2.3.2(b)]及像素运算，得到颗粒的特征参数。

表2.3.1 颗粒特征参数

形状指数	符号/表达式	描述特征
面积	A	二维图像面积
周长	P	二维图像周长
等效椭圆主轴	$L_{A,max}$	面积和惯性矩相等的等效椭圆长轴
等效椭圆次轴	$L_{A,min}$	面积和惯性矩相等的等效椭圆短轴
等效椭圆周长	P_E	面积和惯性矩相等的等效椭圆周长
轴向系数 K_A	$K_A=L_{A,max}/L_{A,min}$	科莱丽轮廓形状
圆度	$R=P^2/(4\pi A)$	轮廓形状/棱角性
棱角性系数 A_U	$A_U=(P/P_E)^2$	棱角性

(a)颗粒扫描图像

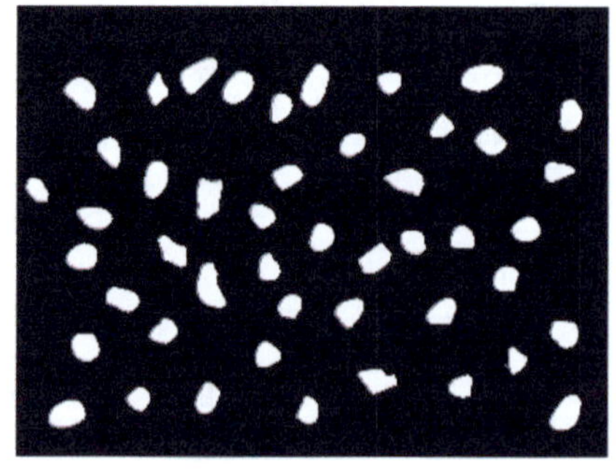

(b)颗粒二值图像

图2.3.2 扫描图像与二值图像

2. 颗粒矿物成分分析

矿物含量对岩土体的磨蚀性有着重要影响，目前研究普遍认为石英、钾长石、斜长石等摩氏硬度较高、矿物含量高的土体磨蚀性较高。针对土样矿物含量测量的手段之一为 X 射线衍射分析，通过对 X 射线衍射图的分析得到岩土样中各种矿物的含量。主要测量的矿物成分包括石英、钾长石、斜长石、方解石、白云石、石膏、黏土矿物。

2.3.3 土样材料

本书中使用的土样由北京新机场线 2 号风井处暗挖区间现场获取的原状土制备而成。从暗挖隧道掌子面取出土体后进行烘干，保证土样处于完全干燥状态，之后对干燥的土样进行筛分，得到不同直径土体颗粒。筛分后的土体被分为 9 种组分的颗粒，粒径范围分别为：＜0.25 mm、0.25～0.5 mm、0.5～2 mm、2～4 mm、4～5 mm、5～6.5 mm、6.5～8 mm、8～10 mm、＞10 mm。由筛分结果得到原状土体的颗粒级配曲线作为制备土样的标准，如图 2.3.3 所示。试验过程中通过对不同粒径范围颗粒组合制备成不同颗粒级配的土样。

图 2.3.3 土样制备及原位土样颗粒级配

2.3.4 试验方案

针对砂性地层的 LCPC 试验，分别考虑颗粒级配、含水率、试验时间对 LAC 的影响，不同的土样使用筛分好的土样进行制备。根据不同影响因素的水平共设定了 24 组试验，具体试验方案见表 2.3.2。颗粒粒径共设置 12 个水平，含水率设置 7 个水平，为 0、3%、5%、8%、10%、15%、20%，试验时间设置 7 个水平，为 1 min、2 min、5 min、8 min、10 min、12 min、15 min。

颗粒特征及矿物组成分析的对象为土样中不同粒径的土体颗粒。颗粒特征分析选取 0～0.25 mm、0.25～0.5 mm、0.5～2 mm、2～4 mm、4～5 mm、5～6.5 mm、6.5～8 mm、8～10 mm 粒径的颗粒。矿物组成分析选取＜0.5 mm、0.5～2 mm、2～4 mm、4～5 mm、5～6.5 mm、6.5～8 mm、8～10 mm 粒径的颗粒，为增加分析准确性，选取不同粒径范围的土体颗粒各 50 g，每种土样进行三次试验并取平均值作为最终结果。

表 2.3.2 LCPC 试验方案及结果

试验	各组分颗粒质量(g)								土样总质量(g)	d_{10}(mm)	d_{30}(mm)	d_{60}(mm)	试验时间(min)	含水率(%)	LAC(g/t)	等效石英含量(%)
	0~0.25 mm	0.25~0.5 mm	0.5~2 mm	2~4 mm	4~5 mm	5~6.5 mm	6.5~8 mm	8~10 mm								
1	0	0	0	0	0	0	0	500	500	8.20	8.60	9.20	5	0	1 382.50	62.03
2	0	0	0	0	0	0	500	0	500	6.65	6.95	7.40	5	0	845.70	52.28
3	0	0	0	0	0	500	0	0	500	5.15	5.24	5.90	5	0	778.67	43.00
4	0	0	0	0	500	0	0	0	500	4.10	4.30	4.60	5	0	508.13	58.99
5	0	0	0	500	0	0	0	0	500	2.20	2.60	3.20	5	0	276.70	58.06
6	0	0	500	0	0	0	0	0	500	0.65	0.95	1.40	5	0	179.00	67.10
7	0	500	0	0	0	0	0	0	500	0.275	0.325	0.40	5	0	39.20	54.96
8	0	0	50	100	50	100	100	100	500	2.00	4.00	6.50	5	0	886.27	55.68
9	0	0	0	50	100	150	100	100	500	4.00	5.00	6.50	5	0	771.10	53.37
10	0	0	0	25	25	100	150	200	500	5.00	6.50	8.00	5	0	790.80	54.95
11	0	0	50	50	50	75	75	200	500	2.00	5.00	8.00	5	0	729.40	57.52
12	40	27	48	26	13	15	15	316	500	0.34	4.69	8.73	5	0	1 021.53	60.42
13	40	27	48	26	13	15	15	316	500	0.34	4.69	8.73	1	0	321.20	60.42
14	40	27	48	26	13	15	15	316	500	0.34	4.69	8.73	2	0	575.61	60.42
15	40	27	48	26	13	15	15	316	500	0.34	4.69	8.73	8	0	1 314.34	60.42
16	40	27	48	26	13	15	15	316	500	0.34	4.69	8.73	10	0	1 477.69	60.42
17	40	27	48	26	13	15	15	316	500	0.34	4.69	8.73	12	0	1 620.33	60.42
18	40	27	48	26	13	15	15	316	500	0.34	4.69	8.73	15	0	1 821.25	60.42
19	40	27	48	26	13	15	15	316	500	0.34	4.69	8.73	5	3%	1 593.20	60.42
20	40	27	48	26	13	15	15	316	500	0.34	4.69	8.73	5	5%	1 705.44	60.42
21	40	27	48	26	13	15	15	316	500	0.34	4.69	8.73	5	8%	1 715.40	60.42
22	40	27	48	26	13	15	15	316	500	0.34	4.69	8.73	5	10%	1 232.80	60.42
23	40	27	48	26	13	15	15	316	500	0.34	4.69	8.73	5	15%	1 374.20	60.42
24	40	27	48	26	13	15	15	316	500	0.34	4.69	8.73	5	20%	1 534.00	60.42

注:试验 12~24 为模拟现场颗粒级配的土样,由于现场存在粒径大于 10 mm 的卵石颗粒,在土样配置过程中使用 8~10 mm 的土体颗粒代替大于 10 mm 的土体颗粒。计算土样 d_{10}、d_{30}、d_{60} 时认为不同组分范围内的颗粒粒径的分布为平均分布,例如 8~10 mm 粒径的颗粒质量为 316 g,则认为其中 8~9 mm 粒径颗粒为 158 g,9~10 mm 粒径颗粒为 158 g。

2.3.5 试验结果

1. 不同粒径颗粒形状特征分析结果

选取 5 个粒径范围(2~4 mm、4~5 mm、5~6.5 mm、6.5~8 mm、8~10 mm)的颗粒特征指标进行分析。对颗粒轴向系数、圆度、棱角性系数进行统计,形成直方图,如图 2.3.4~图 2.3.8 所示。

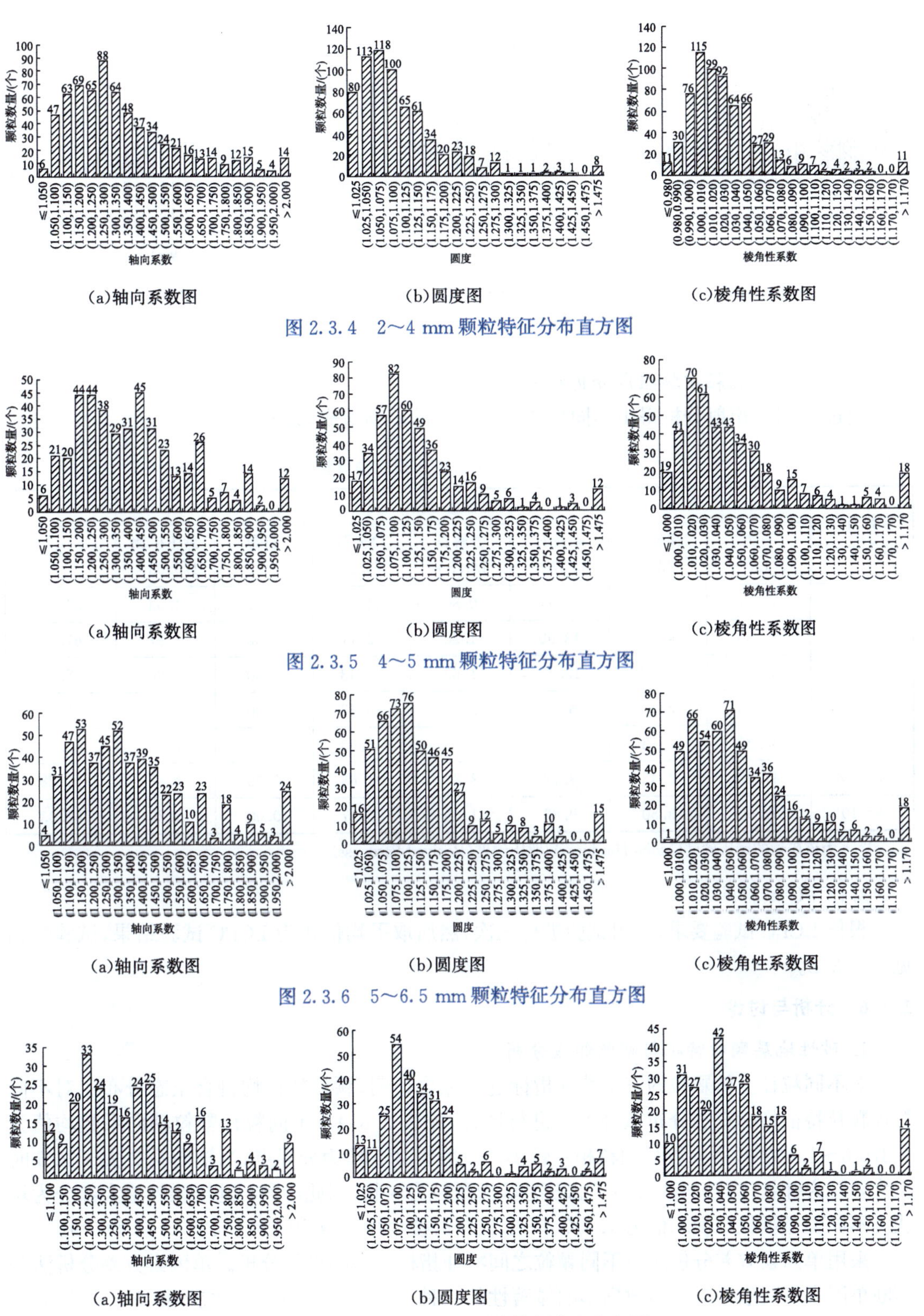

图 2.3.4　2～4 mm 颗粒特征分布直方图

图 2.3.5　4～5 mm 颗粒特征分布直方图

图 2.3.6　5～6.5 mm 颗粒特征分布直方图

图 2.3.7　6.5～8 mm 颗粒特征分布直方图

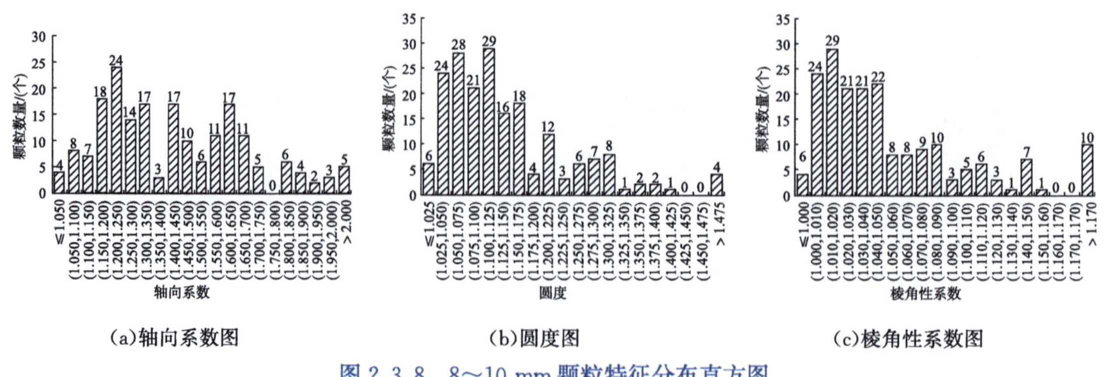

(a)轴向系数图　　(b)圆度图　　(c)棱角性系数图

图 2.3.8　8～10 mm 颗粒特征分布直方图

2. 不同粒径颗粒矿物组成分析结果

通过 X 射线衍射分析得出不同粒径范围颗粒的矿物组成，见表 2.3.3。

表 2.3.3　不同粒径颗粒矿物含量分析结果

颗粒直径范围(mm)	矿物含量(%)							等效石英含量(%)
	石英 7/120 *	钾长石 6/37 *	斜长石 6/37 *	方解石 3/4.5 *	白云石 3/4.5 *	石膏 2/1.25 *	黏土矿物 1/0.03 *	
<0.5	42.97	10.57	26.47	0.80	14.30	0.37	4.53	54.96
0.5～2	60.80	4.47	13.90	1.20	15.77	0.00	3.87	67.10
2～4	51.80	3.77	13.47	1.63	23.43	0.00	5.90	58.06
4～5	54.13	3.93	8.30	2.43	26.33	0.00	4.87	58.99
5～6.5	38.20	2.13	7.60	1.13	46.93	0.00	4.00	43.00
6.5～8	47.07	4.43	8.17	3.83	31.63	0.00	4.87	52.28
8～10	57.00	3.50	9.83	1.30	23.17	0.00	5.20	62.03

注：* 为该矿物的摩氏硬度(Mohs Hardness)/罗氏硬度(Rosiwal hardness)。

3. LCPC 试验结果

根据 LCPC 试验要求，每组试验进行三次，然后取平均值作为 LCPC 试验结果，试验数据见表 2.3.2。

2.3.6　分析与讨论

1. 砂性地层颗粒特征与矿物组成分析

对不同粒径土体颗粒的三个特征指标进行拟合证明，颗粒特征均符合正态分布。对不同粒径颗粒特征指标正态分布拟合系数进行统计，见表 2.3.4。不同粒径颗粒轴向系数均值为 1.370 6～1.437 3，不同粒径颗粒相差较小。一般以 2.5 作为分界点，当轴向系数大于 2.5 时认为颗粒为针状，当轴向系数小于 2.5 时认为颗粒为块状，因此砂卵石地层颗粒绝大部分为块状。不同粒径颗粒圆度均值为 1.117 4～1.156 7，棱角性系数均值为 1.035 0～1.067 9。

采用单因素方差分析法对不同颗粒之间特征指标的差距进行分析。单因素方差分析法是判断单因素不同水平对试验数据影响显著性的一种方法，通过创建检验统计量 F 与 α 显著水平下的拒绝域临界值 $F\alpha$ 进行比较，来判断单因素不同水平是否会对试验数据产生影响。对颗粒特征进行单因素方差分析，以颗粒直径为影响因素，不同粒径代表不同因素水平，判断不同粒径范围对颗粒特征产生的影响，分析结果见表 2.3.5。结果表明，检验统计量 $F<F_{0.99}$，即不同直径颗粒的特征指数基本相同，不会随颗粒直径变化发生显著变化。综上所述，同一土体筛分出的不同直径颗粒的特征指数基本相同，可以认为使用同一土体中不同粒径颗粒进行 LCPC 试验时，颗粒的轴向系数、圆度、棱角性系数不是影响试验结果的显著性因素。

颗粒的矿物组成中石英、白云石占比最大。以表 2.3.3 中不同粒径颗粒的矿物组成为基础，根据式(2.3.2)计算不同颗粒级配土样的等效石英含量，结果见表 2.3.3 最后一列所示。不同粒径颗粒的等效石英含量并无明显差异，分布范围为 43.00%～67.10%，其中直径为 5～6.5 mm的颗粒等效石英含量最低，直径为 0.5～2 mm 的颗粒等效石英含量最高。等效石英含量与颗粒直径之间并无明显关系。

$$\mathrm{EQC}=100\times\sum_{i=1}^{n}\frac{A_iR_i}{R_1} \tag{2.3.2}$$

式中 A_i——不同矿物所占的百分比；

R_i——不同矿物的洛氏硬度；

R_1——石英的洛氏硬度。

2. LCPC 试验分析

(1)含水率对土样磨蚀性的影响

对含水率为 0、3%、5%、8%、10%、15%、20%的土样的 LCPC 试验结果进行对比分析，结果如图 2.3.9 所示。针对此试验中的土样含水率在 0～3%范围内 LAC 呈增长状态，从1 021.53 g/t(含水率 0)增加至 1 593.20 g/t(含水率 3%)，增加 56%。在 3%～8%含水率范围内 LAC 基本保持稳定，差异较小。当含水率为 10%时，LAC 值较含水率 8%时有所下降，在 10%～20%范围内 LAC 随含水率的增加变大但幅度较小。

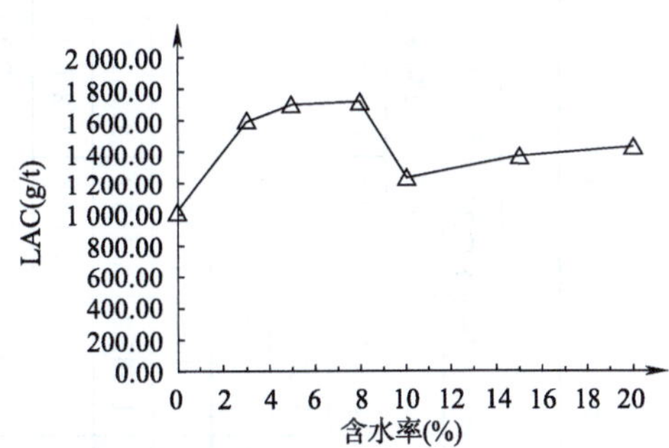

图 2.3.9 含水率对 LAC 的影响

对试验后的土样状态(图 2.3.10)进行分析：含水率为 0 时，试验后土样为粉状，未破碎的大粒径颗粒分布在破损后的细颗粒中；含水率为 3%～5%时，试验后的颗粒处于一种分离的状态，细颗粒黏附在盛土容器内壁上，而未破碎的大颗粒位于容器中心，基本处于干燥状态，且容器底部黏附的细颗粒较为紧固；含水率为 8%～10%时，容器内壁不再出现细颗粒黏附，而是大颗粒与细颗粒充分混合结为块状，含水率 8%的结块程度明显大于 10%；当含水率为 15%～20%时，土样中细颗粒与水混合呈稠度不同的泥浆状态，而大颗粒沉在泥浆中。

通过饱和试验测得 LCPC 试验所用土样的饱和含水率为 8.4%，结合试验后土样的状态分析含水率对 LAC 值影响的原因。当土样中无水时试验开始部分大颗粒被破碎成细颗粒，随着试验的继续进行土样变为一种细颗粒与大颗粒共存的状态。而当土样中含水率大于 0 而小于饱和含水率时，破碎后的细颗粒黏附到容器壁上，导致大颗粒直接与钢片接触，使得两者接触更加充分，因此导致 LAC 增大。当含水率大于饱和含水率时，破碎后的细颗粒黏附在未破碎的大颗粒上，导致 LAC 值降低，而当含水率持续增大时，土样中的细颗粒与水形成泥浆，

表 2.3.4　不同直径颗粒分布参数统计

统计参数	轴向系数				圆　度					棱角性系数					
	8～10 mm	6.5～8 mm	5～6 mm	4～5 mm	2～4 mm	8～10 mm	6.5～8 mm	5～6 mm	4～5 mm	2～4 mm	8～10 mm	6.5～8 mm	5～6 mm	4～5 mm	2～4 mm
均值	1.427 4	1.437 3	1.406 8	1.408 1	1.370 6	1.13 4	1.156 7	1.150 6	1.141 5	1.117 4	1.060 1	1.067 9	1.063 5	1.056 7	1.035 0
标准差	0.254 8	0.257 5	0.282 4	0.259 7	0.346 2	0.106 7	0.162 1	0.139 3	0.129 2	0.214 2	0.075 5	0.124 6	0.099 2	0.090 0	0.096 6
偏度	0.641 0	1.163 8	1.514 1	1.550 9	7.651 1	1.608 1	4.095 7	4.746 5	3.374 9	8.287 6	3.380 0	5.136 2	7.661 3	5.053 0	9.792 5
峰度	−0.189 9	1.818 0	3.004 8	4.230 8	97.490 8	3.239 3	19.875 6	40.237 2	14.933 0	78.142 5	14.564 4	28.205 8	84.391 2	30.111 1	111.806 8
中位数	1.405 6	1.410 4	1.338 7	1.372 6	1.296 7	1.116 6	1.115 1	1.118 5	1.110 0	1.079 3	1.039 0	1.043 2	1.045 1	1.035 4	1.020 6
最大值	2.140 3	2.409 1	2.627 8	2.687 5	6.044 3	1.587 3	2.148 2	2.762 1	1.989 8	3.655 6	1.493 7	1.869 2	2.449 9	1.741 4	2.293 0
P90*	1.800 9	1.778 8	1.782 3	1.711 8	1.712 9	1.295 7	1.267 6	1.276 9	1.247 9	1.209 6	1.129 5	1.102 5	1.110 0	1.106 1	1.066 6
P80**	1.638 8	1.634 9	1.586 3	1.574 8	1.533 1	1.206 9	1.177 6	1.198 0	1.180 2	1.148 2	1.083 3	1.077 7	1.079 5	1.070 8	1.047 6

注：* 表示小于该值的颗粒占总颗粒数的 90%；** 表示小于该值的颗粒占总颗粒数的 80%。

表 2.3.5　颗粒特征方差分析

颗粒特征	方差来源	自由度	平方和	F	$F_{0.99}$	显著性判断
轴向系数	组间	3	0.218 26	1.018 34	3.78	无显著影响
	组内	1 410	100.734 4			
	总和	1 413	100.952 6			
圆度	组间	3	0.046 1	0.817 25	3.78	无显著影响
	组内	1 410	26.511 04			
	总和	1 413	26.557 14			
棱角性系数	组间	3	0.023 08	0.782 42	3.78	无显著影响
	组内	1 410	13.866 57			
	总和	1 413	13.889 65			

大颗粒由于泥浆的存在对钢片磨损减低。随着含水率的加大，泥浆的稠度变小，泥浆大颗粒对钢片磨损的作用降低，导致 LAC 值增大。

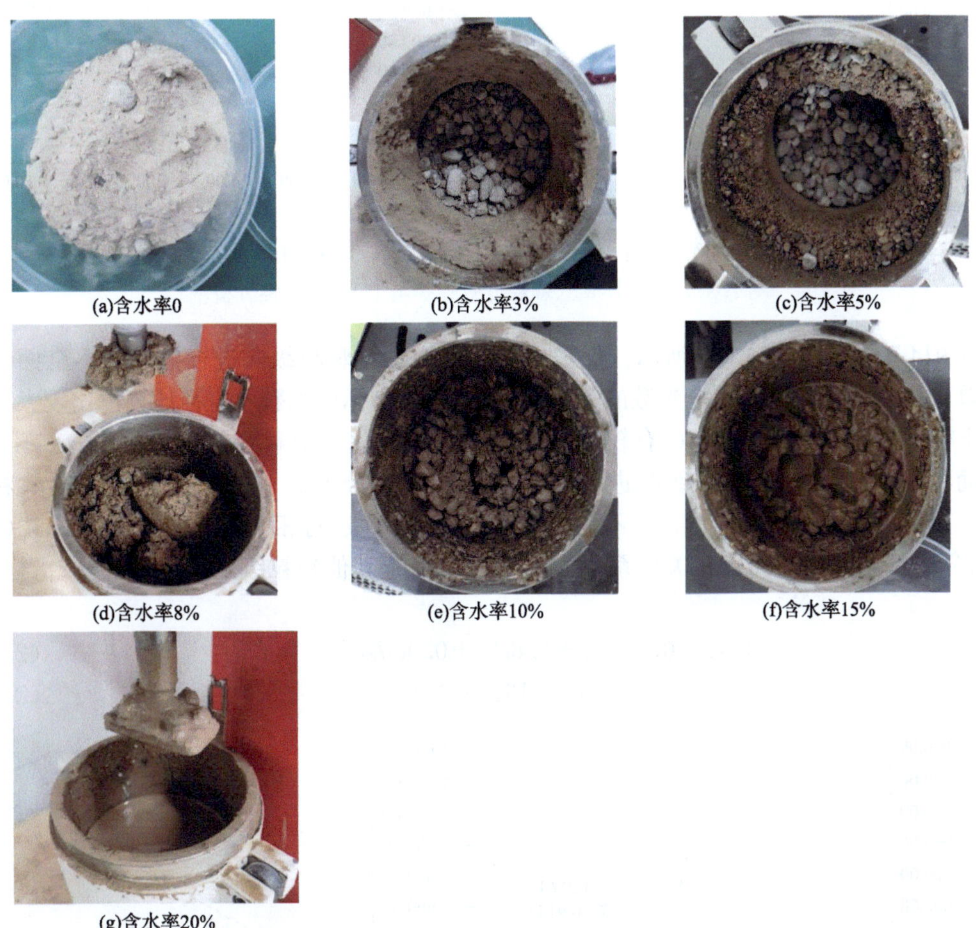

(a)含水率0　(b)含水率3%　(c)含水率5%　(d)含水率8%　(e)含水率10%　(f)含水率15%　(g)含水率20%

图 2.3.10　不同含水率土样试验后形态

(2)颗粒级配对土样磨蚀性的影响

土样的颗粒级配已被证实会对土样 LAC 值有影响，其影响程度甚至大于石英含量。采用控制变量法，保证其他变量不变，含水率为 0，试验时间为 5 min，对不同颗粒级配土样(试验 1～12)的 LAC 进行对比分析。土体颗粒级配描述指标包括 d_{10}、d_{30}、d_{50}、d_{60}、曲率系数 C_c、不均匀系数 C_u、颗粒有效粒径[Effective size，简称 ES，计算步骤见式(2.3.3)]等。土样颗粒级配 d_{60} 与颗粒有效粒径和 LAC 值的相关性如图 2.3.11 所示，这两个指标与 LAC 的相关性良好，相关性系数分别为 0.896 5、0.909 6。在 0～10 mm 范围内，土样 LAC 随 d_{50}、ES 的增大而增大，回归系数分别为 121.61、136.23。

$$ES = 0.1\left(\frac{d_{\min}+d_{10}}{2}\right)+0.2\left(\frac{d_{10}+d_{30}}{2}\right)+0.3\left(\frac{d_{30}+d_{60}}{2}\right)+0.4\left(\frac{d_{60}+d_{\max}}{2}\right) \tag{2.3.3}$$

为了选择更加合理的参数描述颗粒级配与 LAC 值的关系，对其他颗粒级配指标与 LAC 的相关性进行分析。采用 d_{50} 进行线性拟合的相关性要优于 d_{60}、颗粒有效粒径，相关性系数达

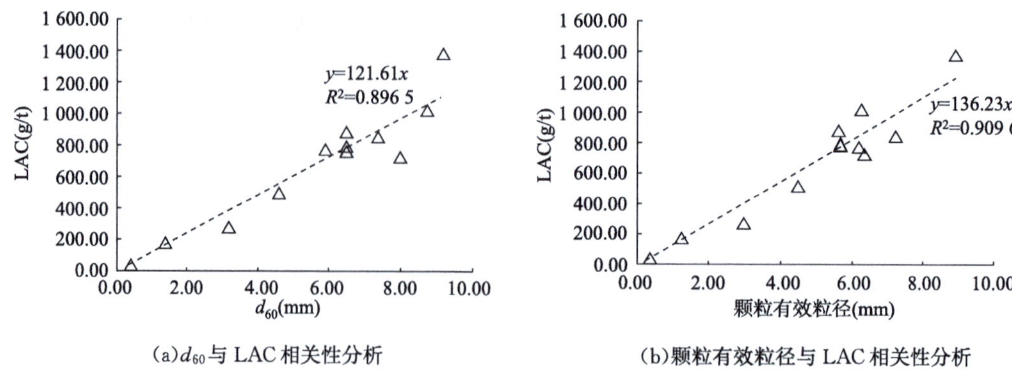

(a)d_{60}与 LAC 相关性分析　　(b)颗粒有效粒径与 LAC 相关性分析

图 2.3.11　土样 d_{60}、颗粒有效粒径与 LAC 相关性分析

到了 0.914 6，如图 2.3.12(a)所示。仅采用单一的指标对颗粒级配进行描述是不全面的，颗粒有效直径就是一种包含多个参数的等效指标，但是该指标中细颗粒直径计算占比较大，试验证明土样中大颗粒占比对 LAC 有较大的影响。构建优化有效粒径指标(Optimize effective size，简称为 ES_{op})对土样颗粒级配进行描述，ES_{op}指标充分考虑土样的最小粒径、最大粒径、d_{50}、d_{80}，计算过程见式(2.3.4)。对不同土样 ES_{op}与 LAC 进行相关性分析如图 2.3.12(b)所示，拟合结果见式(2.3.5)，相关性系数为 0.928 1，高于其他颗粒级配指标，证明该指标是有效的。

$$ES_{op}=0.16d_{min}+0.6d_{50}+0.08d_{80}+0.16d_{max} \tag{2.3.4}$$

$$LAC=131.85\times ES_{op} \tag{2.3.5}$$

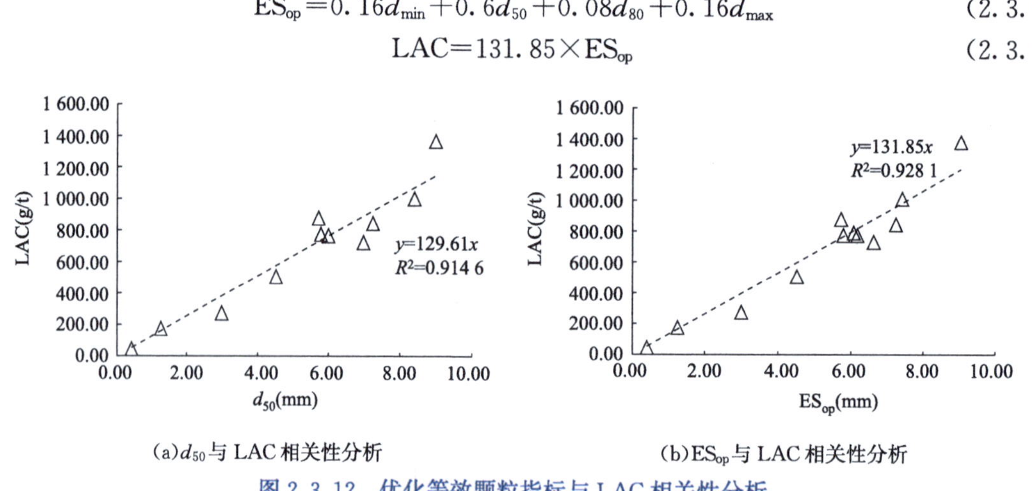

(a)d_{50}与 LAC 相关性分析　　(b)ES_{op}与 LAC 相关性分析

图 2.3.12　优化等效颗粒指标与 LAC 相关性分析

(3)等效石英含量对磨蚀性的影响

通过对不同直径范围颗粒的矿物含量分析可知，根据不同土样颗粒级配计算土样整体的等效石英含量，不同土样的等效石英含量范围为 43.00%～67.10%，除去最大值 67.10%(试验 6)与最小值 43.00%(试验 9)，土样等效石英含量与 LAC 相关性分析如图 2.3.13 所示，两者之间无明显的相关性。土样在等效石英含量 43.00%～67.10%、ES_{op}值 0.38～9.05 mm 范围内，ES_{op}是影响 LAC 的主要因素，等效石英含量是影响 LAC 的次要因素。

(4) 试验时间对 LAC 的影响

LCPC 试验中试验时间不同则钢片在土样中旋转轨迹就会有差异。为研究钢片磨损发生

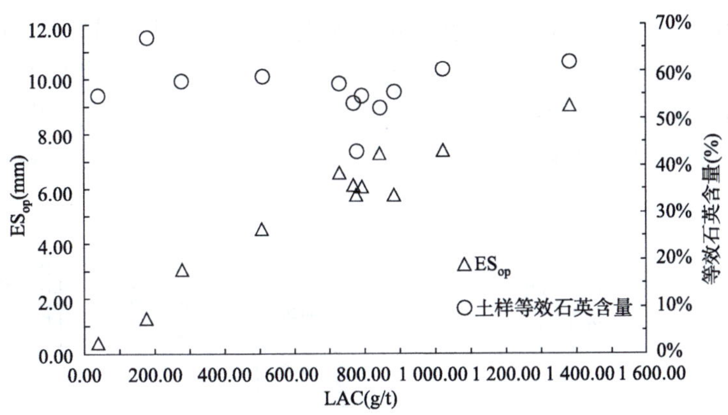

图 2.3.13 土样等效石英含量与 LAC 对比分析

的过程，对不同试验时间 LAC 进行对比分析，如图 2.3.14 所示。以 5 min 为分界线，在 5 min 之前 LAC 随试验时间呈非线性变化，其变化趋势符合二次多项式变化曲线；5 min 之后 LAC 随试验时间呈线性变化，LAC 值随试验时间增加不断增大。对单位时间 LAC 变化量进行分析，单位时间 LAC 变化量随着试验时间的增加不断降低。采用幂函数进行拟合，发现单位时间 LAC 变化量变化趋势符合幂函数变化趋势，拟合相关性较好，相关性系数为 0.982 5。

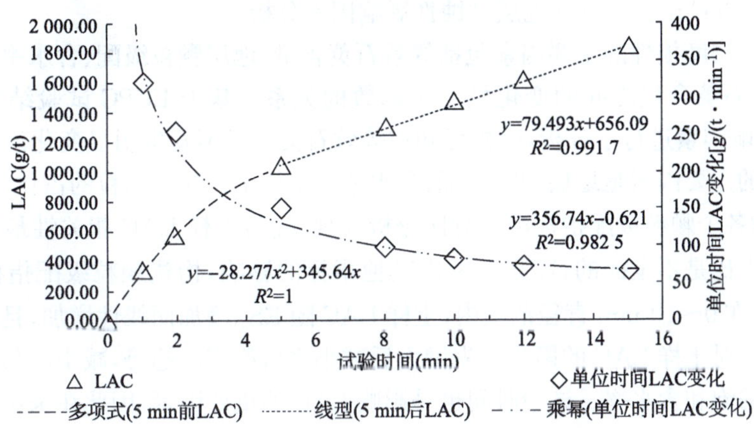

图 2.3.14 试验时间与 LAC 对比分析

对不同试验时间土样的颗粒级配进行分析，如图 2.3.15(a)所示。试验 1 min 后颗粒级配变化最大，5 min 后颗粒级配基本稳定，稳定后的颗粒级配曲线更加平滑。土样的变化主要表现为 8～10 mm 颗粒的破碎，该范围颗粒从原始土样的 63%占比，下降到 17%，减小的质量为 230.49 g。小于 0.25 mm、2～4 mm、4～5 mm、5～6.5 mm、6.5～8 mm 范围内的颗粒占比有所提高，提高比例分别为 391%、115%、115%、202%、309%。小于 0.25 mm 范围内颗粒质量增加最多，增加 156.36 g。试验时间 5 min 后土样颗粒级配基本不变，5 min 后 LAC 随试验时间变化为线性变化，可以认定在颗粒级配不发生变化的情况下，LAC 随试验时间呈线性变化。

在采用 LCPC 试验对砂性地层磨蚀性进行分析时，土样颗粒在试验过程中被破坏，随着试验的进行土样颗粒级配不断发生变化。通过对不同试验时间土样颗粒级配进行分析，土样颗粒级配会在试验进行一定时间(试验约在 5 min)后趋于稳定。对不同颗粒级配土样试验前后的颗粒级配进行对比分析[图 2.3.15(b)],试验前土样颗粒级配相差较大,但试验后土样的颗粒级配差异较小,可以认为在特定 LCPC 试验设备(容器尺寸、钢片尺寸)及试验参数(钢片转速)的条件下,不同土样均存在随着试验时间延长不发生变化的稳定颗粒级配,且不同土样的稳定颗粒级配相差较小。

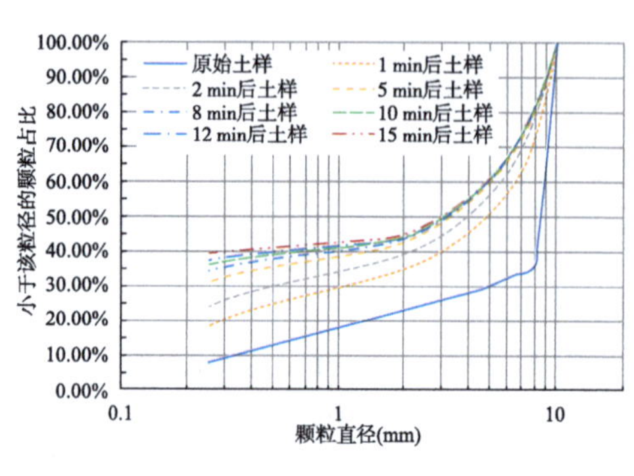

(a)不同试验时间土样颗粒级配分析

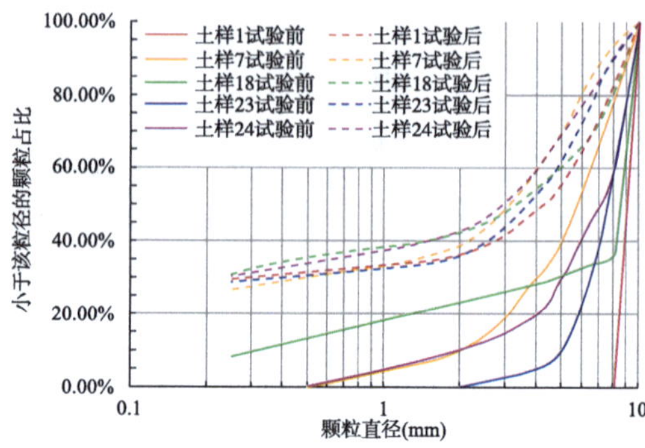

(b)不同原始颗粒级配试验后土样颗粒级配分析

图 2.3.15 试验后土样颗粒级配

(5) 基于 LCPC 试验的砂性地层磨蚀性影响因素分析

影响砂性地层磨损性的主要因素包括等效石英含量、地层颗粒级配、含水率、颗粒特征,土样 LAC 与等效石英含量之间的变化呈二次函数的关系。基于 LCPC 试验结果对砂性地层 LAC 的其他影响因素进行了分析,分析可知在等效石英含量不发生明显变化的条件下影响砂性地层磨蚀性的主要因素是地层颗粒级配、含水率。土样中大粒径颗粒的占比对 LAC 值有较大影响,通过对各个颗粒级配指标进行对比分析发现 d_{50} 与土样 LAC 相关性最好。但仅考虑大粒径颗粒的占比是不全面的,需充分考虑其他指标的影响,构建颗粒级配指标 ES_{op}。通过对比分析可知,在 0～10 mm 直径范围内,土样 LAC 随 ES_{op} 增加而线性增加,且相关性优于其他指标。含水率对土样 LAC 的影响呈先增大后减小之后稳定的趋势,减小段与稳定段的分界点近似为土样的饱和含水率。试验时间也是影响 LAC 的重要因素,因此在采用 LCPC 试验时应将试验时间作为变量进行控制。

通过试验时间对 LAC 的影响分析可知,试验过程中 LAC 的变化可分为两个阶段:非线性增加阶段、线性增加阶段。土样的非线性增加阶段钢片在土样中旋转的同时导致土样中大颗粒的破坏,土样 ES_{op} 不断减小,定义 LAC_t 代表土样在不同试验时间的瞬时磨蚀性。则在非线性增加阶段由于 ES_{op} 不断变化,LAC_t 不断变化。当进入线性增加阶段 ES_{op} 不再发生变化对应的 LAC_t 不再发生变化。根据现有 LAC 的定义,其为试验时间内 LAC_t 的平均值,在一定程度上可反映颗粒级配对 LAC 的影响。为了更进一步的体现颗粒级配对 LAC 影响,下一步的工作可以从以下方面对试验进行优化:(1)对试验设备进行优化,保证试验过程中土样颗粒级配不会发生改变,这是最为直接的办法;(2)对试验方法进行优化,对同一土样进行多次不同时间的试验,并对试验数据进行拟合得出试验开始时的瞬时 LAC,作为土样原始颗粒级配的 LAC。

2.3.7 小　结

通过对室内试验结果的分析可以得出以下结论：

(1)在等效石英含量不变的情况下影响土样磨蚀性的主要因素为地层颗粒级配及含水率。为提高颗粒级配描述的全面性，构建了土样颗粒级配表述指标优化有效粒径(ES_{op})，试验证明ES_{op}、d_{50}作为颗粒级配的表述指标来判断土样的LAC比采用d_{60}、有效粒径更加合适，土样LAC随ES_{op}呈线性关系，线性系数为131.85 g/(t·mm^{-1})。由ES_{op}表达式可知，d_{50}占比较大起决定性作用，同时该指标还与d_{min}、d_{max}、d_{80}有关。土样含水率从0到饱和含水率范围内时LAC呈增加状态，最大增加约56%。当含水率达到饱和含水率时LAC迅速下降至含水率为0时的值。当含水率超过饱和含水率并持续增加时，随着含水率的增加LAC缓慢增加。

(2)试验时间对土样LAC的影响以土样颗粒级配稳定时间(土样颗粒级配不再发生明显变化的时间，简称“t_1”)为分界点可分为两个阶段，试验时间小于t_1时，LAC与试验时间呈二次函数关系；当试验时间大于t_1时，LAC与试验时间呈线性关系，该现象也证明了土样颗粒级配对LAC的影响。基于该现象提出了试验优化的两个方向。

(3)同一地层不同粒径颗粒的形状特征指标如轴向系数、圆度、棱角性系数并无明显区别，不同粒径颗粒的等效石英含量差异性不大。所选试样的轴向系数均值为1.370 6～1.437 3，颗粒绝大部分为块状；圆度均值为1.117 4～1.156 7；棱角性系数均值为1.035 0～1.067 9；等效石英含量分布范围为43.00%～67.10%。

本节对砂性地层磨蚀性的影响因素进行了分析，建立了地层磨蚀性计算的基本公式，但公式中的相关系数还需要大量的实测数据来进行补充。另外，目前对于砂性地层磨蚀性评价的众多方法多以试验室研究为主，如何将试验室数据合理地应用到实际工程中将是下一步研究的主要方向。

2.4 刀具布置对刀具切深的影响

刀具的受力是影响刀具磨损的另一个重要因素，而影响刀具受力的一个关键指标就是刀具切深。刀具切深会影响刀具接触土体的高度，对于预测刀具的磨损十分重要。但目前对于盾构刀具组合配置情况下的切深并没有深入的研究。在相关研究中切深或采用刀具高于辐条的高度，或采用盾构掘进的贯入度，与实际情况存在一定的差距。本节以先行刀及切刀组合配置的刀具形式为基础，对刀具中先行刀切削土体过程中的切深进行分析，建立先行刀切深计算模型，为研究刀具磨损提供理论基础。

2.4.1 刀具组合切削过程分析

先行刀及切刀组合配置的刀盘形式主要应用于砂卵石地层，如：成都、北京、沈阳等城市，且多以辐条式刀盘为主。根据盾构直径不同刀盘辐条也有所区别，多以主辐条+副辐条的形式进行配置，辐条总数多为6～12根。刀具布置形式为切刀对称布置在辐条两侧、先行刀布置在辐条上方，图2.4.1所示为典型的先行刀及切刀组合配置的辐条式刀盘。

先行刀与切刀的组合布置中，先行刀高度(此处的高度指的是刀具高于盾构辐条平面的距离，切刀相同)要高于切刀高度，且先行刀高度往往也不止一种。采用刀具不同高度的布置形式，可充分发挥不同刀具的作用，优化盾构掘进效率。在此刀具布置下，刀具作用于刀盘前方土体(下文简称“掌子面”)时,先行刀首先接触掌子面,在掌子面上形成一系列同心圆的沟槽,之后切刀继续对掌子面进行开挖,两种刀具组合作用完成掌子面原状土体的切削。被切削剥落的土体随着刀盘的转动与改良材料充分混合,形成流塑性良好的渣土,填充在刀盘辐条之间空隙及土仓之中,支撑掌子面。由此可知,在盾构掘进过程中刀具不仅切削掌子面的原状土体,同时还会对先行刀剥落后的渣土进行切削。因此,在进行刀具扭矩计算或刀具磨损分析等与刀具相关的研究时,需对两种不同种类的土体进行分别考虑。

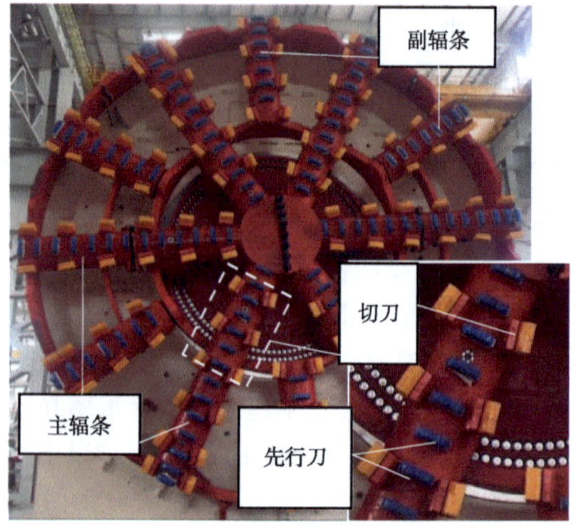

图 2.4.1　先行刀及切刀组合配置的刀盘

1. 先行刀运动简化

为了研究先行刀的切深,首先对先行刀的运动轨迹进行分析。在盾构掘进过程中先行刀的运动由两部分组成:沿着盾构掘进方向的直线运动、垂直于隧道轴线方向的转动。为方便分析将先行刀简化为一个点,则其运动方程如下:

$$\begin{cases} x=v\cdot t \\ y=\sin(w\cdot t)\cdot r \\ z=\cos(w\cdot t)\cdot r \end{cases} \tag{2.4.1}$$

式中　v——盾构掘进速度;

w——刀盘转速;

t——时间;

r——先行刀轨迹半径。

显而易见,先行刀的运动为三维螺旋线运动。为了更直观地对先行刀切深进行计算,从先行刀角度出发,通过将先行刀垂直于隧道轴线方向转动的二维圆周运动简化为一维直线运动的方式,将三维运动简化为二维运动,如图 2.4.2 所示。当先行刀完成一个圆周的循环运动时,其在 x 方向上行进了贯入度长度的距离,在 zy 平面上其回到初始位置,在简化过程中将先行刀转动过程中 z、y 两个方向的运动等效为 y 方向上的直线运动,同时 x 方向上的运动方程不变,最终将先行刀的三维运动转化为二维运动。先行刀简化的二维运动方程如下:

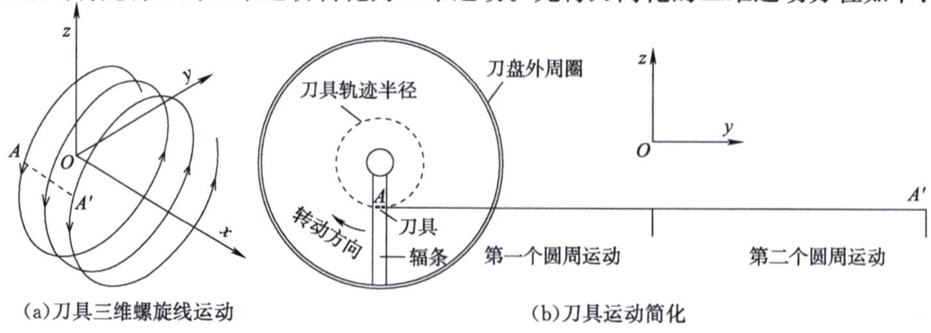

图 2.4.2　刀具的螺旋运动

$$\begin{cases} x = v \cdot t \\ y = w \cdot r \cdot t \end{cases} \tag{2.4.2}$$

式中 v——盾构掘进速度；

w——刀盘转速；

t——时间；

r——先行刀轨迹半径。

2. 单把先行刀切深分析

在对先行刀的切深进行分析前，先明确先行刀“切深”的概念。先行刀的切深为先行刀切削形成的新掌子面与先行刀切削前掌子面之间盾构掘进方向上的差值，即切深代表的含义为先行刀切削原状土的深度，而非切削原状土体与改良后渣土的总深度。

在对先行刀运行轨迹进行简化后运动轨迹为两个方向直线运动组合。轨迹上只存在一把先行刀情况下，对先行刀切深的问题进行分析。根据工程实际情况，同时为简化计算，提出如下假定：

(1)先行刀切削土体过程中，仅切削先行刀轨迹宽度内的土体；

(2)先行刀开挖形成新的自由面，不会由于土仓压力及地层应力等外力发生变形；

(3)盾构处于直线掘进状态，无上下坡及曲线运动；

(4)盾构掘进过程中贯入度恒定。

先行刀切削土体计算简图如图 2.4.3 所示。

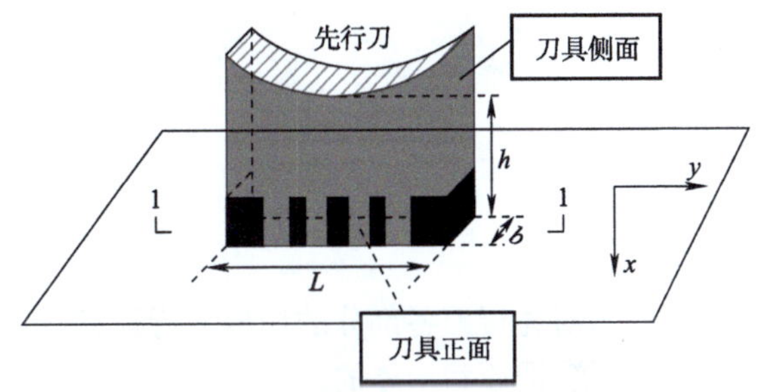

图 2.4.3 先行刀切削土体计算简图

从盾构始发状态开始对先行刀切削掌子面的过程进行分析。随着盾构始发先行刀接触掌子面，并以一定的角度 γ[γ 与先行刀所处的轨迹半径及盾构掘进的贯入度有关，见式(2.4.3)]相对于掌子面运动，随着刀盘转动，先行刀切削土体的切深不断增加。当先行刀完成一个圆周切削(在简化二维运动方程中表现为先行刀在 y 方向运动 $2\pi r$ 距离，即从位置 A 到达位置 B)时，先行刀切深达到最大值 a。由于在简化过程中将二维的圆周运动简化为了一维的直线运动，因此把第一个切削循环开挖土体在相应位置标出，如图 2.4.4 所示。接着对第二个切削循环进行分析，在第二个切削循环(位置 B 到位置 C)中先行刀切深为盾构掘进贯入度 a。

$$\gamma = \arctan \frac{a}{2\pi r} \tag{2.4.3}$$

式中 a——盾构掘进贯入度；

r——先行刀轨迹半径。

3. 先行刀长度对切削土体的影响

先行刀切削土体主要由先行刀侧面及正面组合完成。假定先行刀侧面切削土体的深度为 S_1、先行刀正面切削土体的深度为 S_2，则先行刀的切深为 $S_1 + S_2$。令先行刀长度 L 为 300 mm，先行刀高度 h 为 190 mm，先行刀轨迹半径 r 为 1 000 mm，盾构掘进贯入度 a 为 60 mm，利用

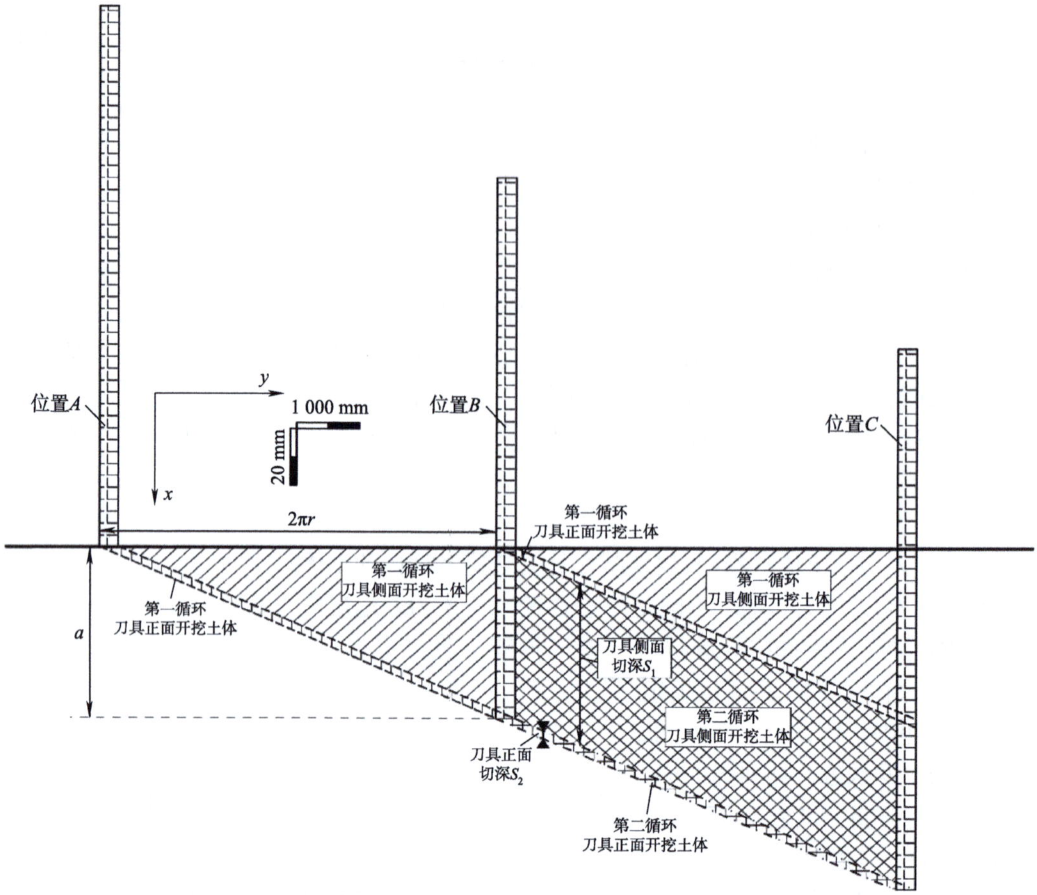

图 2.4.4　先行刀切削过程

式(2.4.4)对先行刀各部分的切深进行计算，得 S_1、S_2 分别为 57.13 mm、2.87 mm，S_1 约为 S_2 的 19.91 倍，即原状土体的开挖主要由先行刀侧面完成。

$$\begin{cases} S_2=\dfrac{aL}{2\pi r} \\ S_1=a-\dfrac{aL}{2\pi r} \end{cases} \tag{2.4.4}$$

式中　a——贯入度；

L——先行刀长度；

r——先行刀轨迹半径。

实际工程中先行刀长度 L 为 150～375 mm，先行刀的轨迹半径多在 500 mm 以上，盾构掘进贯入度为 40～100 mm。先行刀正面的切削深度占先行刀总切削深度的比例随先行刀轨迹半径 r、先行刀长度 L 的增大而减小，如图 2.4.5 所示。当轨迹半径大于1 000 mm，

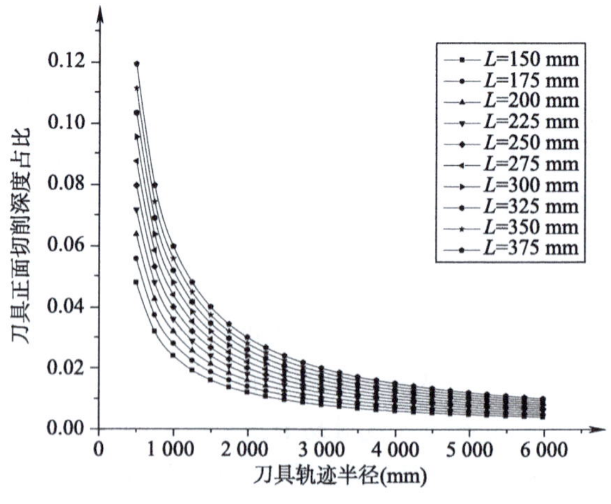

图 2.4.5　先行刀正面切深变化

刀具长度小于 375 mm 时，先行刀正面切深占比小于 6%，因此在对先行刀组合配置情况下先行刀的切深进行分析时，为方便计算，忽略先行刀长度的影响。

2.4.2 组合形式对先行刀切深的影响

由上可知，当统一轨迹中只有一把先行刀时，其切深为贯入度，接下来对不同先行刀组合形式下各个刀的切深进行分析。

1. 等高布置下先行刀切深分析

首先，分析同一轨迹存在多把高度相同先行刀的情况下，不同位置先行刀的切深，计算模型如图 2.4.6 所示。假设同一轨迹中存在 3 把先行刀，先行刀 2 与先行刀 1、先行刀 3 的夹角(两先行刀中心与刀盘中心连线的夹角，下同)分别为 β_1、β_2，则在简化模型中先行刀之间距离分别为 $r\beta_1$、$r\beta_2$。以先行刀 2 为研究对象，对先行刀 2 的切深进行分析。

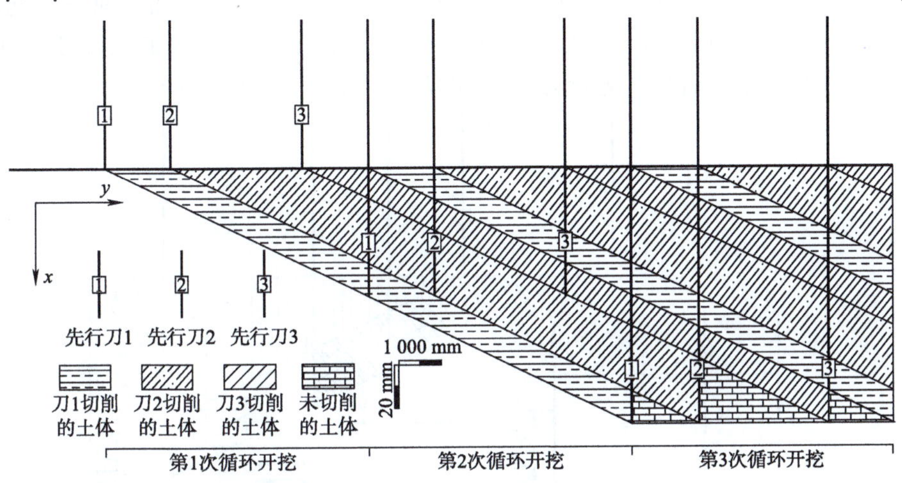

图 2.4.6 等高组合先行刀切削土体

与单把先行刀相似，当先行刀开始切削掌子面时，即先行刀开挖的第一个循环，3 把先行刀切深不断增加，当先行刀 2 到达先行刀 3 起始位置时，先行刀 2 切深达到最大值。先行刀 2 的切深为先行刀 2 切削形成的掌子面与先行刀 3 切削产生的掌子面之间 x 方向的距离。当盾构进入正常掘进阶段时，先行刀 2 切深不再发生变化。分析可知，等高条件下先行刀 2 切深由其旋转方向前方紧邻的先行刀与先行刀 2 之间的距离(在实际工程中表现为两先行刀的夹角 β)决定，切深为 $\beta a/(2\pi)$。

由计算模型可知，先行刀布置是其切深的决定性因素，而与何种方式对其进行分析无关。以图 2.4.6 中的模型为例，在计算中无论先行刀是以何种排列顺序(123、312、231)进行分析计算，先行刀 2 的切深均相同。因此为简化组合布置的先行刀切深计算过程，后续计算中将需分析切深的先行刀视为整个轨迹半径中最后一把。

以上文总结的等高布置条件下 3 把先行刀切深的计算方法及原则为基础，将该方法扩展到多把先行刀的情况。假设同一轨迹上布置有 n 把先行刀，每把先行刀与前刀之间的夹角分别为 β_i，则有

$$\sum_{i=1}^{n}\beta_i = 2\pi \tag{2.4.5}$$

则先行刀 i 的切深 S_i 为

$$S_i=\frac{\beta_i a}{2\pi} \tag{2.4.6}$$

由以上公式可知，当先行刀的布置为轴对称布置时，刀盘的正反转不影响对称轴上先行刀的切深，而会对不处于对称轴上的先行刀切深产生影响。

2. 不等高布置下先行刀切深分析

上述已对等高先行刀布置条件下的先行刀切深进行了分析，但实际情况下先行刀往往是非等高的，先行刀高度分为多种，因此必须对不等高布置条件下先行刀切深进行分析。

(1)最低先行刀的切深分析

首先对该轨迹中高度最小先行刀的切深计算模型进行分析，模型如图 2.4.7 所示。根据先行刀切深的定义，先行刀的切深为其形成的新掌子面与切削前掌子面之间 x 方向的差值。在计算模型中切削前掌子面的形成可能是距先行刀 A(需进行切深计算的先行刀)最近的先行刀，也可能是距先行刀 A 较远的先行刀，各个差值中的最小值为对象先行刀的实际切深。

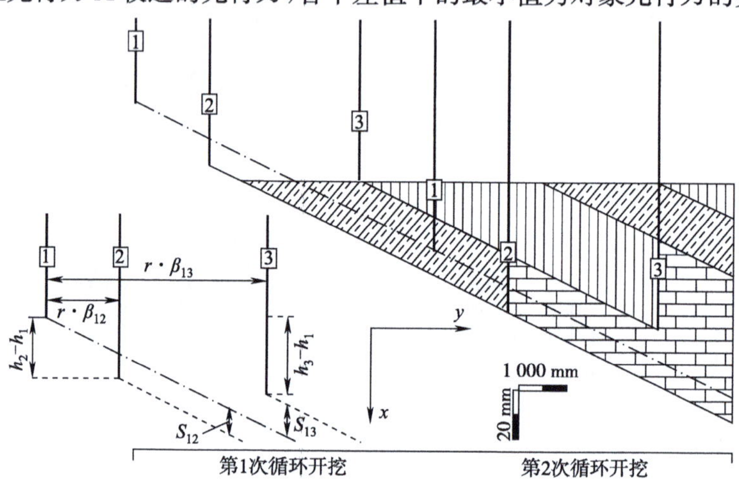

图 2.4.7 较低先行刀的切深计算模型

对简化模型进行分析，假设先行刀轨迹上存在 3 把先行刀：先行刀 1(高度 h_1)、先行刀 2(高度 h_2)、先行刀 3(高度 h_3)，且 h_1 小于 h_2、h_3。对先行刀 1 的切深进行分析，分析先行刀 1、3 形成的掌子面之间的差值 S_{13}。

$$S_{13}=\frac{a\beta_{13}}{2\pi}-|h_{13}|=\frac{a\beta_{13}}{2\pi}-h_3+h_1 \tag{2.4.7}$$

式中 S_{13}——先行刀 1 相对于先行刀 3 的切深；

β_{13}——先行刀 1、3 之间的夹角；

a——贯入度；

h_{13}——$h_{13}=h_3-h_1$，因为 h_1 小于 h_2、h_3，则 $|h_{13}|=h_3-h_1$。

当 $S_{13}>0$ 时，先行刀 1 的运行轨迹位于先行刀 3 的运行轨迹之下，先行刀 1 切削土体；当 $S_{13}=0$ 时，先行刀 1 的运行轨迹与先行刀 3 的运行轨迹重合，先行刀 1 处于临界状态；当 $S_{13}<0$时，先行刀 1 的运行轨迹位于先行刀 3 的运行轨迹之上，先行刀 1 不切削土体。

同理，可计算先行刀1相对于先行刀2的切深 S_{12}。先行刀1的实际切深为其相对于其他先行刀切深中的最小值。

$$S_1=\min(S_{12},S_{13}) \tag{2.4.8}$$

(2)最高先行刀的切深分析

上述对较低先行刀的切深进行了分析，接下来采用相同方法对较高先行刀的切深进行分析。简化模型如图2.4.8所示，先行刀高度 h_1 大于 h_2、h_3。先行刀1的相对切深 S_{1i} 见式(2.7.9)，其与式(2.4.7)具有相同的形式，先行刀的实际切深同样取相对切深中的最小值。

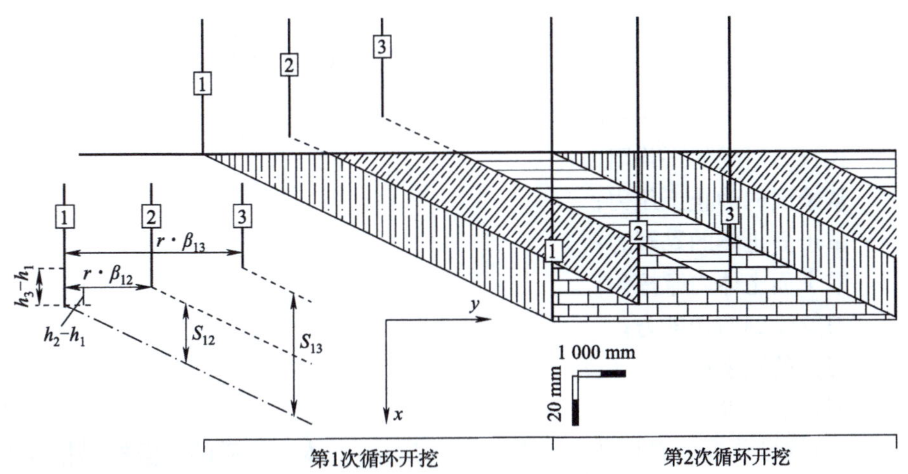

图2.4.8 较高先行刀的切深计算模型

$$S_{1i}=\frac{a\beta_{1i}}{2\pi}+|h_{1i}|=\frac{a\beta_{1i}}{2\pi}-h_i+h_1 \tag{2.4.9}$$

式中 S_{1i}——先行刀1相对于先行刀 i 的切深；

β_{1i}——先行刀1、i 之间的夹角；

a——贯入度；

h_{1i}——$h_{1i}=h_i-h_1$，因为 h_1 大于 h_2、h_3，则 $|h_{13}|=h_1-h_i$。

2.4.3 先行刀切深计算模型

先行刀的切深主要由同一轨迹上先行刀的高差、先行刀之间夹角、贯入度三个因素决定。假设同一轨迹中有 n 把先行刀，令需要计算切深的先行刀编号为1，其他先行刀沿刀盘转动方向依次命名为2,3,…,n，先行刀1的切深 S_1 计算模型见下式：

$$\begin{cases}S_1=\min S_{1i}\\ S_{1i}=\dfrac{a\beta_{1i}}{2\pi}-h_i+h_1\end{cases} \tag{2.4.10}$$

式中 β_{1i}——先行刀 i 与先行刀1沿刀盘转动方向的夹角；

h_i——先行刀 i 的高度，$h_{1i}=h_i-h_1$；

a——贯入度；

S_{1i}——先行刀1相对于先行刀 i 的切深。

2.4.4 先行刀切深计算模型的应用

切深作为先行刀与土体作用中重要参数，其在盾构相关问题的研究中应用广泛，本文提出的切深计算公式，可为相关研究提供一定的基础，如：先行刀切削力的精细计算、刀盘先行刀的布置优化、先行刀磨损分析等。

1. 先行刀切削力计算

刀具的切削扭矩计算公式方面的研究有很多，通过对刀具及被切削土体的受力分析，给出了刀具切削过程中的受力计算公式：

$$\begin{cases} q=p_0\tan^2\left(\dfrac{\pi}{4}+\dfrac{\varphi}{2}\right)+2c\tan\left(\dfrac{\pi}{4}+\dfrac{\varphi}{2}\right) \\ Q=qbh \end{cases} \tag{2.4.11}$$

式中 q——先行刀所受的平均阻力；

p_0——掌子面的静止土压力；

c——掌子面土体的黏聚力；

φ——掌子面土体内摩擦角；

Q——刀具受到的切削力；

b——刀具的宽度；

h——刀具的高度。

式(2.4.11)推导前提为刀具高度范围内，被切削的土体为均质的。但根据推导及施工经验，在盾构开挖过程中被切削剥落后的土体与地层中的原状土体的性质之间存在差异。以此为基础对式(2.4.11)进行优化，将刀具高度范围内切削的土体分为两部分：原状土和剥落后的渣土，计算模型如图 2.4.9 所示，式(2.4.12)为优化后的公式，公式中切削力的计算较原公式更接近真实使用情况。

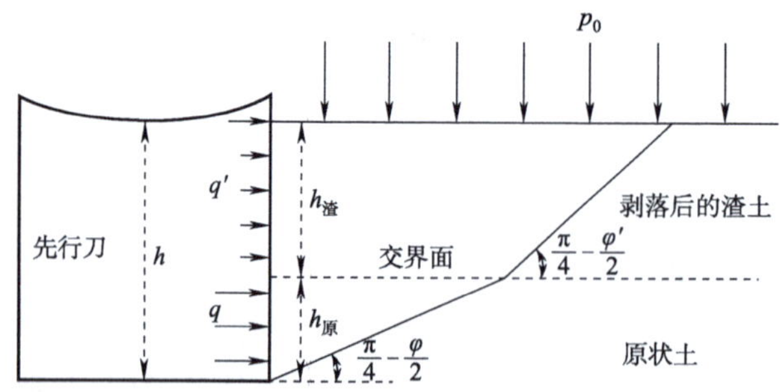

图 2.4.9 先行刀切削力计算模型

$$\begin{cases} q=p_0\tan^2\left(\dfrac{\pi}{4}+\dfrac{\varphi}{2}\right)+2c\tan\left(\dfrac{\pi}{4}+\dfrac{\varphi}{2}\right) \\ q'=p_0\tan^2\left(\dfrac{\pi}{4}+\dfrac{\varphi'}{2}\right)+2c'\tan\left(\dfrac{\pi}{4}+\dfrac{\varphi'}{2}\right) \\ Q=b(qh_{原}+q'h_{渣}) \end{cases} \tag{2.4.12}$$

式中 q——先行刀切削原状土的平均阻力；

q'——先行刀切削渣土的平均阻力；

c'——渣土的黏聚力；

φ'——渣土的内摩擦角；

$h_{原}$——切削原状土的高度；

$h_{渣}$——切削渣土的高度。

2. 先行刀磨损分析及布置优化

根据摩擦学原理及盾构刀具磨损机理的相关研究，刀具磨损的主要机理为磨粒磨损。磨粒磨损的相关理论中，影响磨损量的一个重要因素就是接触面的受力状态。

在北京新机场线建设过程中，土压平衡盾构的刀具配置了先行刀及切刀两种，先行刀配置的高度有两种，分别为 145 mm 和 175 mm，同一半径中两种刀具等间距交错布置。通过对施工后刀具的尺寸总结发现(图 2.4.10)，同一半径中 145 mm 先行刀的磨损量明显低于 175 mm 先行刀，甚至存在 145 mm 刀具未发生磨损的现象。即当刀具布置存在高差时，不同高度刀具的磨损量存在较大差异，低刀的磨损量明显小于高刀。

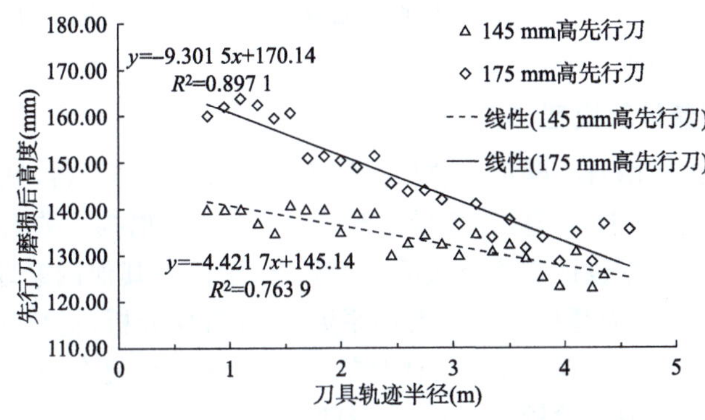

图 2.4.10 不同高度先行刀磨损对比

结合刀具切深计算模型分析可知在此种刀具布置情况下，盾构开始掘进时高刀同时切削掌子面原状土体及渣土，而低刀只切削渣土。由于渣土的密实度等指标要小于原状土，导致刀具切削过程中，高刀的磨损率明显大于低刀。高刀随着不断磨损高度逐渐降低，当两种刀具的高差低于一定值时，低刀开始切削原状土体，低刀的磨损率开始增加。当刀具到达失效标准时，高刀的磨损量要明显大于低刀。

基于等寿命原则，在进行先行刀设计及刀盘刀具布置时应将切深作为一个重要的影响因素，保证各个位置刀具寿命基本相同，同时满足施工高效性及工程经济性的要求。根据总结的先行刀切深计算模型，可为先行刀切深计算提供一定的理论依据。

2.4.5 小　结

本节对刀具的切深进行了理论分析，得出了以下结论：

(1)盾构施工过程中，先行刀为三维的螺旋线运动，先行刀运动过程中切削土体分为原状土体及剥落后土体两部分，各部分占比与先行刀切深有关。

(2)运行轨迹中只存在一把先行刀时，先行刀的切深为盾构掘进的贯入度，且对于先行刀，侧面为切削土体的主要作用面，绝大多数情况下侧面切深占总切深的 94%以上。

(3)运行轨迹中存在多把先行刀时，先行刀的切深由该轨迹中先行刀布置、盾构贯入度决定，决定因素为先行刀所处位置之间角度差及先行刀高度差，刀盘旋转方向不影响刀盘对称轴上先行刀的切深。

(4)先行刀切深计算模型可提高刀具切削力计算的精确性，并为先行刀设计及刀盘刀具布置提供一定的依据。

2.5 复合地层盾构刀具磨损量预测模型分析

对于刀具磨损的相关研究最终目的都是对刀具的磨损量进行预测，保证盾构设备一直处于正常状态。目前对砂卵石等地层中刀具磨损依托工程实测数据进行研究仍是最为主要的方法。应用最广泛的磨损量计算公式为 JTS 总结的经验公式，公式考虑因素较少，方便计算且计算结果基本准确，但也存在以下问题：确定公式中参数的取值有一定难度，必须经过大量的工程数据积累；针对盾构开挖范围内只有一种地层的情况，未对开挖范围内为复合地层的情况给出相应的计算方法。针对以上问题，提出了一种复合地层磨损系数的计算方法，并依托北京新机场线工程现场实测数据对辐条式土压平衡盾构刀具磨损规律进行了总结；最后根据实测数据对计算方法进行了验证。

2.5.1 JTS 刀具磨损量计算模型

刀具磨损量计算公式由日本隧道协会根据施工实测数据总结而得，见式(2.5.1)。公式中参数简洁便于工程应用，对于磨损量计算最重要的参数为地层磨损系数 K，设置合理可保证计算结果准确。工程实测数据也证明该公式适用于日本、中国和其他国家地铁建设中的刀具磨损计算。另外，根据大量实测磨损量可对磨损系数 K 进行反分析，优化参数取值。但该公式也存在一定的问题，公式中 K 值的确定只针对单一地层，未考虑复合地层对参数取值的影响；不同地区不同地层参数取值经验较少，尚需大量的积累。

$$\begin{cases} \delta=2K_{\mathrm{n}}\pi RN\dfrac{L}{V} \\ K_{\mathrm{n}}=\dfrac{K}{n^{0.3333}} \end{cases} \tag{2.5.1}$$

式中 δ——刀具磨损量(mm)；

L——盾构掘进距离(km)；

K_{n}——等效地层磨损系数(μm/km)；

K——地层磨损系数(μm/km)；

R——刀具半径(m)；

N——盾构转速(r/min)；

V——盾构推进速度(mm/min)；

n——轨迹中刀具的数量。

JTS 磨损量计算公式中地层磨损系数的取值对于磨损量的计算起着决定性作用，但对于地层磨损系数的研究多集中于试验室试验，诸如 CAI、LCPC、SAT 等，而如何将试验结果与磨损系数相结合尚未明确。磨损系数取值确定的一个重要方法就是通过实测数据对 K 值进行反分析，通过总结分析不同工程的实测数据，确定不同地层的 K 值。表 2.5.1 为部分研究文献中的数据。

由表 2.5.1 可知刀具磨损量计算中地层磨损系数的取值范围约为 0～125 μm/km。与工程经验相同，磨损系数一般符合以下规律：卵石层＞圆砾＞砂层＞黏性土。多数文献中总结的磨损系数多为单一地层的磨损系数，当涉及复合地层时也是只考虑不同地层的大概占比。张晓平提出了一种基于地层体积加权的复合地层磨损系数计算方法，通过该方法可对简单复合地层的磨损系数进行计算。

表 2.5.1 切刀及先行刀磨损系数

序号	来源	盾构类型	城市	地层	磨损系数(μm/km)
1	日本隧道协会建议值	土压盾构；泥水盾构		冲积黏土	3.0～3.5＊；1.7～2.4＊＊
				洪积黏土	8.0～15.9＊；5.0～11.3＊＊
				砂	10.6～19.7＊；4.8～15.2＊＊
				砾石	15.9～29.6＊；9.8～23.0＊＊
2	袁大军等	土压平衡	北京	卵石＋粉细砂复合地层	先行刀为 32.7
					切刀为 7.6
				全断面卵石层	先行刀为 33.3
					切刀为 31.7
3	李雪等	泥水平衡	南京	90％粉细砂＋10％砂卵石	先行刀为 7.8
				60％粉细砂＋40％砂卵石	先行刀为 62.4、104.6
				60％粉细砂＋40％砂卵石	先行刀为 113.1
4	郭信君等	泥水平衡	南京	中粗砂	30
				细砂	13.2
				粉细砂	12
5	程池浩等	泥水盾构	沈阳	富水砂卵石	先行刀为 33～125(包络线)
					切刀为 17～67(包络线)

注：＊的数值表示土压平衡盾构，＊＊的数值表示泥水平衡盾构。

2.5.2 复合地层磨损系数计算模型

接下来结合 K 值的定义，对复合地层中磨损系数 K 的取值方法进行推导。

1. 张晓平等地层磨损系数计算模型

张晓平等介绍了一种复合地层磨损系数的计算模型，采用断面面积统计分析法及分段体积统计分析法对地层加权平均磨损系数进行了计算。该方法计算过程中考虑了各个地层对复合地层磨损系数的影响，采用经过加权处理的磨损系数，计算所有刀具的磨损量。

该计算模型未考虑刀具安装半径对于磨损系数的影响，认为各个安装半径的刀具磨损系数是相同的。该前提存在一定的不足，假设盾构开挖直径 9 m，地层条件为隧道轴线上下 3 m 范围内为黏土层，其他位置为卵石层，如图 2.5.1 所示。按照其提出的计算公式，地层磨损系数的值为以各地层面积为权重的加权值，但实际上安装半径 3 m 之内(图 2.5.1 中粉红色区域)的刀具掘进过程中始终位于黏土层中，黏土层磨损系数明显小于计算结果，因此导致计算结果与实际情况有所差异。

分析可知上述模型仅适用于以下情况：隧道开挖范围内存在两种地层，且两种地层以隧道轴线水平面为分界线。对于其他情况上述模型并不适用，工程经验可知大多数实际工程中地层条件不能满足上述模型的前提条件，为了更加准确地对刀具磨损量进行计算，必须提出更加合理的模型。

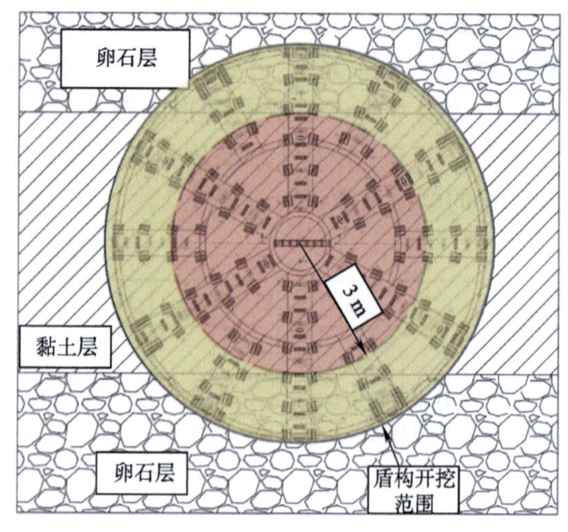

图 2.5.1　一种地层分布情况

2. 基于轨迹权重的复合地层磨损系数计算模型

根据经验公式刀具的磨损量仅与刀具行进距离及地层磨损系数有关的特性，当盾构穿越复合地层时，刀盘旋转一圈刀具会在不同地层中行进不同距离。以刀盘旋转一周，刀具切削各个地层的长度占总长度的比例对各个地层的单一地层磨损系数 K_i 进行加权计算，得到断面加权地层磨损系数 $K_{(R,x)}$（R 为刀具安装半径；x 为断面位置）。

建立计算模型如下：假设盾构掘进过程中切削的地层由五种地层组成，如图 2.5.2 所示，地层自下向上编号为 A_1～A_5。根据工程经验及地层形成的特点可知，刀盘横断面范围内地层分界线倾斜角度较小，因此在计算过程中忽略同一横断面处刀盘断面内地层分界面的倾斜角度，认为地层分界面在刀盘断面内为水平，计算见式(2.5.2)。对于同一个断面位置，刀具安装半径不同，也会导致盾构掘进过程中刀具切削土体的差异，引起 $K_{(R,x)}$ 不同。综上所述，在整个区间地层确定的情况下，$K_{(R,x)}$ 由断面位置及刀具安装半径共同决定。

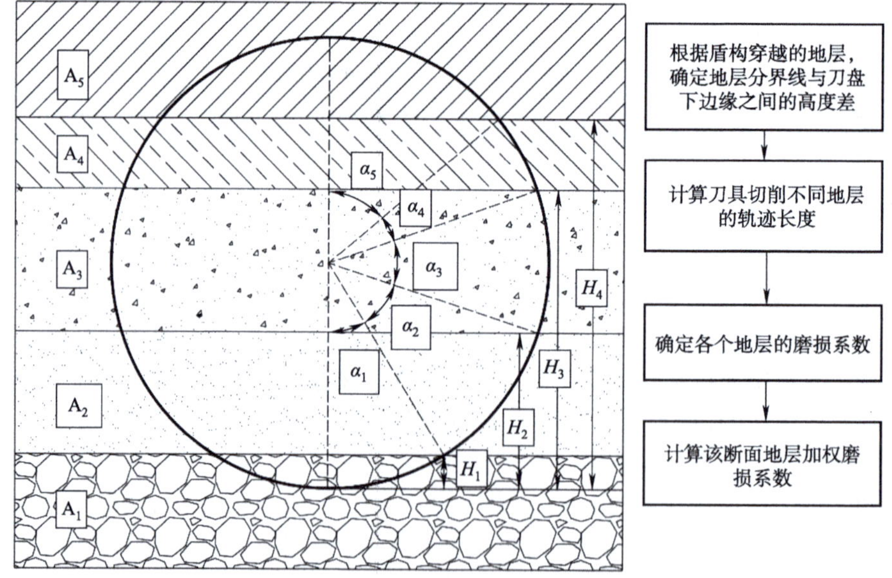

图 2.5.2　地层加权磨损系数计算

$$\alpha_1=\arccos\frac{R-H_1}{R}$$

$$\alpha_i=\arccos\frac{R-H_i}{R}-\arccos\frac{R-H_{i-1}}{R},i=2,3,4$$

$$\alpha_5=\pi-\arccos\frac{R-H_4}{R} \tag{2.5.2}$$

$$K_{(R,x)}=\sum_{i=1}^{n}\frac{2\alpha_i RK_i}{2\pi R}=\sum_{i=1}^{n}\frac{\alpha_i K_i}{\pi}$$

式中 α_i——在不同地层中切削的轨迹弧度(rad)；

H_i——地层分界线与刀盘下边缘之间的高度差(m)；

K_i——不同地层的磨损系数(μm/km)；

R——刀具轨迹半径(m)；

$K_{(R,x)}$——加权地层磨损系数(μm/km)。

不同于张晓平提出的计算方法，本节提出的断面加权地层磨损系数计算模型考虑了同一断面内刀具安装半径不同对 $K_{(R,x)}$ 的影响。以图 2.5.3 中的断面为例，假设刀盘开挖直径为 4.5 m；粉质黏土、粉细砂、卵石单一地层磨损系数分别为 10 μm/km、80 μm/km、140 μm/km。由张晓平提出的计算模型可得该断面的加权地层磨损系数约为 94.49 μm/km，利用模型进行计算结果如图 2.5.4(a)所示，$K_{(R,x)}$ 的范围约为 92.43～118.24 μm/km。由图 2.5.4 可知，提出的模型计算结果显示不同安装半径刀具对应的地层磨损系数是不相同的。张晓平的模型推导过程中未考虑刀具安装半径的影响，因此其计算的地层磨损系数并不因刀具安装半径的不同而变化。

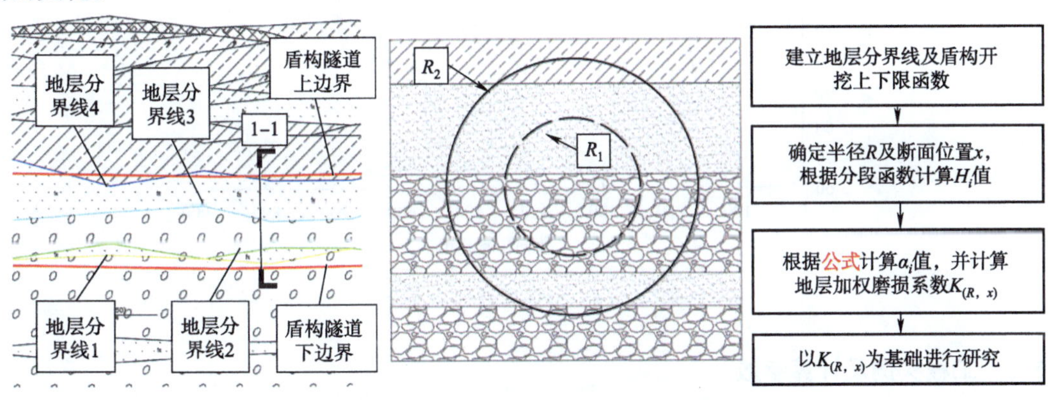

图 2.5.3 区间加权地层磨损系数计算

隧道区间的地质情况往往会随着盾构的掘进发生明显变化(图 2.5.3)，上文已对某一段面及半径的 $K_{(R,x)}$ 计算方法进行了推导。$K_{(R,x)}$ 是某一段面的加权地层磨损系数，定义 $K_{(R)}$ 是掘进过程中同一安装半径不同里程处地层磨损系数的平均值。由地层磨损系数的定义，$K_{(R)}$ 才是决定盾构掘进完成后刀具磨损量的主要因素。

区间加权地层磨损系数 $K_{(R)}$ 的计算，是一个复杂的过程。根据地质勘查的特性，地层分界线为多条线段的组合，因此一段区间内的每一个地层分界线可以看作一个分段函数 $y_i(x)$，盾构开挖范围上下限同样也是分段函数 $y_u(x)$、$y_d(x)$。在地层分界线函数及盾构开挖范围函数建立之后，可对隧道区间不同的 x 对应的 $K_{(R,x)}$ 进行计算，图 2.5.4 为根据典型复合地层得出的不同轨迹半径(1 m、3 m、4 m)条件下 $K_{(R,x)}$ 计算值随断面位置变化情况，由图可知整个区间 $K_{(R,x)}$ 表现为一种波动变化的形态，这是由于地层的不断变化导致。对整个区间同一安装半径下的 $K_{(R,x)}$ 进行算数平均，得到的 $K_{(R)}$ 可以作为不同安装半径下刀具磨损量计算中的磨损系数。

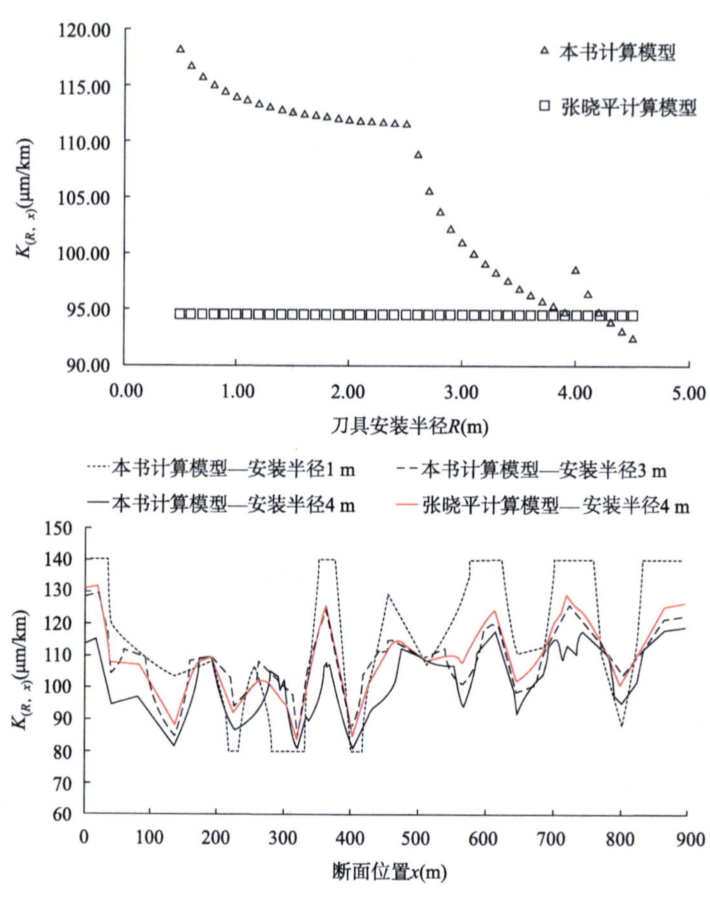

图 2.5.4 磨损系数计算实例

2.5.3 工程实例及计算参数

1. 区间概况

北京新机场线 2 号风井～3 号风井盾构区间线形整体呈 S 形，左线全长 3 832.39 m，右线全长 3 847.44 m，为全线最长的盾构区段。区间线路埋深 12～16 m，最大坡度 5.9‰，最小曲线半径为 1 300 m。区间隧道管片规格为外径 8.8 m，管片厚度 450 mm，环宽 1.6 m，采用两台外径 9.15 m 的土压平衡盾构同时施工。

区间上覆土主要为粉土填土、粉土、粉质黏土、粉细砂、中粗砂等，盾构隧道穿越地层从上到下依次为粉质黏土④，厚 3.30 m；粉细砂③$_3$，厚 1.70 m；砂质粉土黏质粉土④$_2$，厚 2.04 m；粉细砂④$_3$，厚 0.92 m；卵石圆砾⑤，厚 3.00 m；卵石圆砾⑦，厚 2.50 m。地层赋存一层地下水，为层间潜水～承压水，水位埋深约 26.78 m，位于隧道地板以下。盾构穿越范围为典型高磨损性地层，为保证盾构隧道的顺利施工，设置检修井用于施工过程盾构刀盘刀具的检修，保证设备处于正常状态，如图 2.5.5 所示。左线、右线第一处刀具检修井距离始发端分别为 759.15 m、769.74 m。

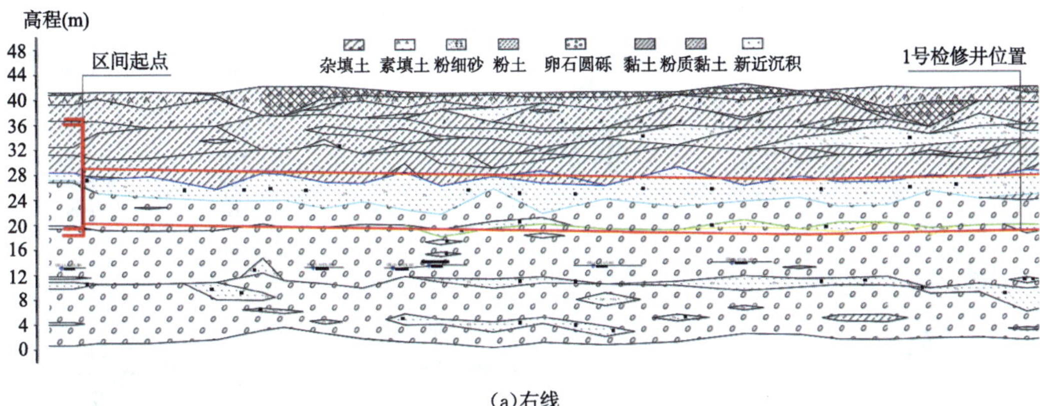

(a)右线

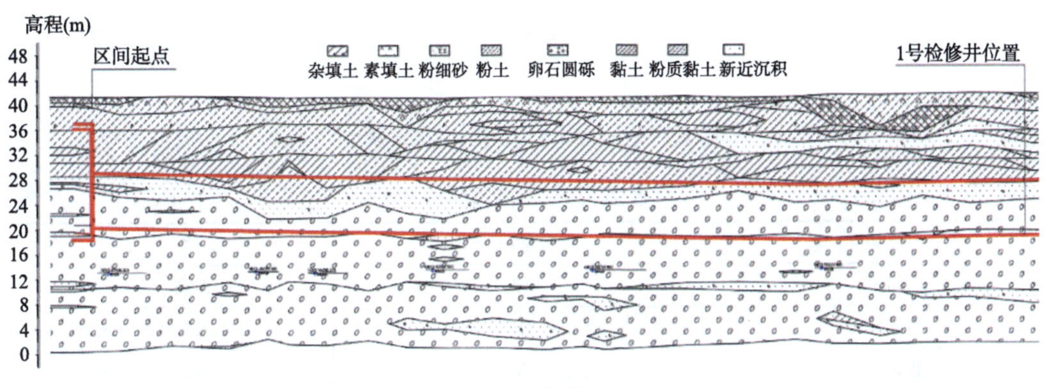

(b)左线

图 2.5.5　始发至 1 号检修井区间地质剖面图

2. 盾构刀盘刀具形式

区间采用两台全新土压平衡式盾构施工，盾构机开挖直径 9 150 mm，盾体直径 9 100 mm，主机长度约 17 m。盾构刀盘类型为辐条式，主要由轮缘、辐条和布设在辐条上的刀具组成，如图 2.5.6 所示。6 根主辐臂中心的厚壁法兰连接主驱动装置作为刀盘辐臂的基座，以传递足够的扭矩和推力，刀盘可以双向旋转。为了保证刀盘的整体结构强度和刚度，刀盘的中心部位采用整体铸钢铸造，刀盘正面堆焊耐磨网格。刀盘的开口率约为 60%，刀具配置主要有切刀、先行刀、保径刀、超挖刀、鱼尾刀，刀具统计见表 2.5.2。根据刀具的高度不同可将其分为三层，高先行刀、低先行刀、切刀，三层刀具的高度差分别为 30 mm、20 mm。切刀为螺栓连接，布置在辐条两侧，先行刀为焊接，布置在辐条上方。刀盘表面和开口部位焊接有耐磨层，外周焊接 25 mm 厚的复合耐磨钢板。

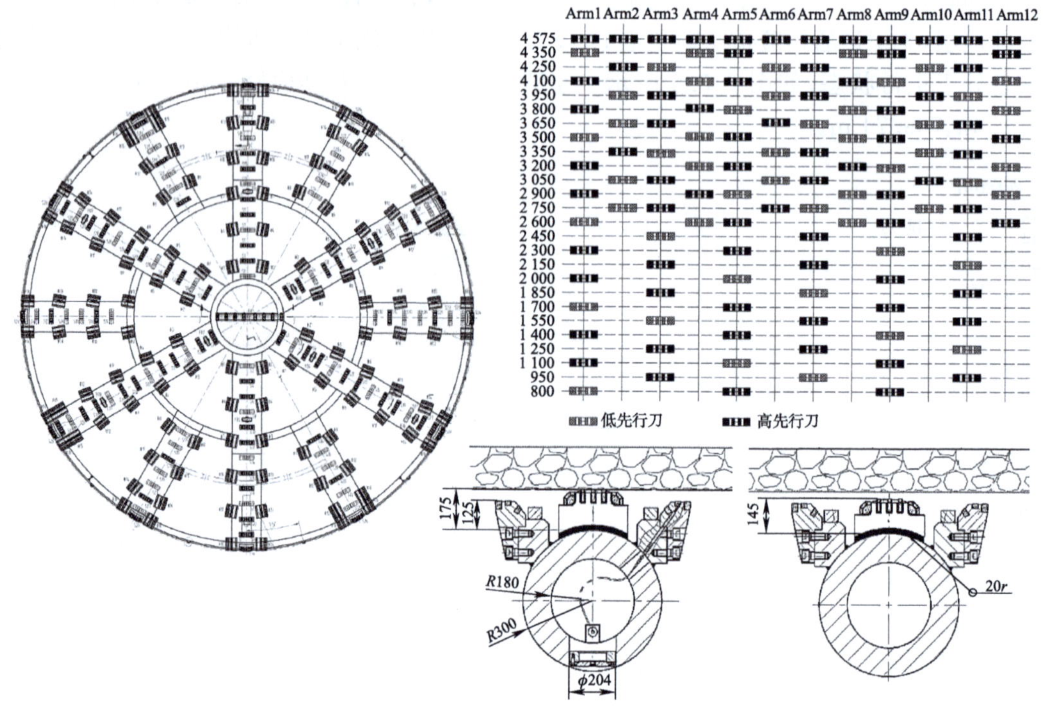

图 2.5.6 刀盘刀具布置图(单位:mm)

表 2.5.2 盾构刀具统计

刀具名称	数量(把)	备 注
切刀	120	刀高 125 mm
高先行刀	75	刀高 175 mm
低先行刀	51	刀高 145 mm
保径刀	66	—
超挖刀	2	超挖量 50 mm
鱼尾中心刀	1	刀高 450 mm

2.5.4 刀具磨损数据统计及分析

盾构始发时所有刀具均为全新,刀具安装误差也较小,在检修井位置对刀具磨损量数据进行统计,基于 JTS 计算公式对刀具磨损规律进行总结。

1. 先行刀磨损规律

对先行刀磨损数据进行统计,先行刀上镶嵌 5 块硬质合金,统计时分别测量 5 块合金的磨损高度,并取平均值作为该刀具的磨损量。区间采用的盾构每个轨迹中分别布置 3 把先行刀($R \leqslant 2\ 450$ mm,其中低刀 1 把、高刀 2 把)、6 把先行刀(2 450 mm$<R\leqslant$4 350 mm,其中低刀 3 把、高刀 3 把)、12 把先行刀($R=4\ 575$ mm,均为高刀)。对同一轨迹中的高先行刀(以下简称“高刀”)、低先行刀(以下简称“低刀”)进行算术平均,作为该轨迹中刀具的磨损量。同时考虑了不同轨迹半径中刀具的个数有所不同,因此根据公式(2.5.1)对磨损量进行等效处理,将

所有磨损量变换为轨迹中只有 1 把刀具时的磨损量，对处理后数据进行回归分析。

通过对施工参数的记录可知掘进过程中掘进速度为 55 mm/min，刀盘转速为 1.6 r/min，左右线掘进距离为 759.15 m、769.74 m。计算各个安装半径刀具轨迹长度，对各安装半径刀具的等效磨损量进行线性回归，结果如图 2.5.7 所示。对回归曲线分析可知：(1)线性拟合的相关性系数约为 0.92～0.98，相关性较好，且高刀的相关性高于低刀；(2)左右线高刀的线性拟合斜率分别为 0.102 31、0.113 73，左右线低刀的线性拟合斜率分别为 0.035 94、0.042 55，线性拟合斜率即为盾构掘进整个区间的加权地层磨损系数，高刀的加权地层磨损系数约为低刀的 2.76 倍；(3)高刀最外侧刀具的磨损量实测值明显偏离拟合曲线，左右线实测数据分别高出拟合值 37.06%、23.03%；(4)当低刀轨迹半径小于 2 450 mm 时，磨损量并不明显随刀具掘进距离的增加而增加，数据离散性较大，这是导致拟合相关性较差的一个原因。

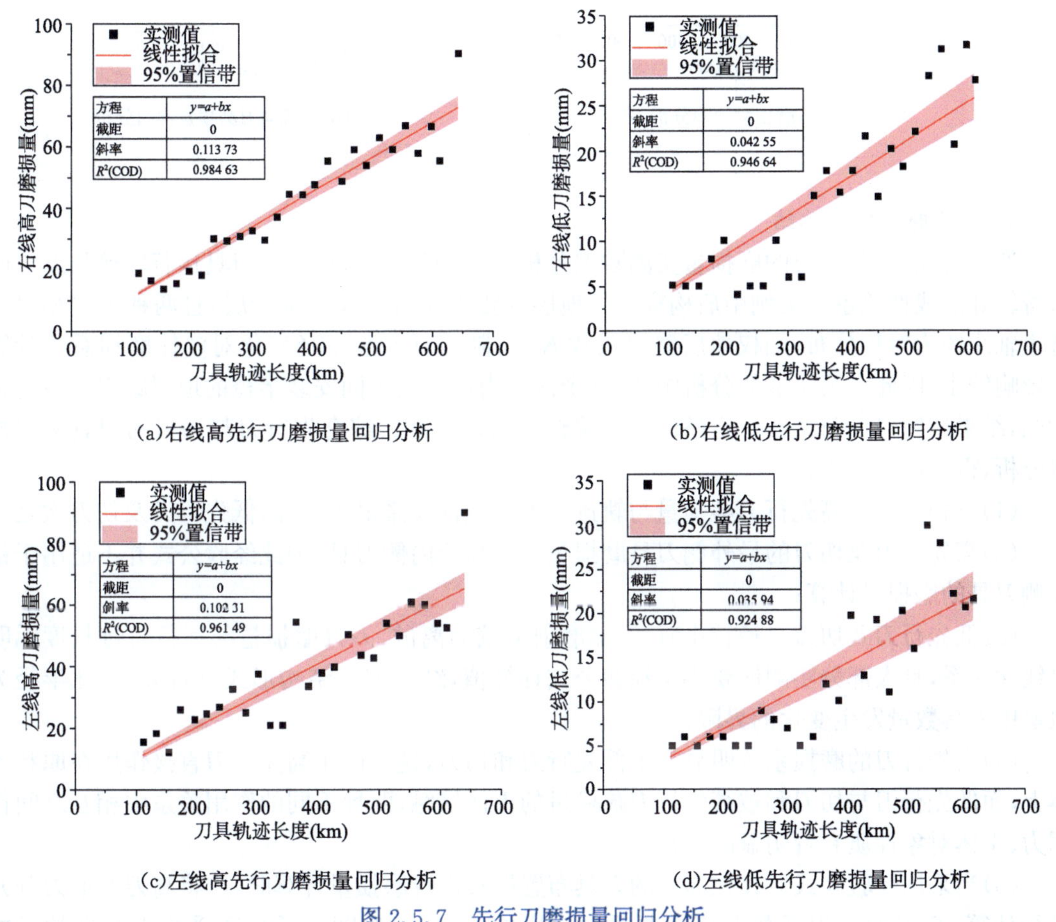

(a)右线高先行刀磨损量回归分析

(b)右线低先行刀磨损量回归分析

(c)左线高先行刀磨损量回归分析

(d)左线低先行刀磨损量回归分析

图 2.5.7 先行刀磨损量回归分析

2. *切刀磨损规律*

切刀对称布置在辐条两侧，在计算中将左右两侧的刀具视为一对刀具，对切刀磨损数据进行统计，统计方法与先行刀相同。最外侧切刀(R=4 450 mm)磨损量明显大于内侧切刀，约为次外侧(R=4 195 mm)的 2～3 倍，因此在进行线性拟合时不考虑该轨迹，拟合结果如图 2.5.8 所示。对回归曲线分析可知：(1)右线切刀磨损量线性拟合的相关性较好，左线相关性一般，左右线的相关性系数分别为 0.87、0.97；(2)左右线切刀的线性拟合斜率分别为 0.040 34、0.038 60；(3)切刀轨迹半径较小($R\leqslant$2 200 mm)时，磨损量并不明显随刀具掘进距离的增加而增加，数据离散性较大。

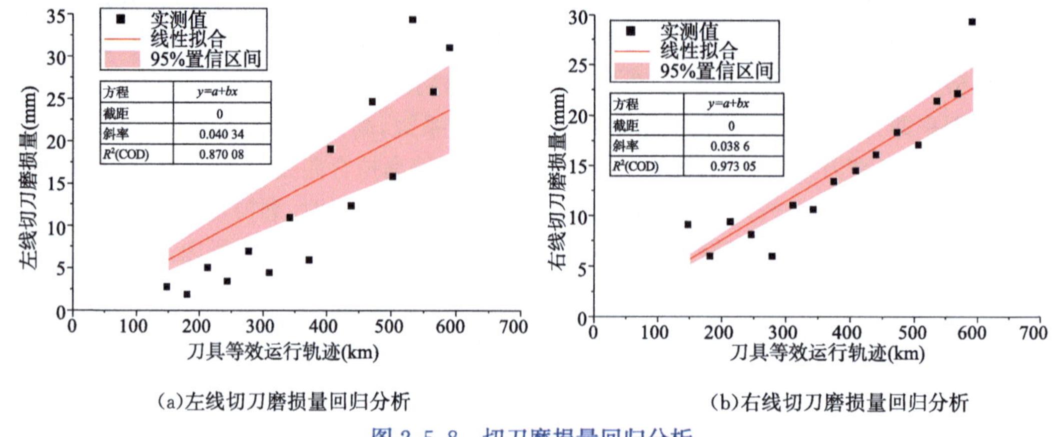

(a)左线切刀磨损量回归分析　　(b)右线切刀磨损量回归分析

图 2.5.8　切刀磨损量回归分析

3. *刀具磨损规律总结*

通过对先行刀、刮刀的磨损量实测数据分析可知，刀具的磨损量与刀具运行轨迹长度之间有着较好的线性关系。案例中盾构穿越的地层主要为卵石层及粉细砂层，且两种地层相对于隧道轴线约为对称分布，加权地层磨损系数 $K_{(R,x)}$ 随刀具安装半径变化对整体磨损系数计算的影响较小，因此在第 4 节的分析中，将整个区段内地层的不同安装半径的地层磨损系数视为相同，结果证明经验公式在一定条件下有着较好的适应性。综合先行刀与切刀的刀具磨损规律分析，得出以下结论：

(1)三种刀具中高先行刀磨损量与轨迹长度的线性关系最为明显，低先行刀及切刀次之；

(2)高先行刀及切刀的最外侧刀具磨损量明显高于内侧刀具，因此经验公式并不适用于最外侧刀具的磨损量计算；

(3)低先行刀及切刀半径较小时，实测磨损量较为离散，刀具磨损量与运行轨迹长度无明显线性关系，且大部分实测值要小于经验公式计算值，结合刀盘结构形式进行分析，此半径为轨迹中刀具数量发生变化的界限；

(4)高先行刀的磨损系数明显高于低先行刀和切刀，这是由于高先行刀直接作用在原状土体上，而低先行刀与切刀和被高先行刀疏松过的土体接触，两种不同的作用关系中相互之间作用力、土体对象性质有着明显的区别；

(5)当采用经验公式对存在高差的刀具布置形式进行磨损量计算时，应将高刀及低刀分开进行计算，高刀的磨损系数取值主要受地层影响，而低刀的磨损系数还受渣土改良效果的影响。

2.5.5　复合地层磨损系数计算模型验证

本节采用 JTS 计算模型对实例中地层磨损系数进行了分析，通过线性回归得出了不同类型刀具对应的地层磨损系数，见表 2.5.3。得到的磨损系数为工程地质条件下的实测结果反算值，在其他区间的刀具磨损量计算中可提供参考，但无法直接采用。因此，必须建立合理的磨损系数取值方法。接下来根据实测数据对本书提出的计算模型进行验证，并对两模型的联系及区别进行分析。

表 2.5.3 基于 JTS 公式的地层磨损系数计算结果

刀具类型	地层磨损系数(μm/km)		拟合相关性系数	
	右线	左线	右线	左线
高先行刀	113.73	102.31	0.98	0.96
低先行刀	42.55	35.94	0.95	0.92
切刀	38.60	40.34	0.97	0.87

1. 基于实测数据的 $K_{(R)}$ 计算及分析

根据实例中刀具磨损量实测数据，采用公式(2.5.1)对不同安装半径刀具的磨损系数 $K_{(R)}$ 进行计算，计算结果如图 2.5.9 所示。实测数据显示不同安装半径刀具的 $K_{(R)}$ 存在一定差异，随着安装半径的增大 $K_{(R)}$ 存在减小的趋势。对不同安装半径的实测刀具 $K_{(R)}$ 进行算术平均，与基于 JTS 计算模型的磨损系数进行对比，见表 2.5.4。不同安装半径的磨损系数算术平均后的数值与直接采用 JTS 公式进行反分析的地层磨损系数相差较小。采用 JTS 公式进行反分析实际上是采用最小二乘法对数据进行处理，这种处理方式可以得到一个磨损系数，而无法体现不同安装半径刀具磨损系数的变化。

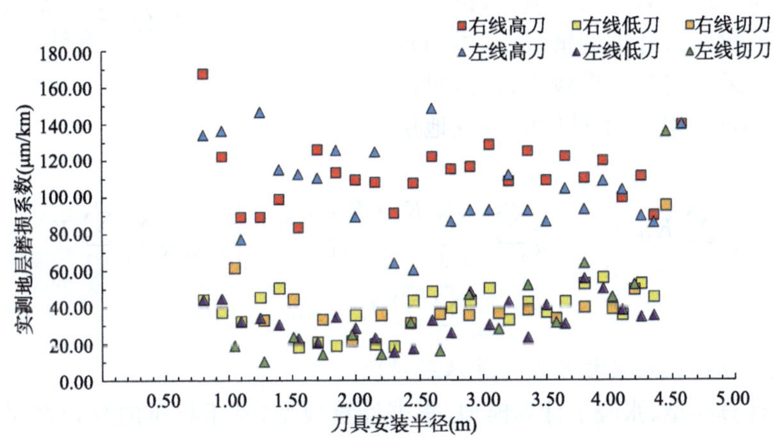

图 2.5.9 双线不同安装半径刀具磨损系数

表 2.5.4 区间加权地层磨损系数(单位：μm/km)

刀具类型		JTS 计算公式地层磨损系数	实测地层磨损系数平均值
右线	高先行刀	113.73	111.20
	低先行刀	42.55	42.85
	切刀	38.60	36.34
左线	高先行刀	102.31	104.53
	低先行刀	35.94	32.86
	切刀	40.34	29.78

同时,通过对不同刀具磨损系数的分析发现,不同类型刀具的 $K_{(R)}$ 离散程度有所不同。根据磨损系数的离散程度可将刀具分为两类:高先行刀;低先行刀与切刀。高先行刀的实测磨损系数值离散性明显高于低先行刀与切刀,这是由于高先行刀直接切削掌子面原状土,原状土各层土性质差异较大,导致各个安装半径刀具的实测磨损系数变化相对较大。而低先行刀及切刀切削经高先行刀剥落疏松后的土体,且土体与渣土改良材料相互混合,不同半径刀具切削的土体性质变化较小。因此,选用高先行刀的磨损量数据,对本书提出的复合地层磨损系数计算模型进行验证。

2. 基于轨迹权重的复合地层磨损系数计算模型验证

以工程双线地质剖面图为基础,通过式(2.5.2)对每个安装半径高先行刀的 $K_{(R)}$ 进行计算。根据 $K_{(R)}$ 的定义,其计算过程见式(2.5.3)。计算时需要确定盾构穿越涉及四种地层(粉土、粉质黏土、粉细砂、砂卵石)的磨损系数,根据以往经验及相关文献分别取值 10 μm/km、10 μm/km、50 μm/km、140 μm/km,$K_{(R)}$ 计算值与实测值如图 2.5.10 所示。计算数据与实测数据的变化趋势基本相似,随着安装半径的增加加权地层磨损系数减小,证明在单一地层磨损系数取值合理的情况下,本书提出的模型计算结果与实测数据较为符合,可以很好地计算出不同安装半径对应的加权地层磨损系数。

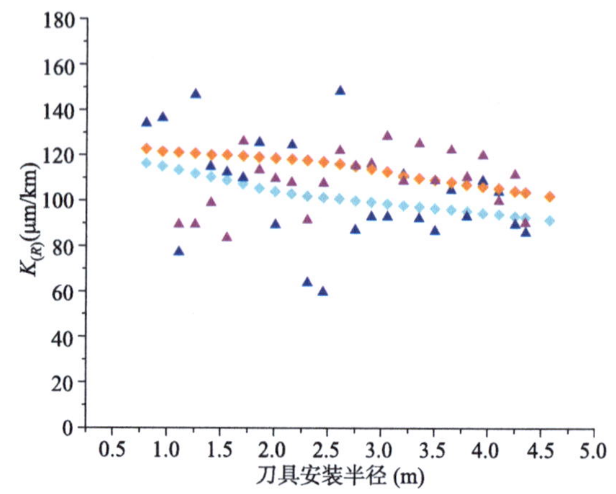

图 2.5.10　不同安装半径高先行刀磨损系数计算

$$K_{(R)} = \frac{1}{m}\sum_{j=1}^{m} K_{(R,x_j)} = \frac{1}{m}\sum_{j=1}^{m}\left[\sum_{i=1}^{n}\frac{K_i \cdot R \cdot \alpha_{i(R,x_j)}}{\pi R}\right] = \frac{1}{m\pi}\sum_{j=1}^{m}\sum_{i=1}^{n} K_i \cdot \alpha_{i(R,x_j)}$$

$$= \frac{1}{m\pi}\sum_{i=1}^{n}\sum_{j=1}^{m} K_i \cdot \alpha_{i(R,x_j)} \tag{2.5.3}$$

3. 不同模型复合地层磨损系数计算结果对比

采用 JTS 计算模型、张晓平计算模型、本书计算模型(基于权重的复合地层磨损系数)分别对文中的工程实例进行计算,并将结果与实测磨损系数进行对比。将计算值与实测值之间差值的平方和作为评价模型准确性的标准,平方和越小证明计算结果越准确。

由于 JTS 计算模型并没有明确复合地层磨损系数的取值方法,因此采用通过回归分析得到的地层磨损系数作为计算取值。而张晓平计算模型与本书计算模型中各单一地层磨损系数的取值与前述相同,计算结果如图 2.5.11 所示。由图 2.5.11 可知,本书提

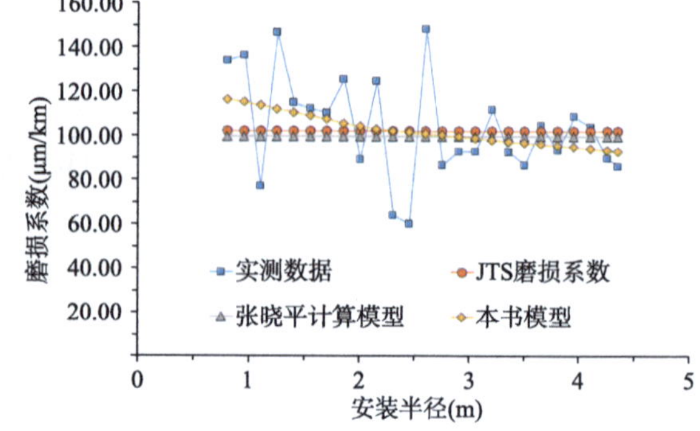

图 2.5.11　左线各计算模型结果对比

出的计算模型所得的结果很好地体现了复合地层条件下不同安装半径刀具磨损系数之间的变化,这是其他两个计算模型所无法体现的。同时对三个计算模型计算值与实测值之间的差值平方和进行计算,结果分别为 1 186.52、1 134.78、1 041.83,本书提出的计算模型最小。

综上所述,本书提出的基于轨迹权重的复合地层磨损系数计算模型相较于 JTS 计算公式解决了复合地层磨损系数取值的问题,同时在计算中充分考虑刀具安装半径不同导致磨损系数变化的问题,计算结果更加精细,实测数据证明该公式具有较好的工程应用价值。

2.5.6 小　　结

本节通过理论分析对刀具预测模型进行了相关分析,得出了以下结论:

(1)通过理论推导对 JTS 计算模型进行优化,提出了一种适用于复合地层刀具磨损量计算的磨损系数取值方法,磨损系数的取值由开挖断面内地层分布、单一地层磨损系数取值、刀具安装半径所决定。

(2)复合地层中不同安装半径刀具的磨损系数有着较大的差别,在计算过程中应对每个安装半径的磨损系数进行分别计算,保证计算结果的准确性。

(3)实测数据分析证明开挖断面内地层分布、单一地层磨损系数取值、刀具安装半径对于复合地层磨损系数的取值有着重要影响,计算结果对比证明文中提出的磨损系数取值方法更加适用于复合地层中刀具磨损量的计算。

(4)当采用 JTS 模型及其优化模型对存在高差的刀具布置形式进行磨损量计算时,应将高刀及低刀分开进行计算;刀盘最外侧刀具的磨损量明显高于内侧,采用经验公式对最外侧刀具进行磨损量计算时应考虑修正系数。

(5)以本书实例为基础,根据 JTS 计算公式采用线性回归分析得到粉细卵石复合地层中高先行刀的磨损系数约为 102.31～113.73 μm/km,低先行刀的磨损系数为 35.94～42.55 μm/km,切刀的磨损系数为 38.60～40.34 μm/km,低先行刀与切刀的磨损系数约为高先行刀的 40%;实例中刀盘最外侧切刀的修正系数为 1.2～1.4,最外侧先行刀的修正系数为 2～3。

2.6 刀具磨损特征及优化设计

工程由于距离长,施工过程中组织了多次换刀施工,同时每次换刀也对刀具的设计进行了优化,积累了盾构刀具设计的相关经验,可为后期类似工程提供借鉴。

2.6.1 刀盘形式及刀具布置

工程盾构机刀盘的设计原则:刀盘设计和刀具布置完全能适应工程地质条件,并且具有高效及减少刀具磨损的特点。刀盘表面和开口部位焊接有耐磨层,外周焊接 25 mm 厚的复合耐磨钢板。盾构机刀盘由钢结构件焊接而成,刀盘主体结构的高强度、高刚性设计可以保证刀盘能在工程施工期间不变形、不损坏,适宜大扭矩和大推力的作业工况。

盾构刀盘类型为辐条式刀盘,主要由轮缘、辐条和布设在辐条上的刀具组成。6 根辐臂支撑的厚壁法兰连接主驱动装置并且作为刀盘辐臂的基座,以传递足够的扭矩和推力,刀盘可以双向旋转。为了保证刀盘的整体结构强度和刚度,刀盘的中心部位采用整体铸钢铸造,刀盘正面堆焊耐磨网格,刀盘上切刀为螺栓连接,可以实现刀具更换。刀盘上设有搅拌棒,可以随着刀盘一起转动,辅以土仓壁上的固定搅拌棒可起到搅拌渣土的功能,对土仓中的废弃土体进行强制搅拌，使注入在开挖面上或土仓中的添加材料(加泥、水、气泡)与切削下来的土体在土仓中进行充分的搅拌，提高土体的塑性流动性，使在滞留土仓中的废弃土体具有良好的流动性和止水性。

刀盘直径为 9 150mm，刀盘的开口率约为 60%，正面装配有贝壳刀，如图 1.2.4 所示，刀盘的中心部分开口率大，有利于中心部分渣土的流动并进入土仓，可以有效地防止中心泥饼的产生。刀盘刀具统计见表 2.5.2。

1. 刀具形式

为了保证盾构顺利切削土体，并提高刀具的耐磨性，针对大兴新机场线地层对刮刀、撕裂刀具体形式进行设计，如图 2.6.1 所示。

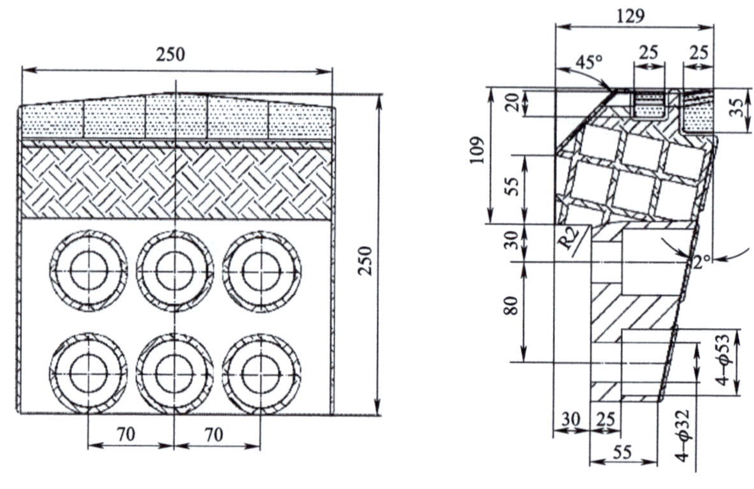

(a)刮刀设计图

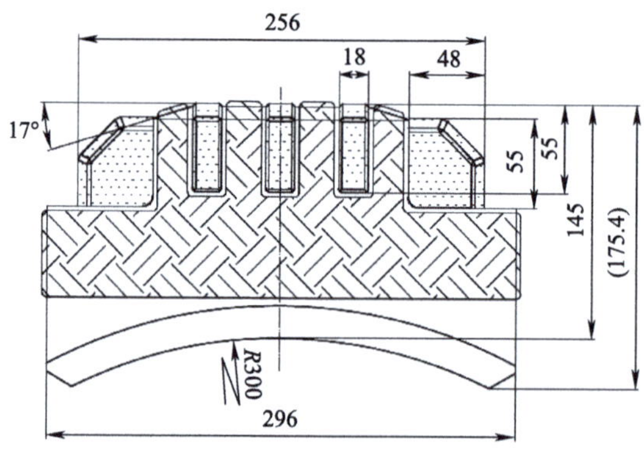

(b)撕裂刀设计图

图 2.6.1 盾构刮刀设计图(单位:mm)

2. 检修井设置

区间共设置 6 处检修井，左右线各 3 处，检修井位置及检修井处地层，3 处检修井分别距离始发井 780 m、1 665 m、2 512 m，四盘刀具掘进长度分别为 780 m、885 m、847 m、1 320 m。通过检修过程中对前三盘刀具磨损形式的总结，不断对刀具形式进行优化，保证第四盘刀具能够顺利掘进至接收井。

2.6.2 刀具磨损分析

1. 刮刀磨损形式分析

刀具磨损的产生主要是由合金刀具与岩土体相互接触作用的结果，最终物体表面出现材料损失的现象[9]。区间盾构初装刀具在盾构施工过程中刮刀的磨损较为明显，根据刮刀的位置不同，可将刮刀分为外周刮刀及内侧刮刀，外周刮刀除刀具上部合金块磨损外，刀具侧边也发生较为严重的磨损，刀具母体磨穿，螺栓孔暴露，如图 2.6.2 所示。

图 2.6.2　外周刮刀磨损

内侧刮刀主要磨损发生在顶部合金块，单把刮刀顶部合金块不同位置磨损量有所差异，顶部五块合金块由三角形磨损至“山”字形，如图 2.6.3 所示。

(a)全新刀具

(b)磨损后的刀具

图 2.6.3　中间刮刀磨损形式

2. 刮刀设计优化

针对刮刀的磨损形式，在三次换刀时对刮刀的形式进行了优化，对于外侧刮刀在外侧增加了合金块，提高盾构施工过程中刀具侧面的耐磨性，如图 2.6.4 所示。

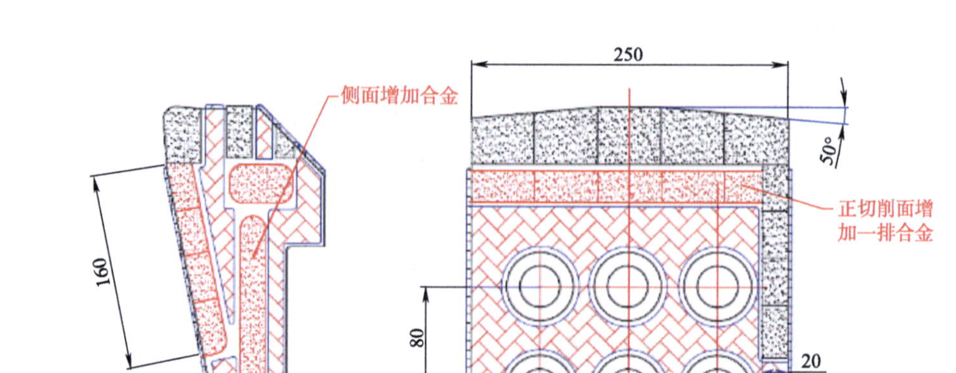

图 2.6.4　优化后的刮刀设计图(单位:mm)

3. 撕裂刀磨损形式分析

刀具损伤主要分为两种类型,刀具摩擦磨损和刀具断裂损伤。区间盾构撕裂刀合金块磨损较为平均,崩块、掉块现象较少,部分刀具母体两侧磨损差异较大,朝向刀盘外方向合金块下方存在明显凹槽;刀具母体侧面磨损较为不平均,磨损形式为人字形凹槽,外侧刀具母体磨损量明显大于内侧;刀具合金块磨损同样不对称,如图 2.6.5 所示。

(a)撕裂刀长边侧面图

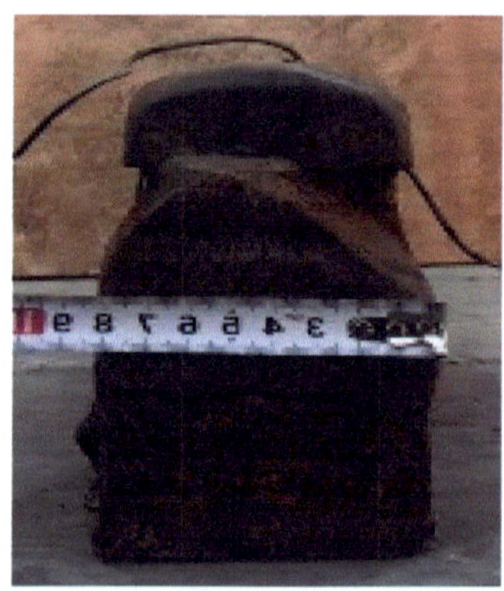

(b)撕裂刀断面侧面图

图 2.6.5　撕裂刀磨损情况

4. 撕裂刀设计优化

为了提高撕裂刀的耐磨性,延长了中间合金块的长度,同时在刀具侧边增加了合金块,保证刀具母体耐磨性,如图 2.6.6 所示。

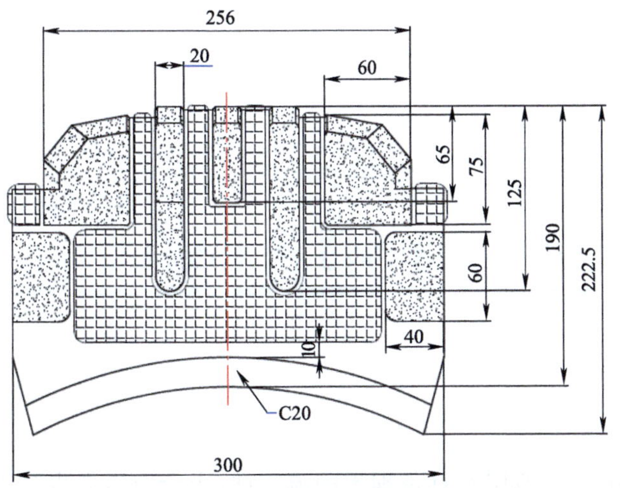

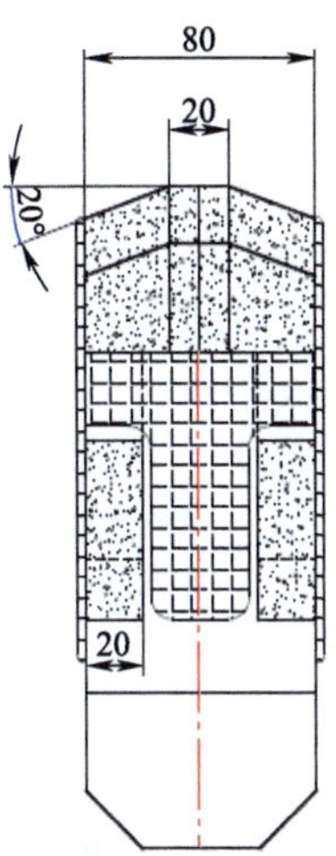

图 2.6.6 优化后的撕裂刀设计图(单位:mm)

2.6.3 优化后刀具施工情况

使用优化后的刀具,进行最后 1 320 m 隧道的掘进。掘进过程中,盾构施工正常,未发生因刀具问题而长时间停机的情况;盾构接收时,刀具磨损正常,如图 2.6.7 所示,未发生大范围磨损量较大的情况,说明对刀具的优化是合理的。

图 2.6.7 贯通时撕裂刀情况

2.6.4 小 结

本节以工程中磨损的刀具为基础,分析总结刀具磨损形态,得出了刀具磨损的相关规律,并在施工过程中对刀具的形式进行了优化,得出了一些有意义的结论:

(1)撕裂刀合金块磨损较为平均,崩块、掉块现象较少,但是部分刀具母体两侧磨损差异较大,朝向刀盘外方向合金块下方存在明显凹槽,刀具母体侧面磨损较为不平均,磨损形式为人字形凹槽,外侧刀具母体磨损量明显大于内侧,刀具合金块磨损同样不对称。

(2)外周圈刮刀合金块磨损较为严重,其磨损不规则,靠外一侧磨损严重,螺栓孔被磨穿,磨损量较大;内侧刮刀合金块磨损后的形式呈山字形,偶尔发生蹦齿、掉齿,内侧刮刀两侧基本无磨损。

(3)在磨损严重的位置增加合金块,可有效地提高刀具的耐磨性,延长盾构单次掘进距离,提高盾构施工效率。

工程的施工经验对后期类似工程有重要的借鉴意义。

长距离砂卵石地层盾构施工渣土改良技术

3.1 研究概况

盾构在砂卵石地层施工时，由于该地层不具备理想的流塑性，土仓内压力也难以稳定控制，进而导致地表沉降过大甚至塌陷。另外砂卵石地层磨蚀性强，盾构掘进过程中会出现刀具磨损严重、扭矩大等问题，所以为了保证盾构施工的正常进行，需要对土体进行改良，即向开挖面以及土仓内注入改良剂，以保证开挖面稳定，实现土压平衡掘进，同时降低刀具磨损程度，减小扭矩，提高掘进速度。

北京新机场线 07 标 2 号风井～3 号风井区间不同于以往北京地区 6 m 直径地铁隧道施工，其盾构开挖直径为 9.15 m，整个盾构区间双线总长达到 7 694 m。从开挖直径上属于中大直径盾构施工，面临着施工过程会出现刀盘扭矩大、盾构机推力大等问题。同时在整个区间距离上属于长隧道，施工过程会出现因施工距离长而对刀具产生严重磨损，进而导致在整个施工过程中增加换刀次数，大大增加了施工工期。但整个北京新机场线的及时开通要求工程必须在短时间内顺利完成，因此整个区间盾构的掘进过程必须具备良好的渣土改良能力，通过开挖过程的渣土改良环节，能够降低刀盘与开挖面之间的摩擦，进而减小刀具的磨损以及换刀次数。另一方面良好的渣土改良可以提高渣土的流动性，降低砂卵石等对刀盘造成的损坏，同时利于螺旋输送机排土，防止螺旋输送机排土时出现喷涌现象以及降低刀盘扭矩和螺旋输送机的扭矩。

目前国内外针对渣土改良的研究只是对某一地层制定出单一的改良方案，不能够全面地对渣土改良进行总结。因此我们研究提出通过室内及现场试验相结合的方式进行渣土改良技术。首先通过渣土改良室内试验，得出关于渣土改良的试验参数，将试验参数在现场进行实际应用，最终确定一个符合工程砂卵石地层土体改良的施工方案，进而在实际施工中降低刀盘扭矩、减小刀具磨损、减少刀具更换次数、提高盾构掘进速度、大幅度缩短工期。通过这次试验能够从多种角度对砂卵石地层渣土改良进行完善，具有良好的实际工程意义，可为类似地铁建设提供一个可行性的工程借鉴。

3.1.1 国内外研究现状

关于土压平衡盾构渣土改良技术，国内外诸多学者进行一定研究，主要的研究方式为在土体中外加添加剂使开挖土体达到理想的塑性流动状态。关于添加剂的种类大体上可以分为矿物类、界面活性材料、高吸水性树脂和水溶性高分子。目前各国学者研究的渣土改良材料大部分为矿物类和界面活性材料，也就是膨润土和泡沫。对于高吸水性树脂和水溶性高分子所见较少。

从添加剂自身性能方面进行了部分研究，在对泡沫的研究中，从发泡率、半衰期等自身性能对泡沫的稳定性影响进行分析，根据泡沫溶液不同浓度对泡沫的发泡倍率以及半衰期随时间的变化进行测定。在对膨润土的研究中，基本上都是在流塑性能差的地层进行应用，卵砾石含量高的土体在使用膨润土进行改良后流塑性能有显著的改善效果。在对新型改良剂的研究中，有从泡沫作用机理入手，通过自制新型泡沫对土体进行改良，并且在实际应用中有较好效果；另外也有通过膨润土外加其他添加剂的方式来进行渣土改良；同时也有利用高分子聚合物对复杂地层进行土体改良，也达到良好的效果。

从改良方式上对渣土改良的研究基本是针对某一个确定的地层来选择添加剂，对添加剂选取不同配比来测定对土体的改良情况。对土体进行改良的常用组合基本为：

(1)泡沫＋膨润土的改良方式，这种方式基本上在我国广泛使用，特别是在卵石地层等无黏性地层得到大量实际应用，改良后的土体也达到了理想的流塑性状态。

(2)单独使用泡沫，泡沫因具有不透水性、良好的流塑性以及防止黏附等优点被大量使用，同时泡沫的使用基本不受地层条件限制，也具有高效、无污染等优势。

(3)利用泡沫＋CMC 等聚合物，采用膨润土外加其他添加剂或者单独使用高分子聚合物对复杂地层进行土体改良。

关于渣土改良，国内外的研究存在以下几个问题：(1)目前土压平衡盾构渣土改良主要是通过工程背景分析，利用以往类似背景下的施工经验进行渣土改良施工，同时在卵石地层中，添加剂的配比多依靠工程经验，极易造成添加剂使用不合理，进而影响施工进度。(2)大部分室内试验进行渣土改良时所采用的研究方式为先确定添加剂的种类，然后通过调整添加剂用量来使土体达到理想效果。这种方式对渣土进行的改良不具有全面性，应该对添加剂的种类进行多种组合，对每一种组合分别进行试验，最终得出最优改良方案。(3)目前大多数研究集中在室内试验部分，得到的改良方案也仅是理论研究，在现场应用试验较少，理论成果工程实用性能较差。

3.1.2 研究内容与方法

1. 研究内容

本章依托大兴新机场线 2 号风井～3 号风井区间，针对盾构在砂卵石地层施工中遇到的渣土改良问题，通过进行室内渣土改良试验及现场应用试验，从而得到渣土改良施工方案，为盾构的施工提出可行性操作方案，具体的渣土改良研究内容如下：

(1)对盾构掘进地层的卵砾石进行级配筛分试验、矿物成分试验、LCPC 试验并做地层特性分析，进而针对特定的性质进行渣土改良试验设定。

(2)针对该区间工程条件以及砂卵石地层特性，拟定对泡沫、膨润土及高分子聚合物三种添加剂进行室内改良试验。对泡沫进行浓度与发泡率和半衰期的关系分析，同时对膨润土进行黏度测定试验以及高分子聚合物配比选择，最终选取最优性能进行改良试验。然后采用高分子聚合物＋水、膨润土＋泡沫＋水以及膨润土＋水这三种组合进行渣土改良。通过坍落度试验及黏附性试验等进行参数测定，进而得出室内渣土改良最优改良方案。

(3)综合考虑现场实际条件以及盾构施工规范，将室内试验得出的渣土改良方案应用到实际施工中。通过对整个渣土改良过程中盾构扭矩、推力以及推进速度等参数的监测以及实际排出渣土的效果进行分析，最终将三种改良方式得到的结果进行对比，选择适用该区间渣土改良最佳方案。

2. 研究方法

(1)前期调研:通过实际工程资料收集分析以及阅读国内外学者关于渣土改良的研究,总结出土压平衡盾构在砂卵石地层施工过程中结“泥饼”、刀具磨损严重等难题,进而提出采用多种添加剂组合的方式进行渣土改良研究。

(2)室内试验研究:室内试验分为三部分,一是对该地层土体的特性分析进行的级配、矿物成分、LCPC 试验等;二是对泡沫、膨润土及高分子聚合物等添加剂进行性能测评,选择最优使用情况;三是通过泡沫+膨润土、高分子聚合物以及单独使用泡沫这三种组合分别对渣土进行坍落度及黏附性等试验,通过得到的黏度测试和坍落度值验证渣土改良的效果。最终通过室内试验,得出室内渣土改良最优改良方案。

(3)现场应用试验:将室内试验所得改良方案分别进行实际现场盾构施工应用,并对比渣土改良方案使用前后盾构机排出渣土效果以及对盾构推进试验段进行全方位数据监测,最终通过分析对比得出最优改良方案。

3. 技术路线

本书主要通过室内试验测定渣土改良参数,然后再通过现场实际施工进行验证,最终得到具体的渣土改良施工方案。具体过程如图 3.1.1 所示。

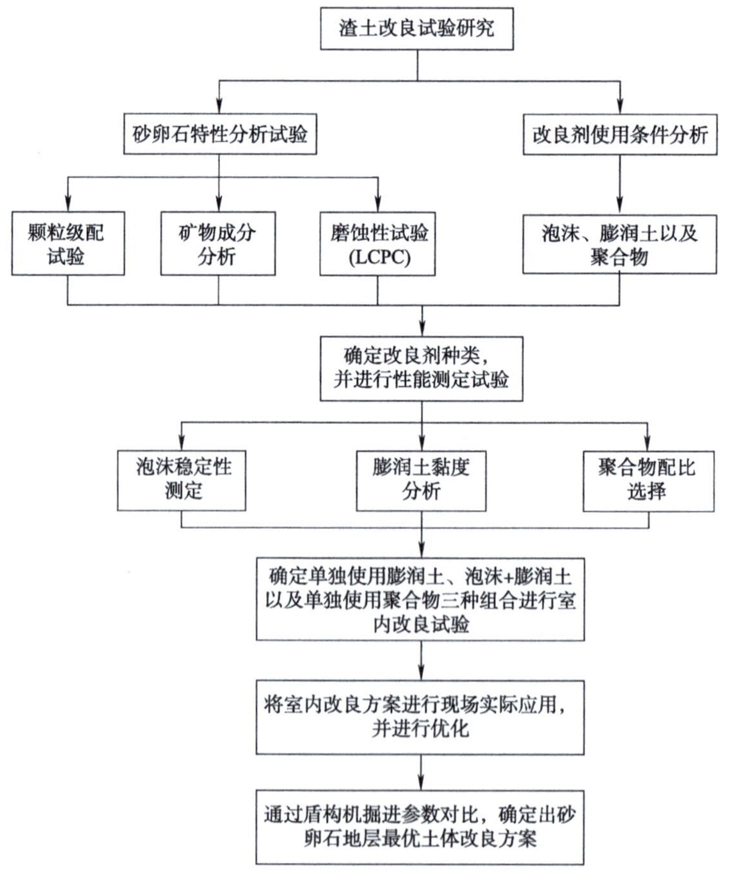

图 3.1.1 技术路线图

3.2 砂卵石地层特性分析

3.2.1 盾构施工渣土改良原理

土压平衡式盾构施工成功的关键是能否将开挖下来的土体在土仓内调整成一种“塑性流动状态”。区间盾构机主要穿越卵石、粗砂地层，此地层流塑性差渣土改良过程中极易发生众多问题。当切削下来的渣土充满土仓和螺旋机时，将使刀盘扭矩、螺旋机扭矩、盾构千斤顶推力增大，甚至使渣土凝结形成泥饼。因此在开挖时需要向土仓内加入一定数量的添加剂，从而最大程度上增加开挖土体的流塑性，将盾构掘进中喷涌、结泥饼、开挖面失稳、排土不畅等因土体性质不良导致的施工故障发生可能性降到最低。

目前常用的渣土改良方式是主要采取膨润土及少量泡沫作为添加剂，根据不同地层选择合适数量的添加剂以及合理的注入工艺，但新型的高分子聚合物也因其优质的性能而被采用，并取得良好的渣土改良效果。

对于含水或富水砂层来说，往往考虑采用加膨润土措施来改善切削土体的流塑性能，一般很难达到理想效果，通常会出现刀盘扭矩大、刀盘磨损严重、螺旋输送机堵塞严重等问题，导致盾构机不能正常掘进。另一方面加膨润土量过大会导致掘进效率降低、施工周期加长等工期问题。为此，可在加膨润土的基础上增加泡沫系统。利用泡沫润滑特性，加入泡沫改善土体粒状构造，吸附在土体颗粒之间的气泡可以减少土体颗粒的摩擦，增加渣土的黏聚力，同时降低土体渗透性，达到既能保证开挖面土压平稳同时又可以连续向外顺畅排土的目的。根据以往工程经验，在含水砂层中施工，可根据地质的变化，通过向盾构机土仓内加膨润土、泡沫或同时加入膨润土和泡沫来进行改良渣土，实现土压平衡掘进。

对于无水砂卵石地层来说，自身缺少细颗粒难以形成良好的流塑性能，同时大粒径的卵石导致刀具的磨损异常，严重影响掘进速度，大大延长了施工工期。因此在对缺少细颗粒以及刀具摩擦大等问题的研究之后，可以采取添加膨润土以补充细颗粒，保证开挖的土体具备良好的流塑性能，或者使用膨润土加泡沫的组合方式来进一步使土体拥有较小的摩擦性以及优良的黏稠性能。除此之外，高分子聚合物的改良方式也可以在无水砂卵石地层使用，其本身的属性既能够充当细颗粒进行调节流塑性能，又具有减小摩擦的作用，不失为一个优良的改良添加剂。但在使用之后需确保废弃物的处理得当，这是一个尚需考虑的因素。

3.2.2 地层特性分析

针对区间地层土体的具体性质主要通过颗粒级配筛分试验确定各组分粒径占比数值，通过矿物成分试验分析该地层所含卵砾石种类，以及通过 LCPC 试验对砂砾石的磨蚀性进行进一步分析。利用上述三种试验对该地层有一个全方位的深入了解。

1. 颗粒级配分析

地层中不同粒径大小的颗粒含量决定着盾构施工过程中渣土改良剂的配比不同，所以为了通过渣土改良减小刀具磨损以及保证推进过程中各项参数的稳定，对原状土进行颗粒级配试验也是具有重大意义的，通过对工程原状土进行筛分试验，得出结果如图 3.2.1 所示。从表中可以看出采取了 A、B、C、D、E 五组独立的试验分别进行筛分，最终得到的结果总体趋势相同，粒径大小所占比例见表 3.2.1。

从表 3.2.1 可以看出粒径大小为 20～40 mm 的卵石颗粒占比最多，高达 23%；粒径大小为 10～20 mm 的卵石仅次于前者，占比达到 16%，剩下各组粒径的占比均在 10%左右。同时经过计算得出 $d_{60}=22.5$，$d_{30}=4.625$ 以及 $d_{10}=0.33$，此时土体的不均匀系数 $C_u=d_{60}/d_{10}=68.18$，曲率系数 $C_c=d_{30}d_{30}/(d_{60}d_{10})=2.88$。根据相关研究，当 $C_u>5$，C_c 在 0～3 之间时可认为试样为级配良好的土。

通过将原状土进行筛分、烘干以及称重等一系列试验，进而得出了原状土的各种颗粒组分，同时测定出一个重要参数即现场原状土的含水率。利用颗粒级配试验，最终得出现场原状土的实际含水率为 3%。则其后的室内试验所用土均为 3%含水率。

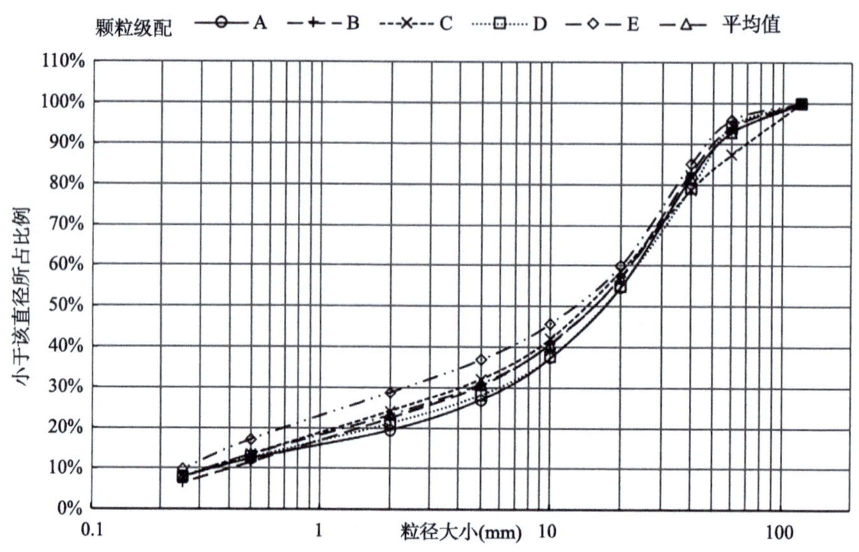

图 3.2.1　颗粒级配曲线图

表 3.2.1　不同直径颗粒占比

直径(mm)	小于该直径所占比					平均值
	A组	B组	C组	D组	E组	
120	100%	100%	100%	100%	100%	100%
60	93%	94%	87%	94%	96%	93%
40	82%	83%	79%	79%	85%	81%
20	55%	57%	59%	55%	60%	57%
10	37%	41%	42%	38%	46%	41%
5	27%	31%	32%	28%	37%	31%
2	19%	22%	24%	21%	29%	23%
0.5	12%	12%	13%	13%	17%	14%
0.25	8%	6%	8%	8%	10%	8%

2. 矿物成分分析

试验原理：利用流体力学中的斯托克斯沉降定理，采用离心分离方法或者水悬浮分离方法或分别提取粒径小于 10 μm 和小于 2 μm 的黏土矿物样品。粒径小于 10 μm 的黏土矿物样品用于测定黏土矿物在原岩中的总相对含量；粒径小于 2 μm 的黏土矿物样品用于测定各种黏土矿物各类的相对含量。矿物的晶体都具有特定的 X 射线衍射图谱，图谱中的特征峰强度与样品中该矿物的含量正相关，采用试验的方式可以确定某矿物的含量与其特征衍射峰强度之间的正相关关系——K 值，进而通过测量未知样品中该矿物的特征峰强度而求出该矿物的含量，这就是 X 射线衍射定量分析中的“K 值法”。

试验采用的仪器为日本理学 TTRⅢ多功能 X 射线衍射仪，参照《沉积岩中黏土矿物和常见非黏土矿物 X 射线衍射分析方法》(SY/T 5163—2018)进行试验。具体试验结果见表 3.2.2。

表 3.2.2 矿物分析结果

颗粒直径范围(mm)	各矿物组分(%)						
	石英	钾长石	斜长石	方解石	白云石	石膏	黏土矿物
0.25～0.5	42.97	10.57	26.47	0.80	14.30	0.37	4.53
0.5～2	60.80	4.47	13.90	1.20	15.77	0.00	3.87
2～4	51.80	3.77	13.47	1.63	23.43	0.00	5.90
4～5	54.13	3.93	8.30	2.43	26.33	0.00	4.87
5～6.5	38.20	2.13	7.60	1.13	46.93	0.00	4.00
6.5～8	47.07	4.43	8.17	3.83	31.63	0.00	4.87
8～10	57.00	3.50	9.83	1.30	23.17	0.00	5.20

从上表中可以看出区间土层中所含的成分主要为石英、斜长石以及白云石三种，其中石英占据主要成分，因其本身硬度较大的属性易对盾构机刀盘产生很大程度的磨损，特别是在长距离施工的过程中不便于多次换刀，进而通过渣土改良来减小刀具磨损，缩短施工工期。

3. LCPC 试验分析

LCPC 耐磨性试验是一套源自法国试验室的试验方法，是针对颗粒状土体的磨损性探究试验。在城市地铁的修建过程中盾构开挖的地层多为软土地层，如粉土、砂、砾石、卵石等，利用 LCPC 试验来进行岩土体的磨蚀性判断具备合理性。

LCPC 试验所采用的仪器装置非常特定，如图 3.2.2 所示，该装置由法国桥梁与道路中心试验室于 20 世纪 80 年代研发。装置配备的驱动电机功率为 750 W，能够确保固定在旋转轴下端的试验钢片转速达 4 500 r/min。钢片尺寸为 50 mm×25 mm×5 mm，如图 3.2.3(a)所示，由 HRB(洛氏硬度)为 60～75 的标准钢制成，为避免因非变量因素造成的影响，在同一批次试验中，应保证钢片材料完全一致，以保证试验结果的准确性。标准 LCPC 试验程序如下：

(1)用超声波清洗并烘干以去除钢片表面附着的土样颗粒，并用高精度天平[精度为 0.1 mg，如图 3.2.3(b)所示]称重；

(2)将处理好的钢片安装在旋转轴末端的接头上，然后将盛土容器与装置连接紧固；

(3)通过进料口将质量为(500±2) g 的土样添加到样品容器中，启动装置，使钢片在装有土样的容器内以 4 500 r/min 的转速旋转 5 min；

(4)取下钢片，重复(1)操作，得出试验后钢片重量；

(5)进行三次平行试验，最终得出平均值见表 3.2.3。

采用 LAC 值作为土样的磨蚀性评价指标，LAC 计算方法见下式：

$$\mathrm{LAC}=\frac{m-m_0}{M} \tag{3.2.1}$$

式中 m——试验后钢片的质量；

m_0——试验前钢片的质量；

M——土样的质量。

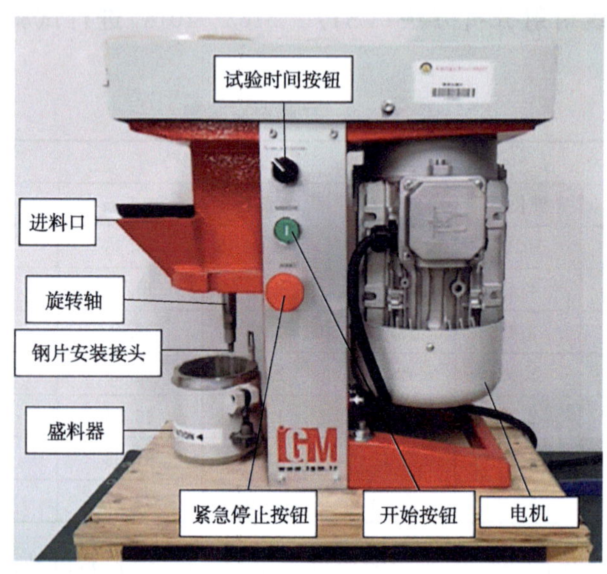

图 3.2.2　LCPC 试验仪器

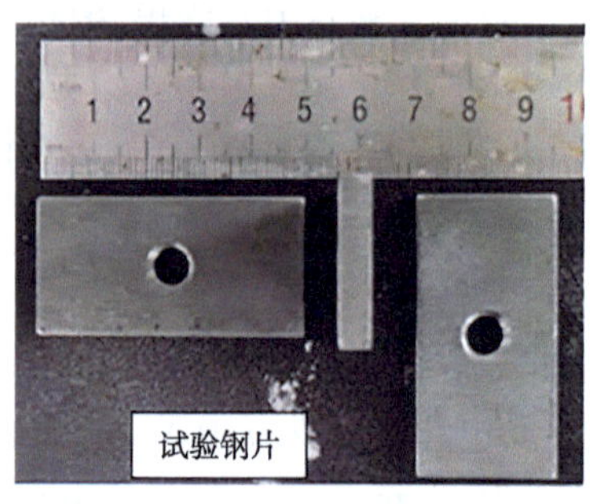

(a)

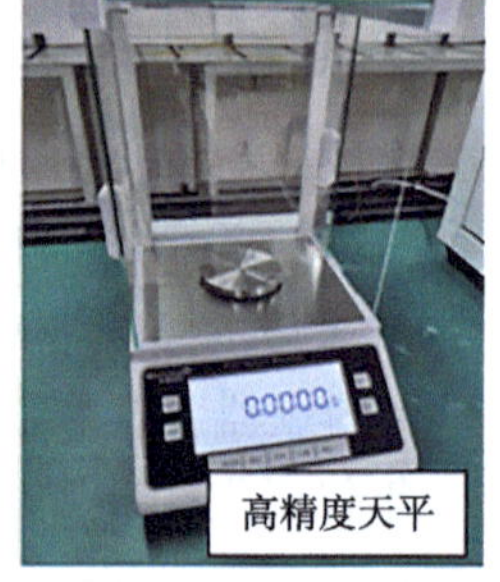

(b)

图 3.2.3　试验用品

表 3.2.3　LCPC 试验数据

颗粒各组质量(g)								试样总质量(g)	LAC (g/t)
0～0.25 mm	0.25～0.5 mm	0.5～2 mm	2～4 mm	4～5 mm	5～6.5 mm	6.5～8 mm	8～10 mm		
40	27	48	26	13	15	15	316	500	1 021.53

注：试验所用颗粒级配为模拟现场土体，但实际存在粒径大于 10 mm 的卵石颗粒，在土样配置过程中使用 8～10 mm 的土体颗粒代替大于 10 mm 的土体颗粒。

通过 Bakar 研究中提到的磨耗系数分类表，见表 3.2.4。LCPC 试验结果的 LAC 值为 1 021.53，可得出区间地层为非常强磨蚀性的土体。

表 3.2.4　磨耗系数分类表

LAC(g/t)	磨耗度分类
0～50	没有磨蚀性
50～100	微磨蚀性
100～250	轻磨蚀性
250～500	一般磨蚀性
500～1 250	非常强磨蚀性
1 250～2 000	极端磨蚀性

3.2.3　小　　结

(1)通过颗粒级配以及烘干称重试验得出含量最多的组分为 20～40 mm 粒径土体，达到 23%。通过烘干再称重确定该地层含水率为 3%。根据计算确定土体的不均匀系数 C_u=68.18、曲率系数 C_c=2.88，进而得出该地层土体颗粒级配良好。

(2)根据矿物分析试验得出区间土体主要成分为石英、钾长石以及白云石三种。

(3)利用 LCPC 试验得出区间土层的 LAC 值为 1 021.53，进而确定其所含的卵石具有非常强的磨蚀性能，易对刀具产生磨损。

3.3　改良剂试验

3.3.1　改良添加剂的种类选择

1. 不同改良剂的性质介绍

土压平衡盾构机在渣土改良过程中所使用的改良剂的种类选择一般是根据地层颗粒的级配情况以及地下水水位条件等进行判定。试验选取的为北京新机场线 7 标 2 号风井～3 号风井，该区间地层为典型的无水砂卵石，针对此地层可以展开盾构机渣土改良的试验研究。首先在选取改良剂之前需要对不同改良剂的性质进行一个完全的掌握，国内改良剂基本分为 4 类，每种改良剂性质见表 3.3.1。

表 3.3.1　4 种改良剂性质分析

<table>
<tr><th colspan="2">改良剂种类</th><th>材料代表</th><th>优　　点</th><th>缺　　点</th><th>适用条件</th></tr>
<tr><td colspan="2">表面活性材料</td><td>泡沫剂</td><td>增强润滑、改善流动性、无污染</td><td>—</td><td>对各种地层均适用</td></tr>
<tr><td colspan="2">矿物类材料</td><td>膨润土、黏土</td><td>改善流动性、增强土体透水能力</td><td>制造设备昂贵，需污染处理</td><td>缺少细颗粒的砂卵石地层(无黏性土)</td></tr>
<tr><td rowspan="2">高分子类材料</td><td>水溶性高分子聚合物</td><td>CMC、多糖及负离子乳胶类</td><td>提高止水性能防止发生喷涌</td><td>废弃物需污染处理</td><td>缺少细颗粒的砂卵石地层(无黏性土)</td></tr>
<tr><td>不溶性聚合物</td><td>高吸水性树脂、淀粉</td><td>防止黏附，提高流动性、止水性防止喷涌</td><td>破坏土体本身化学性质</td><td>富水地层</td></tr>
</table>

2. 区间改良剂的确定

北京新机场线7标区间地层为典型无水砂卵石地层，进而在盾构掘进过程中由于该地层卵石强度大会造成刀盘磨损严重、扭矩异常增大等问题，同时也会对地表沉降以及地面既有建筑物造成影响。因此，对该区间进行渣土改良的方案可以从选取膨润土、泡沫以及水溶性高分子聚合物三方面进行考虑，预选多套方案并进行综合评价，最终确定符合该地层的最优渣土改良方案。

(1)膨润土对于渣土改良的机理主要通过补充土体内细颗粒，进而使土仓内土体的流动性能大大增强，保证土仓内土体能够顺利地排出，不会导致刀盘中心区域产生“结泥饼”等问题，同时也使刀盘前方土体开挖的过程更加平缓，保持土压稳定，不会出现地表沉降的问题。

(2)泡沫的主要功能是润滑作用，当泡沫注入土体中后，土体的流动性能增加，同时能够在刀盘前方形成一个保压作用的稳定层来确保前方土体开挖的稳定。除此之外，当泡沫起到润滑作用时，刀盘与土体之间相当于存在润滑剂，土体的流塑性能增强的同时内摩擦角大大降低，刀盘的磨损也同时降低，降低了整个区间的换刀次数且节省了成本。

(3)水溶性高分子聚合物的使用需配置一定量的水，与水融合之后，聚合物相当于产生了泡沫及膨润土共同组合的作用，既能代表膨润土填充了土体中的细颗粒同时也能作为泡沫降低土体与刀盘之间的摩擦，但是在使用之后所产生的废物不便于处理是一个难题，如果处理好废物，水溶性高分子聚合物不失为一个很好的渣土改良材料。

3.3.2 泡沫添加剂性能评定

1. 泡沫测定指标分析

发泡倍率和半衰期为两个重点性能测试指标，试验主要针对这两个参数进行评定，探究针对不同泡沫原剂浓度下的发泡倍率和半衰期之间的关系。

(1)发泡倍率

泡沫的发泡倍数，又称发泡率，一般定义为由泡沫原液与水所组成的泡沫溶液经过发泡机产生的泡沫体积与泡沫溶液的体积之比，这个指标可以作为泡沫性能的重要标准之一，具体定义见下式：

$$\mathrm{FER}=\frac{V_r}{V_1} \tag{3.3.1}$$

式中 V_r——泡沫发泡后的体积；

V_1——泡沫溶液的原体积；

FER——发泡倍数即发泡率。

目前看来，土压平衡盾构中所使用的泡沫的发泡倍数主要控制在20倍左右。针对泡沫的研究标准，控制其余条件不变，泡沫溶液所能够产生的泡沫体积则是越大越好，也表明其性能的优良性。

(2)半衰期测定

气泡的半衰期代表的也是气泡所具备的稳定性能，即是泡沫溶液经过发泡后产生的泡沫在自然暴露于空气之中保持不破灭的性能，因此气泡的稳定性是能够体现泡沫性能是否优良的重要指标之一，也是半衰期能够体现出一种泡沫是否能够达到使用标准。半衰期的表达方式为消泡率 $r=\frac{1}{2}$ 时所用的时间，消泡率 r 的公式为

$$r=\frac{M_1}{M_0} \tag{3.3.2}$$

式中 M_1——气泡消散部分的质量；

M_0——原始气泡总质量。

2. 试验仪器及步骤

(1)试验仪器

泡沫测定试验采用的仪器为泡沫发生器、1 000 mL 烧杯、半衰期测定仪、胶头滴管、电子天平及秒表等，试验仪器材料如图 3.3.1 和图 3.3.2 所示。

图 3.3.1 泡沫发生器

图 3.3.2 试验用品

(2)试验方案

关于泡沫的性能测试试验方案主要采取的步骤为通过配置不同浓度(泡沫原液质量与水质量比为 1%～7%)的泡沫溶液，利用泡沫发泡机进行充分发泡，得出每一组浓度所对应的最大发泡倍率，同时将每一组发好的泡沫进行半衰期(8 min 以上为可采用的最低标准)试验测定，最终得出最佳发泡倍率以及半衰期稳定的泡沫所对应的浓度。具体的试验步骤为下：

①用电子天平分别称重 6 g、12 g、18 g、24 g、30 g、36 g、42 g 的泡沫原液，根据泡沫发泡机使用需求配制总体积不小于 500 mL 的泡沫溶液，用电子天平量分别取 594 g、588 g、582 g、576 g、570 g、564 g、558 g 的水配置成质量比分别为 1%、2%、3%、4%、5%、6%、7%的泡沫溶液进行发泡；

②对不同浓度的泡沫溶液进行发泡，发泡机的设定为液体流量 15 L/h，气体流量为 1.5 m^3/h，压力设定为 0.2 MPa，气液比为 100∶1 的情况下能够确保 30～40 倍的发泡倍率不受影响，从添液口加入泡沫溶液，进行充分的发泡之后从出泡口用盛沫桶收集已发好的泡沫，并对最终得到的所有泡沫进行体积量算，进而得出发泡倍率；

③对上述发好的泡沫进行半衰期试验，首先用电子天平量取 1 400 mL 体积的泡沫质量，同时在半衰期测量仪中填满泡沫(1 400 mL)，在半衰期仪器下方放置电子天平以及烧杯进行称重，打开仪器阀门并用秒表开始计时，当仪器下方的电子天平上所称重的泡沫质量达到 1 400 mL 泡沫质量的一半时计时截止，这一阶段的时间为对应不同浓度泡沫的半衰期；

④将上述试验操作过程每一浓度分别进行三次平行试验，确保试验的精准度以减小人为误差。

3. 试验结果分析

通过对不同浓度泡沫溶液进行发泡试验，得出关于泡沫溶液浓度与发泡倍率和半衰期之间的关系，具体的试验结果见表 3.3.2。

表 3.3.2　泡沫浓度与发泡倍率及半衰期的关系

泡沫浓度(质量比)	发泡倍率(倍)	半衰期(s)
1%	15	857
2%	22	1 051
3%	28	1 288
4%	32	1 592
5%	38	1 614
6%	37	1 503
7%	34	1 496

根据表 3.3.2 数据，绘制出泡沫溶液浓度与半衰期和发泡倍率之间的曲线图，便于更加直观的得出结论，如图 3.3.3 和图 3.3.4 所示。

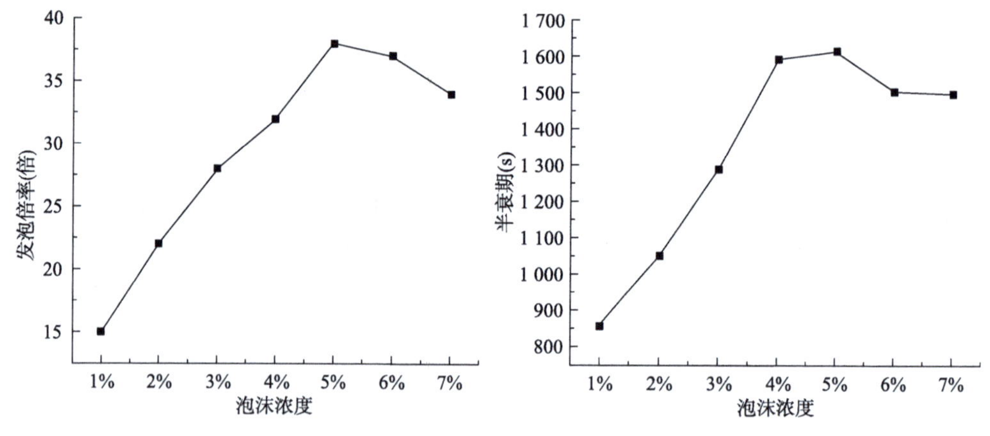

图 3.3.3　泡沫浓度与发泡倍率关系图

图 3.3.4　泡沫浓度与半衰期关系图

(1)根据图 3.3.3 可以得出，随着泡沫浓度从 1%逐渐增加到 5%这一过程，泡沫溶液所达到的最大发泡倍率呈现出从 15～38 倍这一逐步递增的趋势；当泡沫溶液浓度从 5%逐步增加到 7%的过程中，泡沫的最大发泡倍率基本控制在 38 倍左右；当浓度为 7%时发泡倍率开始出现降低的趋势。所以得出泡沫溶液的最大发泡倍率并不是依赖于高浓度的泡沫溶液，当浓度超过 5%时反而浪费了材料且达不到预期效果。综上所述，泡沫溶液浓度为 5%时对泡沫的最大发泡倍率效果最佳。

(2)根据图 3.3.4 可以得出，当泡沫溶液浓度从 1%逐步增加至 5%的过程中，所产生的泡沫的半衰期也同步从 857 s 延长至 1 614 s；当泡沫溶液浓度从 5%增大到 7%的过程中，对应的泡沫的半衰期变化从 1 614 s 递减至 1 496 s。从整个变化规律也可以看出，半衰期的变化与发泡倍率的变化呈现相似的规律，都是在5%浓度之内表现为递增的趋势，超过5%浓度之后呈现递减或不再增加的趋势。综上所述，泡沫溶液浓度为5%对泡沫的半衰期具有最佳的效果。

综合以上两条结论可以得出，浓度为5%的泡沫溶液所对应的发泡倍率以及半衰期都能到达预期的要求，即渣土改良试验所采用的泡沫溶液浓度(泡沫原液质量与水质量之比)均为5%。

3.3.3 膨润土添加剂性能评定

膨润土的主要成分是蒙脱石等非金属类黏性矿物，蒙脱石是含水的层状铝硅酸盐，因其本身的组成结构能够产生负电荷形成静电场，进而能够吸附阳离子，吸附能力使其具备强大的膨化能力。膨润土分为钠基和钙基两种，试验选取钠基膨润土。关于膨润土的性能测定主要分为两部分，一是膨润土与水配比的不同浓度对黏度性能的影响；二是同一浓度的膨润土所经历的不同膨化时间对黏度性能的影响。所以对这两方面进行测定是使用膨润土以及确保渣土改良效果达到最佳的必要条件。

1. 试验仪器及步骤

(1)试验器材

试验采用的器材有马氏漏斗(1006型)、盛泥浆桶、1 000 mL烧杯两只、250 mL烧杯一只以及计时秒表，采取的膨润土为工程区间盾构使用的钠基膨润土，试验器材如图3.3.5所示。

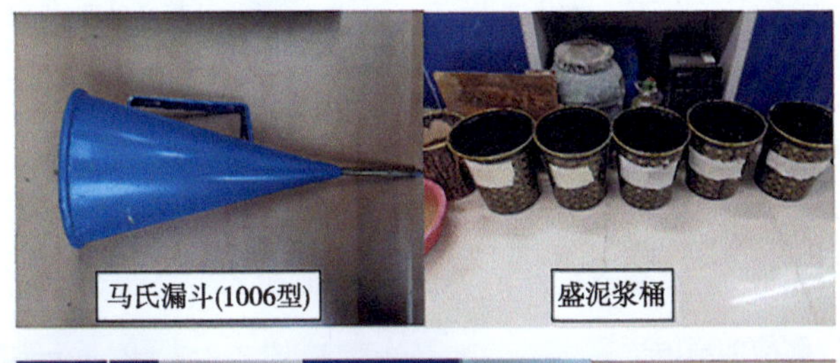

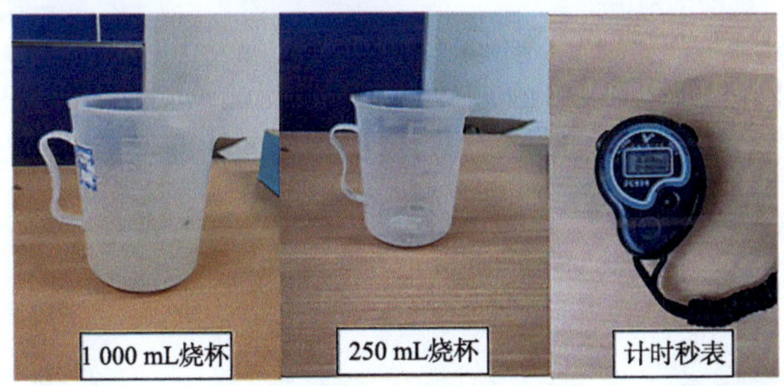

图3.3.5 试验器材

(2)试验方案

关于膨润土的性能测试试验为黏度试验，主要采用马氏漏斗(1006型)对不同质量的膨润土与水配比成的溶液进行不同膨化时间之后的黏度测试试验(40～60 s之间均可)。膨润土的质量浓度基本确定为6%～10%，膨化时间为每隔4 h进行一次测量，在间隔时间内不停止搅拌，以达到充分膨化。具体试验方案为按照下述进行：

①用 1 000 mL 烧杯量取 700 mL 清水，将清水倒入马氏漏斗中并用手指堵住下方出口，在漏斗下方放置一个 1 000 mL 的烧杯，松开手指并开始计时，当漏斗中的水流出量达到 500 mL 时停止，用秒表计时从开始至流出 500 mL 这一过程的总时间，这一段时间即为马氏漏斗黏度测试试验的标准值，如图 3.3.6 所示。

②配置质量浓度为 6%、7%、8%、9%、10%的泥浆混合液，用搅拌机充分搅拌使其完全融化，搅拌完成后用清水测量的方法进行分组测量以上不同浓度对应的黏度性能，每个不同的浓度进行三次独立测量以减小误差，具体如图 3.3.7 所示。

图 3.3.6　清水标准测定试验

图 3.3.7　膨润土黏度测试试验

③每隔 4 h 对不同浓度泥浆混合液进行黏度性能测试试验，如图 3.3.8 所示，同样每一组浓度分别进行三次独立重复试验以减小误差，确保试验的精准度。

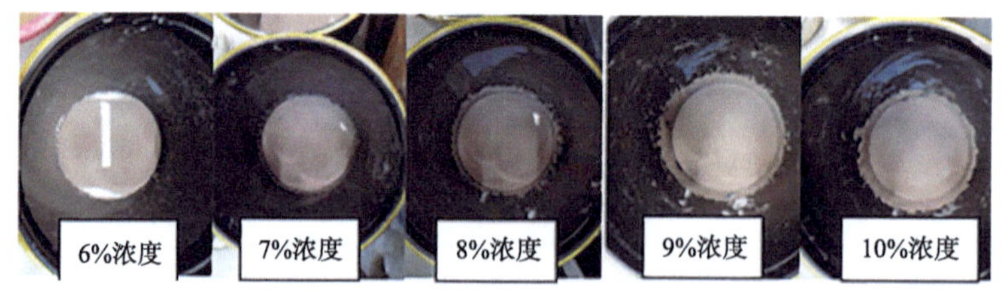

图 3.3.8　不同质量浓度膨润土泥浆

2. 试验结果分析

通过对上述清水标准黏度试验及不同质量浓度膨润土黏度测试试验，得出清水测定时间为 15 s，膨润土溶液测定结果见表 3.3.3。

表 3.3.3　膨润土黏度测量值

质量浓度	膨化时间(s)						
	0 h	4 h	8 h	12 h	16 h	20 h	24
6%	26.32	26.44	26.19	26.56	27.44	26.56	27.52
7%	33.66	34.54	35.53	36.54	37.34	37.62	38.52
8%	49.72	57.4	58.56	60.33	64.38	61.53	62.53
9%	104.46	110.38	113.55	128.42	132.5	147.53	153.55
10%	247.94	284.41	283.18	332.16	367.09	441.41	468.75

通过表 3.3.3 可以得出趋势，如图 3.3.9～图 3.3.11 所示，同时可以得出以下几点结论：

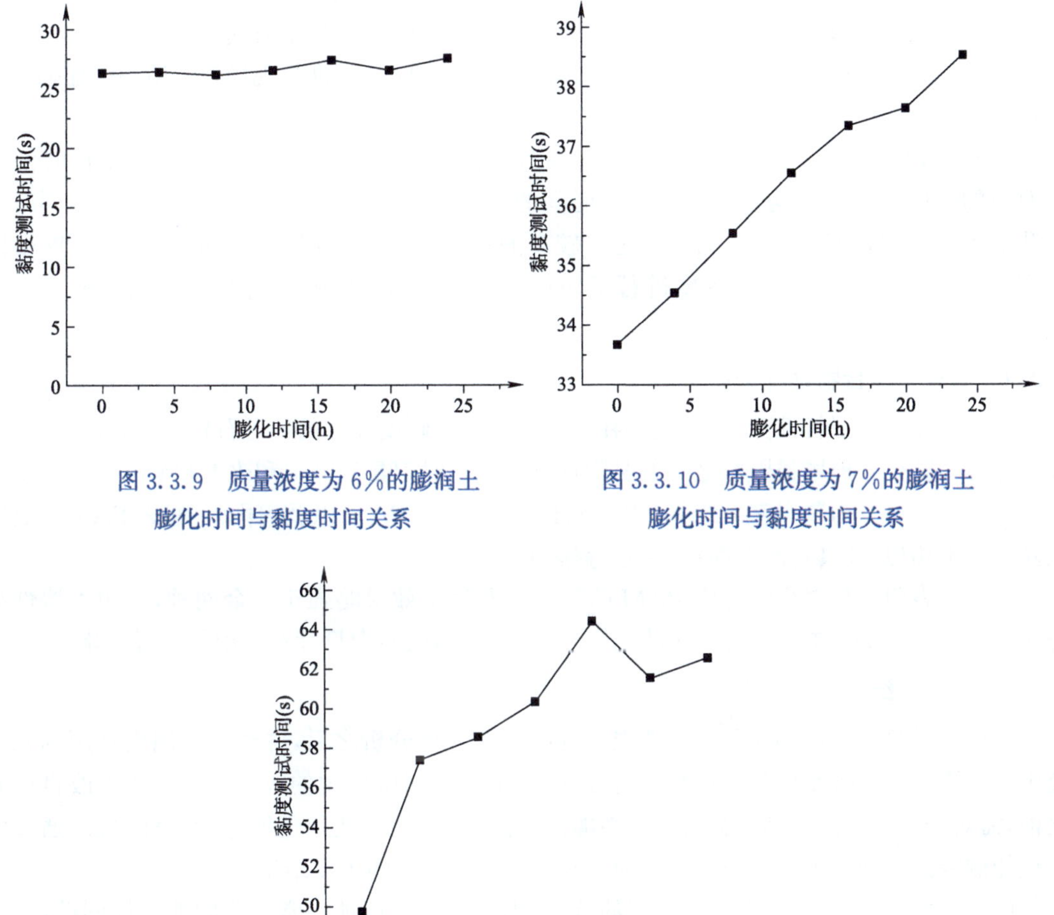

图 3.3.9　质量浓度为 6%的膨润土膨化时间与黏度时间关系

图 3.3.10　质量浓度为 7%的膨润土膨化时间与黏度时间关系

图 3.3.11　质量浓度为 8%的膨润土膨化时间与黏度时间关系

(1)对于同一浓度的膨润土泥浆，当浓度为 6%时，经过每 4 h 测量一次，每次的测量结果时间基本相近，黏度时间约为 26～27 s，此黏度测试时间低于标准时间 40 s，对砂卵石土体的细颗粒补充达不到预期效果，土体改良的效果不能达到理想标准，所以不建议采取6%浓度进行改良。

(2)当膨润土泥浆质量浓度为7%时，黏度测试时间的规律是随着膨化时间的逐渐增长而增加，黏度时间从膨化时间0时测定的33.66 s一直增加到膨化24 h测定的38.52 s，同时与6%浓度对比也存在相同的问题，即在7%浓度的不同膨化时间通过试验测定也同样都是小于标准时间40 s，但相比6%黏度测试时间更加接近40 s。

(3)当膨润土泥浆质量浓度为8%时，黏度测试时间同样也随着膨化时间的增加而逐渐增加，时间变化范围从膨化0时测定的49.72 s一直增加到膨化16 h测定的64.38 s且膨化12 h、16 h、20 h及24 h这几组的黏度测定时间基本相同。所以为减小误差，应选取膨化最充分为改良用剂，从时间来看整个膨化时间段基本符合标准规定的40～60 s这一范围。考虑到在规范内膨润土的膨化越充分对于渣土改良的效果越好的原则且不宜超过60 s的测试时间，所以在实际工程中选取质量浓度为8%的膨润土在膨化12 h后进行现场施工使用来加强渣土改良效果，减小设备故障。

(4)当膨润土泥浆质量浓度为9%、10%时，可以看出两个浓度对应的各个膨化时间点所对应的黏度测试时间均远远超出规定时间的60 s，不可作为渣土改良的浓度设定，同时从中我们可以看出，当膨润土的黏度确定在较高的浓度之后，随着膨化时间的增加，黏度也同步在增加，这一结论也为8%浓度进行了印证，在标准规范范围内，应尽可能保证膨润土的充分膨化。

3.3.4 高分子聚合物性能分析

根据砂卵石地层特性分析，区间存在的土体颗粒为硬度较高的卵砾石较多，当聚合物在改良土体时能够很好地增强颗粒之间的黏附性进而减小对刀具的磨损和改善和易性能。目前我国生产的聚合物分为羧甲基纤维素(CMC)、聚丙烯酸钠(PAS)以及聚丙烯酰胺(PAM)三种，其功能基本相似，都具备降低摩擦、吸水等作用。

有研究表明三种聚合物之中PAM的黏度以及稳定效果略强于其余两种，使用可溶性高分子聚合物即PAM进行渣土改良，使用浓度为0.3%，试验中只针对使用量进行优化。

3.3.5 小　结

本章在对北京新机场线砂卵石地层的具体特性进行分析之后，并对目前国内常用的几种渣土改良添加剂优劣使用条件进行了解，最终确定了区间所使用的改良剂。在渣土改良试验之前，需对渣土改良添加剂的自身使用性能进行测定，并提出使用性能评价指标，最终通过两种性能测定试验确定了改良添加剂的使用参数条件。得出的主要结论如下：

(1)通过分析区间无水砂卵石地层的特性，根据以往类似地层常出现的普遍性问题，同时对渣土改良过程的理论进行简要分析，最终确定了区间使用泡沫、膨润土以及高分子聚合物三种进行组合，能够最全面地从多层次进行渣土改良研究。

(2)通过查阅得出，泡沫的半衰期以及发泡倍率这两个性能指标为衡量泡沫是否达标的关键，进而利用自制发泡机以及半衰期测定仪器进行了两个室内试验，得出泡沫浓度为5%时所对应的以上两个性能均能达到最理想化。

(3)针对膨润土的性能测定指标主要为马氏漏斗测定黏度，通过对五种质量浓度分别为

6%、7%、8%、9%、10%的膨润土泥浆混合液进行不同膨化时间的黏度测试试验，最终得出8%质量浓度的膨润土溶液在不同膨化时间内较符合标准规范值。另外考虑到膨润土的使用应保证充分膨化这一原则，经过试验确定的膨化时间为 12 h。综上所述，膨润土的最佳选择为溶液质量浓度 8%且膨化 12 h 的泥浆混合液。

3.4 渣土改良室内试验

3.4.1 渣土改良试验方案的确定

在以往北京地铁砂卵石地层土压平衡盾构施工过程中，由于地层中存在的大粒径卵石对开挖前方掌子面稳定性有较大影响，进而造成刀具磨损严重、降低施工效率以及地表沉降过大等施工问题。针对土压平衡盾构掘进过程中出现的渣土改良问题，众多施工单位通常使用泡沫或者膨润土这两种改良剂，改良的效果也不相同，同时在整个标段的施工过程中也通用一种改良方式，基本不存在多种改良组合并存的施工，也就意味着在整个施工过程中对于前后渣土改良效果缺乏对比分析，不能够形成完备的渣土改良施工技术体系。

试验针对北京新机场线 7 标段的典型北京无水砂卵石地层进行多种渣土改良方案并行的探究，以添加膨润土、膨润土+泡沫、高分子聚合物这三种渣土改良方式为主要研究对象分别进行室内研究及室外试验的应用。最终通过室内坍落度、室内黏附性试验以及改良方案室外应用后的盾构机掘进过程的参数变化来进行对比分析，从以上三种方案中确定出适合北京典型无水砂卵石地层渣土改良方案。

1. 渣土改良剂的组合方案

针对上述三种改良方案，在统计分析众多现场实际施工后得出以下试验配比，具体分析为：

(1)单独使用膨润土改良渣土

膨润土的成分为黏土颗粒，能够补充砂卵石地层缺少细颗粒这一弊端，对盾构机刀盘前方掌子面开挖的土体流塑性能有很好的提升，并且能够使土仓土体顺利从螺旋出土器排出，提升施工效率，具体配比见表 3.4.1。

表 3.4.1 单独使用膨润土改良方案

改良方案	试验数据				
原状土中膨润土的注入量(体积)	6%	8%	10%	12%	14%

(2)使用膨润土+泡沫改良渣土

在单独使用膨润土的试验分析之后会得到符合理想试验结果的配比，在此基础上添加泡沫进行二次优化，最终得出泡沫最佳使用量，具体见表 3.4.2。

表 3.4.2 泡沫+膨润土改良方案

改良方案	试验数据				
膨润土改良后的土体中泡沫注入量(体积)	10%	20%	30%	40%	50%

(3)单独使用高分子聚合物改良渣土

高分子聚合物属于新型材料,通过与水搅拌之后能够代替细颗粒进行填补砂卵石地层,同时该物质具备很好的黏性,能够起到类似泡沫的润滑作用,降低刀具磨损等问题,具体配比方案见表 3.4.3。

表 3.4.3 高分子聚合物改良方案

高分子聚合物	水	高分子混合物与土的配比(体积比)			
1 kg	1 m^3	1∶12	1∶10	1∶8	1∶6

2. 渣土改良试验方案及评判标准

针对渣土改良的目的一是改善土体的流塑性能,二是降低推进过程中土体与刀盘之间的摩擦,因此室内部分主要采取坍落度试验以及黏附性试验来进行评估渣土改良的效果,对以上介绍的三种改良方式分别进行坍落度试验观测流塑性能,同时利用黏附性试验来判断改良后土体的摩擦能力,通过综合两种试验的结果,最终确定出适合地层的改良方案。

根据国内外学者的研究以及以往现场实测坍落度的分析,砂卵石地层的坍落度在 150～250 mm 之间符合改良标准。针对黏附性试验,不同改良方案之间存在些许差异,但是相对于同一种改良方案的不同配比之间差异性较小,故对于黏附性的评判根据多组试验之间的数值大小进行选取,数值小者显然更具备达到标准的条件。

3.4.2 膨润土渣土改良试验

1. 不同膨润土掺入量改良土体和易性试验

(1)试验仪器及材料

改良土体的和易性试验即为坍落度试验,试验仪器有坍落桶,一般厚度约为 3 mm,材质为内壁光滑的铁制品,桶上面须与桶下面保持互相平行且两个面均垂直于中心轴线,坍落度桶尺寸为高 300 mm,上口直径 100 mm,下口直径 200 mm,桶身有两个把手用于提升桶,桶底有两个踏板用于固定桶利于装土。试验仪器还包括搅拌棒、600 mm×600 mm 钢板、30 cm 长钢尺、进料斗、铲子、大号铁桶及搅拌器等。

试验材料为:现场原状土(经过取样烘干之后测得土体含水率为 3%),质量浓度为 8%且膨化时间为 12 h 的膨润土溶液。

(2)试验操作过程

①用电子称量取约 15 kg 原状土体(满足坍落度桶体积即可),同时测量原状土土体的体积;

②按照膨润土与原状土体积比 6%、8%、10%、12%、14%的标准将质量浓度为 8%且膨化时间为 12 h 的膨润土溶液与之混合搅拌均匀;

③用清水使坍落度桶壁湿润,并将坍落度桶放置在 600 mm×600 mm 不吸水钢板上,用双脚踩住脚踏板将其固定;

④将搅拌后的改良土体装入坍落度桶内,每倒入 1/3 土体用搅拌棒搅拌一次,待整个坍落度桶装满土体后,用刮刀除去桶上口多余土体并清洁钢板上的多余渣土,使坍落度桶保持静止状态 60 s 左右;

⑤将坍落度桶缓慢的垂直提起至脱离土体,整个过程控制在 10 s 左右,提起后将坍落度

桶放置在一旁；

⑥用坍落度测量尺量出改良土体中心距离不吸水钢板之间的高度，之后用 30 mm 减去已测出高度值，最终得出图样的坍落度值，同时对改良土体的析水性进行观测；

⑦对坍落度桶以及不吸水钢板进行清洗擦干，并对渣土进行清理为下次试验做准备；

⑧对相同配比的试验进行三次平行试验以减小误差，最终取三次试验值进行平均得出结果。

(3)试验结果分析

通过原状土中注入不同量的膨润土溶液后进行坍落度试验，最终得出试验结果见表 3.4.4。

表 3.4.4　单独使用膨润土改良土体坍落度试验数据

试验内容	膨润土改良土体坍落度试验数据				
膨润土:原状土(体积)	6%	8%	10%	12%	14%
坍落度试验(cm)	18	14.2	15.5	17	19.3
土体流塑性	土体松散且流塑性差	土体流塑性能差	土体流塑性能良好	土体流塑性能好	土体析水

当向原状土中注入体积比为 6%的膨润土溶液时，如图 3.4.1 所示，改良后的土体状态非常松散，虽然坍落度值达到 18 cm，但是流塑性能差，不能有效达到渣土改良的效果。

当向原状土中注入体积比为 8%的膨润土溶液时，如图 3.4.2 所示，土体较 6%配比松散度变的良好，但是坍落度值减小到 14.2 cm 且流塑性能尚未有所改观。

图 3.4.1　原状土中注入体积比为 6%的膨润土溶液

图 3.4.2　原状土中注入体积比为 8%的膨润土溶液

当向原状土中注入体积比为 10%的膨润土溶液时，如图 3.4.3 所示，土体坍落度值增加到 15.5 cm 且流塑性能有较大改观，土体改良初步达到预期效果。

当向原状土中注入体积比为 12%的膨润土溶液时，如图 3.4.4 所示，土体坍落度值增大到 17 cm，同时土体的流塑性能良好，具备渣土改良的要求。

当向原状土中注入体积比为 14%的膨润土溶液时，如图 3.4.5 所示，土体坍落度值继续增大到 19.3 cm，流塑性能显示有部分液体析出，不具备保水功能，不可以作为改良配比。

综上所述，通过对单独使用膨润土进行改良的土体和易性能测试试验结果分析得出，当注入的膨润土溶液与原状土的体积比为 10%、12%时效果较好。

图 3.4.3 原状土中注入体积比为 10%的膨润土溶液

图 3.4.4 原状土中注入体积比为 12%的膨润土溶液

图 3.4.5 原状土中注入体积比为 14%的膨润土溶液

2. 不同膨润土掺入量改良土体黏附性试验

(1)试验仪器及材料

改良土体的黏附性试验为滑板试验，根据自制仪器测定改良后土体的黏附性能。试验设计思想为：在自制试验仪器上放置一个圆环用来盛土，装满土之后缓慢拉动动滑轮一端细绳直至钢板上盛土圆环滑动，用钢尺测量滑动时刻钢板顶端距地面距离，这一距离可作为代表黏附性能的标准。

试验仪器包括自制滑板起重器、600 mm×600 mm 的不吸水钢板、盛土圆环以及钢尺。

试验材料为：现场原状土(经过取样烘干之后测得土体含水率为 3%)，质量浓度为 8%且膨化时间为 12 h 的膨润土溶液，试验仪器及材料如图 3.4.6 和图 3.4.7 所示。

(2)试验操作过程

①用电子称量取约 3 kg 原状土体(满足圆环体积即可)，同时测量原状土土体的体积；

②按照膨润土与原状土体积比 6%、8%、10%、12%、14%的标准将浓度为 8%且膨化时间为 12 h 的膨润土溶液与之混合搅拌均匀；

③将不吸水钢板水平放置在地上，并将自制起重器放置在钢板上，同时在钢板上放置圆环；

④将搅拌好的土体装入钢板上的圆环中，用刮刀除去多余的土体，使圆环中的土体盛满为止；

⑤缓慢匀速拉动定滑轮一端的细绳，使钢板逐步缓慢提升，当钢板上装满土体的圆环开始出现滑动时停止拉动细绳，并用钢尺测量钢板顶端距地面的高度；

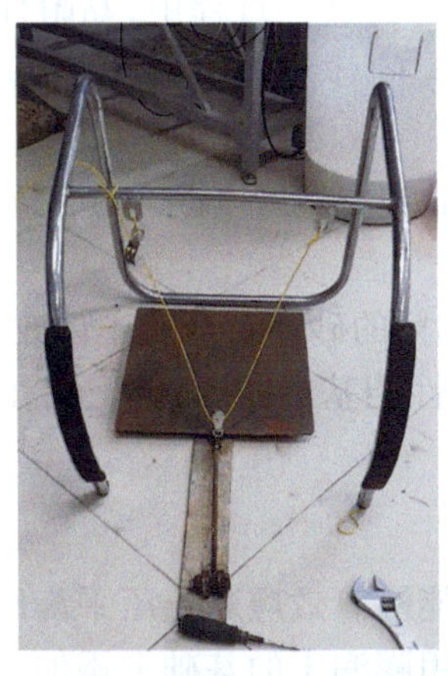
图 3.4.6 自制黏度测试仪器

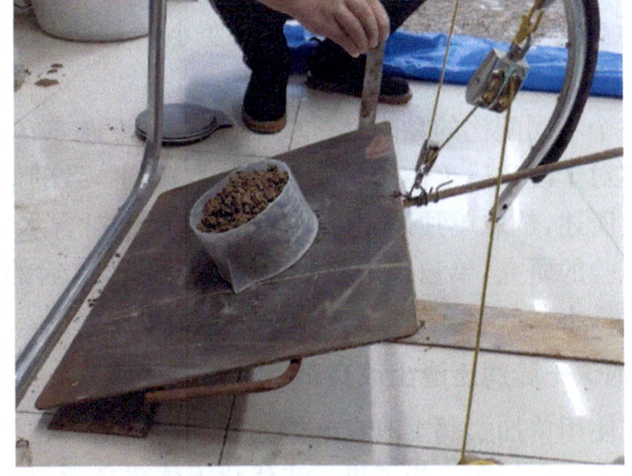
图 3.4.7 黏度测试试验

⑥针对同一组试验做三次平行试验，对三次试验结果取平均值作为最终试验结果。

(3)试验结果分析

通过对膨润土溶液与原状土体积比为 6%、8%、10%、12%、14%五组不同配比的改良土体进行黏度测试试验后，得出结果见表 3.4.5。

表 3.4.5 单独使用膨润土改良土体黏附性试验数据

试验内容	膨润土改良土体黏附性试验数据				
膨润土∶原状土(体积)	6%	8%	10%	12%	14%
黏附性试验(cm)	20.2	21.7	20.5	20.1	19

利用表 3.4.5 中的试验结果，做出趋势图便于观察，如图 3.4.8 所示，进而得出以下几个结论：

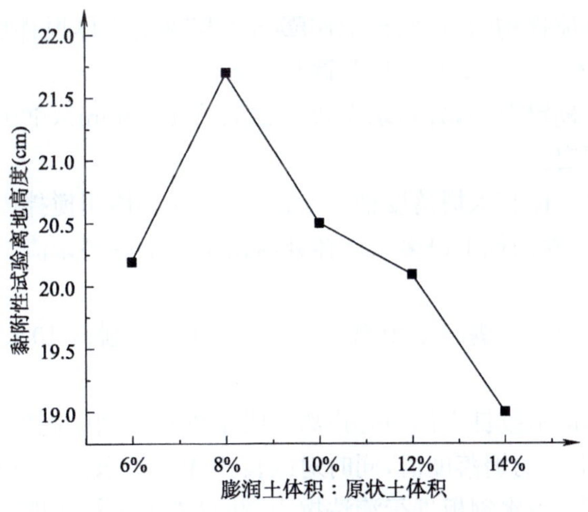

图 3.4.8 单独使用膨润土改良土体黏附性试验

在膨润土溶液与原状土的体积比逐步从6%增加至14%的这一过程中，黏附性试验测出的离地高度呈现从小变大，再从大变小的趋势，黏度最大的体积比为8%，黏度最小的为14%。

在整个不同配比的黏附性试验中，离地高度基本在20 cm左右，可见对于单独使用膨润土改良土体对于改良后土体的黏附性能基本达到一致的效果。

综上所述，选取单独使用浓度为8%膨润土对含水率为3%的砂卵石地层土体改良，针对黏附性试验的研究，单独使用膨润土进行土体改良后的黏附性能基本相同，但配比在14%时离地高度最小，配比为10%、12%时高度略大于14%。

3.4.3 泡沫+膨润土渣土改良试验

上文使用单加膨润土改良土体达到了一定的改良效果，能够有效应对土压平衡盾构施工过程中渣土改良问题。为了进一步优化土体改良效果，在使用膨润土的基础上添加一定剂量的泡沫，利用坍落度以及黏附性试验分析改良土体所需泡沫的最佳使用量。

使用的泡沫为质量浓度为5%的泡沫溶液发泡，发泡倍率根据以往实际工程经验取25倍。

1. 泡沫+膨润土改良土体和易性试验

(1)试验仪器及材料

改良土体的和易性试验即为坍落度试验，试验仪器包括坍落桶、搅拌棒、600 mm×600 mm钢板、30 cm长钢尺、进料斗、铲子、大号铁桶及搅拌器等。

试验材料为：现场原状土(经过取样烘干之后测得土体含水率为3%)、浓度为8%且膨化时间为12 h的膨润土溶液、浓度为5%且发泡倍率为25倍的泡沫。

(2)试验操作过程

①用电子称量取约15 kg原状土体(满足坍落度桶体积即可)，同时测量原状土土体的体积。

②按照膨润土溶液与原状土体积比为10%、12%的标准将浓度为8%且膨化时间为12 h的膨润土溶液与之混合搅拌均匀；在两种配比膨润土与改良土体搅拌后的土体中逐步加入泡沫并搅拌均匀，起始加入10%，每次按10%逐步递增。

③用清水使坍落度桶壁湿润，并将坍落度桶放置在600 mm×600 mm不吸水钢板上，用双脚踩住脚踏板将其固定。

④将搅拌后的改良土体装入坍落度桶内，每倒入1/3土体用搅拌棒搅拌一次，待整个坍落度桶装满土体后，用刮刀除去桶上口多余土体并清洁钢板上的多余渣土，使坍落度桶保持静止状态60 s左右。

⑤将坍落度桶缓慢的垂直提起至脱离土体，整个过程控制在10 s左右，提起后将坍落度桶放置在一旁。

⑥用坍落度测量尺量出改良土体中心距离不吸水钢板之间的高度，之后用30 mm减去已测出高度值，最终得出土样的坍落度值，同时对改良土体的析水性进行观测。

⑦对坍落度桶以及不吸水钢板进行清洗擦干，并对渣土进行清理为下次试验做准备。

⑧对相同配比的试验进行三次平行试验以减小误差，最终取三次试验值进行平均得出结果。

(3)试验结果分析

根据上述试验操作,得出试验结果见表 3.4.6。

表 3.4.6　膨润土+泡沫改良土体和易性试验数据

膨润土:原状土(体积)	泡沫:原状土(体积)	坍落度试验(cm)
10%	10%	14.2
	20%	15.4
	30%	16
	40%	18.1
	50%	17.1

当膨润土溶液与原状土体积比为 10%时,随着泡沫加入量的不同,土体的改良效果也具有一定差别,具体分析如下:

当泡沫的注入量为原状土体积的 10%时,如图 3.4.9 所示,改良后的土体坍落度值为 14.2 cm,从图中可看出土体流塑性能差,不具备改良要求标准。

当泡沫的注入量为原状土体积的 20%时,如图 3.4.10 所示,改良后的土体相对比注入 10%的泡沫来说,坍落度值从 14.2 cm 提升至 15.4 cm,但改良后土体的流塑性能仍不具备试验要求。

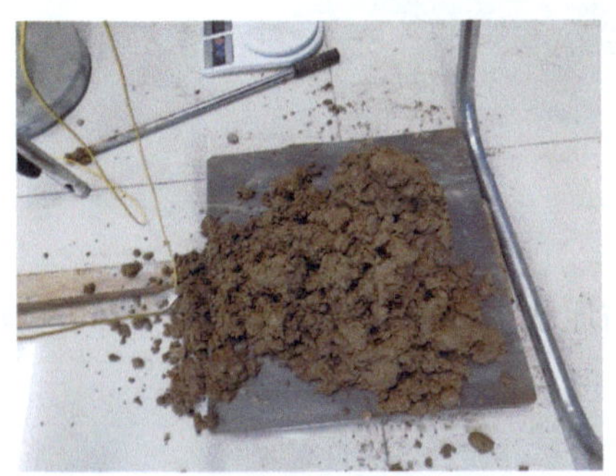

图 3.4.9　原状土中注入体积比 10%膨润土+10%泡沫的改良效果

图 3.4.10　原状土中注入体积比 10%膨润土+20%泡沫的改良效果

当泡沫的注入量为原状土体积的 30%时,如图 3.4.11 所示,坍落度值为 16 cm,同时改良后土体的流塑性能对比之前注入 10%、20%泡沫的土体有一定的改善,能够符合试验要求的和易性能。

当泡沫的注入量为原状土体积的 40%时,如图 3.4.12 所示,坍落度值增大至 18.1 cm,从图中可以看出改良后土体具备良好的流塑性能,能够达到试验预期的和易性能标准。

当泡沫的注入量为原状土体积的 50%时,如图 3.4.13 所示,坍落度值为 17.1 cm,从图中可以看出改良后土体的流塑性能与注入 40%泡沫的改良土体无太大差别,仍能够达到试验预期的和易性能标准,但坍落度值存在下降趋势,故不再增大泡沫注入量。

综上所述,当膨润土溶液与原状土体积比为 10%时,注入原状土体积 40%、50%的泡沫改良效果均能符合改良后土体的和易性能要求,但泡沫注入量为 50%小于注入量 40%的坍落度值。

图 3.4.11　原状土中注入体积比 10%膨润土+30%泡沫的改良效果

图 3.4.12　原状土中注入体积比 10%膨润土+40%泡沫的改良效果

图 3.4.13　原状土中注入体积比 10%膨润土+50%泡沫的改良效果

根据上述坍落度试验操作，得出膨润土溶液与原状土体积比为 12%时的不同泡沫注入后土体改良试验结果，见表 3.4.7。

表 3.4.7　膨润土+泡沫改良土体和易性试验数据

膨润土:原状土(体积)	泡沫:原状土(体积)	坍落度试验(cm)
12%	10%	12.7
	20%	13.9
	30%	16.3
	40%	18.6
	50%	16.8

当膨润土溶液与原状土体积比为 12%时，随着泡沫加入量的不同，土体的改良坍落度试验结果具有明显区别，具体分析如下：

当泡沫的注入量为原状土体积的 10%时，如图 3.4.14 所示，改良后的土体坍落度值为 12.7 cm，从图中可看出土体呈现块状，流塑性能较差，不符合改良试验预期要求标准。

当泡沫的注入量为原状土体积的 20%时，如图 3.4.15 所示，改良后的土体坍落度值为 13.9 cm，从图中可看出土体呈现仍未分离，流塑性能仍旧较差，不符合改良试验预期要求标准。

图 3.4.14　原状土中注入体积比 12%膨润土+10%泡沫的改良效果

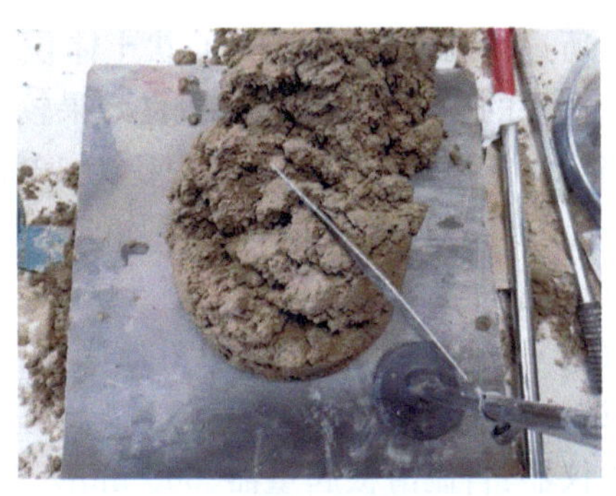

图 3.4.15　原状土中注入体积比 12%膨润土+20%泡沫的改良效果

当泡沫的注入量为原状土体积的 30%时，如图 3.4.16 所示，改良后的土体坍落度值为 16.3 cm，从图中可看出土体呈现分离状态，流塑性能有所改善，初步具备改良试验预期要求标准。

当泡沫的注入量为原状土体积的 40%时，如图 3.4.17 所示，改良后的土体坍落度值为 18.6 cm，从图中可看出土体具备良好的流塑性能，符合土体改良试验预期要求，能够达到良好的改良标准。

图 3.4.16　原状土中注入体积比 12%膨润土+30%泡沫的改良效果

图 3.4.17　原状土中注入体积比 12%膨润土+40%泡沫的改良效果

当泡沫的注入量为原状土体积的 50%时，如图 3.4.18 所示，改良后的土体坍落度值为 16.8 cm，从图中可看出改良后的土体具备良好的流塑性能，符合土体改良试验预期要求，但改良后土体的坍落度值相对比注入 40%泡沫相对下降，故不再增大泡沫使用量。

图 3.4.18　原状土中注入体积比 12%膨润土+50%泡沫的改良效果

综上所述，当膨润土溶液与原状土体积比为 10%时，对于改良土体的和易性能为泡沫注入原状土体积的 40%、50%时的改良效果较理想，但泡沫注入量为 50%时小于 40%时的坍落度值。当膨润土溶液与原状土体积比为 12%时，针对改良土体的和易性，泡沫注入原状土体积的 30%、40%、50%时的改良效果均能符合要求，但泡沫注入为 40%时坍落度值能够在标准之内达到最优。

2. 泡沫十膨润土改良土体黏附性试验

(1)试验仪器及材料

试验仪器：自制滑板起重器、600 mm×600 mm 的不吸水钢板、盛土圆环、钢尺。

试验材料：现场原状土(经过取样烘干之后测得土体含水率为 3%)、浓度为 8%且膨化时间为 12 h 的膨润土溶液、浓度为 5%且发泡倍率为 25 倍的泡沫溶液。

(2)试验操作过程

①用电子称量取约 3 kg 原状土体(满足圆环体积即可)，同时测量原状土土体的体积。

②按照膨润土与原状土体积比 10%、12%的标准将浓度为 8%且膨化时间为 12 h 的膨润土溶液与之混合搅拌均匀。在搅拌好的改良土体中注入体积比为 10%、20%、30%、40%、50%的泡沫并在此搅拌均匀。

③将不吸水钢板水平放置在地上，并将自制起重器放置在钢板之上，同时在钢板上放置圆环。

④将搅拌好的土体装入钢板上的圆环中，用刮刀除去多余的土体，使圆环中的土体刚满为止。

⑤缓慢匀速拉动定滑轮一端的细绳，使钢板逐步缓慢提升，当钢板上装满土体的圆环开始出现滑动时停止拉动细绳，并用钢尺测量钢板顶端离地面的高度。

⑥针对同一组试验做三次平行试验，对三次试验结果取平均值作为最终试验结果。

(3)试验结果分析

通过对在膨润土与原状土配比 10%时加入 10%、20%、30%、40%、50%的不同量泡沫，最终得出试验数据见表 3.4.8。

表 3.4.8　原状土十泡沫改良土体黏附性试验数据

膨润土:原状土(体积)	泡沫:原状土(体积)	黏附性试验(cm)
10%	10%	21
	20%	20.8
	30%	20
	40%	20.1
	50%	19.7

根据上表实测数据得出趋势图，如图 3.4.19 所示。通过图 3.4.19，可以得出当膨润土溶液与原状土的体积比为 10%时注入不同量的泡沫有以下结论：

当注入泡沫量与原状土的体积比从 10%增加到 50%的过程中，黏附性试验离地数据从

21 cm 变化到 19.7 cm,可以得出泡沫注入量的增加在一定程度上是减小摩擦的。

当注入泡沫量与原状土的体积比为10%时黏附性试验离地数值为 21 cm,随着泡沫注入量的不断增加,黏附性离地数值也呈现逐步降低的趋势,即改良土体的黏度随着泡沫注入量增加而出现减小的趋势。泡沫注入量 30%时达到 20 cm,泡沫注入量 40%时达到 20.1 cm 以及泡沫注入量为 50%时达到最小的 19.7 cm,这三种改良效果均可作为备选方案。

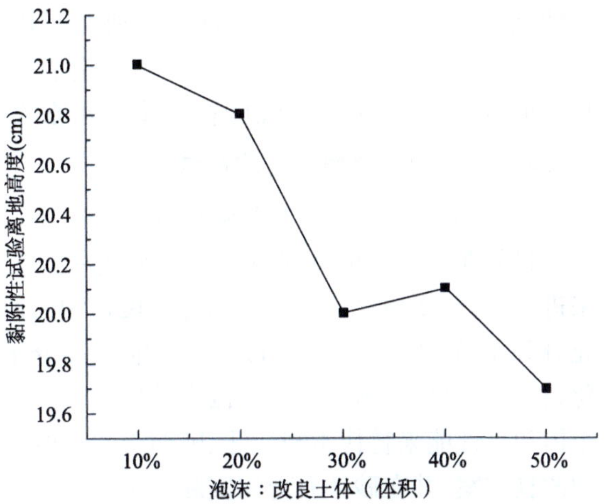

图 3.4.19 原状土中注入体积比 10% 膨润土+不同泡沫注入量的黏附性变化

将膨润土溶液与原状土的体积从 10%改成 12%后,重复上述试验进而得出试验数据,见表 3.4.9。

表 3.4.9 原状土+泡沫改良土体黏附性试验数据

膨润土:原状土(体积)	泡沫:原状土(体积)	黏附性试验(cm)
12%	10%	22
	20%	21
	30%	21.6
	40%	20.5
	50%	20.8

通过表 3.4.9 试验数据得出黏附性变化趋势图,如图 3.4.20 所示,我们可以得出以下结论:

整个黏附性试验离地高度变化范围为 20.4～22 cm,在泡沫注入量为 10%、20%、30%时基本在 21～22 cm,当泡沫注入量为 40%、50%时离地高度出现变小的趋势并控制在 20～21 cm。

从图中可明显看出,较好的改良效果在泡沫注入量为 40%及 50%时,此时的离地高度分别为 20.5 cm 和 20.8 cm。故可综合坍落度试验从以上两种泡沫注入量中选取最佳配比。

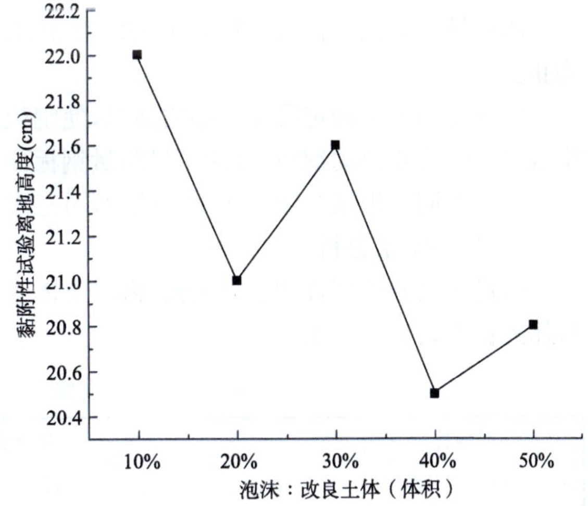

图 3.4.20 原状土中注入体积比 12% 膨润土+不同泡沫注入量的黏附性变化

综上所述,通过在膨润土溶液与原状土体积比为 10%以及 12%时注入原状土体积 10%、20%、30%、40%、50%不同量的泡沫,利用黏附性试验对改良土体的黏附性能做出评判，进而得出在膨润土溶液与原状土体积比为10％改良土体的黏附性能时泡沫注入量30％、40％、50％三种条件均符合标准。另对于在膨润土溶液与原状土体积比为12％时，改良土体的黏附性能在泡沫注入原状土体积的40％及50％时效果良好。

3.4.4　高分子聚合物渣土改良试验

1. 高分子聚合物改良土体和易性试验

目前在土压平衡盾构的掘进过程中关于渣土改良添加剂的使用基本围绕膨润土以及泡沫来进行，对于新型材料可溶性高分子聚合物的使用相对较少，高分子聚合物的众多优点尚未被充分利用，特别是在砂卵石地层，若能将高分子聚合物在砂卵石地层的使用配比得出一个量化，将会在以后的施工中产生巨大的便利。因此，本小节对单独使用可溶性高分子聚合物改良土体和易性能来替代常规泡沫、膨润土两种改良剂，通过坍落度以及黏附性试验得出一个优良的改良方案，并在砂卵石地层实际推进中能够起到良好的效果。

(1)试验仪器及材料

试验仪器：自制滑板起重器、600 mm×600 mm的不吸水钢板、盛土圆环、钢尺、铁桶一个、电子天平、烧杯、量筒等。

试验材料：现场原状土(经过取样烘干之后测得土体含水率为3％)、纯净水以及浓度为0.3％的高分子聚合物。

(2)试验操作过程

①用电子称量取约3 kg原状土体(满足圆环体积即可)，同时测量原状土土体的体积。

②用量筒量取5 000 mL纯净水放入烧杯中，用电子天平称取15 g高分子聚合物倒入已经盛纯净水的烧杯中，充分搅拌混合物，使其完全融化；按照高分子聚合物与原状土体积比1∶6、1∶8、1∶10以及1∶12(即8.3％、10％、12.5％以及16.7％)的标准，将已经配置好的浓度为0.3％的高分子聚合物溶液与原状土混合并搅拌均匀。

③将不吸水钢板上水平放置在地上，并将自制起重器放置在钢板之上，同时在钢板上放置圆环。

④将搅拌好的土体装入钢板上的圆环中，用刮刀除去多余的土体，使圆环中的土体刚满为止。

⑤缓慢匀速拉动定滑轮一端的细绳，使钢板逐步缓慢提升，当钢板上装满土体的圆环开始出现滑动时停止拉动细绳，并用钢尺测量钢板顶端离地面的高度。

⑥针对同一组试验做三次平行试验，对三次试验结果取平均值作为最终试验结果。

(3)试验结果分析

通过对高分子聚合物溶液配比，再将土体进行改良，最终通过坍落度试验进行改良评测，具体改良参数见表3.4.10。

表3.4.10　单独使用高分子聚合物改良土体试验数据

试验内容	高分子聚合物改良土体试验数据			
聚合物∶原状土(体积)	16.7％	12.5％	10％	8.3％
坍落度试验(cm)	20	19	18	15

根据上表数据可以得出以下结论：

当高分子聚合物溶液与原状土体积比为 8.3%时，如图 3.4.21 所示，改良后的土体干燥，坍落度值偏低，不符合改良标准。

当高分子聚合物溶液与原状土体积比为 10%时，如图 3.4.22 所示，改良后的土体相对体积比为 8.3%时湿润程度略有提升，坍落度值也进一步提升至 18 cm，整体改良效果仍有改善空间。

图 3.4.21　高分子聚合物溶液与原状土体积比为 8.3%

图 3.4.22　高分子聚合物溶液与原状土体积比为 10%

当高分子聚合物溶液与原状土体积比为 12.5%时，如图 3.4.23 所示，改良后的土体坍落度值达到 19 cm，改良效果较好，此次改良符合标准。

当高分子聚合物溶液与原状土体积比为 16.7%时，如图 3.4.24 所示，改良后的土体坍落度值达到 20 cm，改良效果与 12.5%配比土体相类似，此次也符合改良标准，通过分析若再加入高分子聚合物使用量将导致改良土体出现析水现象，所以 16.7%为改良土体最高配比。

图 3.4.23　高分子聚合物溶液与原状土体积比为 12.5%

图 3.4.24　高分子聚合物溶液与原状土体积比为 16.7%

综上所述，利用可溶性高分子聚合物改良土体时，当使用浓度为 0.3%的高分子聚合物溶液与原状土的体积比分别为 12.5%以及 16.7%时，改良后的土体经过坍落度试验的测定，其结果均能符合试验标准设定。

2. 高分子聚合物改良土体黏附性试验

(1)试验仪器及材料

试验仪器：自制滑板起重器、600 mm×600 mm 的不吸水钢板、盛土圆环以及钢尺。

试验材料：现场原状土（经过取样烘干之后测得土体含水率为3%）以及浓度为0.3%的可溶性高分子聚合物。

（2）试验操作过程

①用电子称量取约3 kg原状土体（满足圆环体积即可），同时测量原状土土体的体积。

②用量筒量取1 000 mL纯净水放入烧杯中，用电子天平称取2 g高分子聚合物倒入已经盛纯净水的烧杯中，充分搅拌混合物，使其完全融化；按照高分子聚合物与原状土体积比1∶6、1∶8、1∶10以及1∶12（即8.3%、10%、12.5%以及16.7%）的标准，将已经配置好的浓度为0.3%的高分子聚合物溶液与原状土混合并搅拌均匀。

③将不吸水钢板水平放置在地上，并将自制起重器放置在钢板之上，同时在钢板上放置圆环。

④将搅拌好的土体装入钢板上的圆环中，用刮刀除去多余的土体，使圆环中的土体刚满为止。

⑤缓慢匀速拉动定滑轮一端的细绳，使钢板逐步缓慢提升，当钢板上装满土体的圆环开始出现滑动时停止拉动细绳，并用钢尺测量钢板顶端离地面的高度。

⑥针对同一组试验做三次平行试验，对三次试验结果取平均值作为最终试验结果。

（3）试验结果分析

通过上述土体改良黏附性试验，得出在不同组分可溶性高分子聚合物改良之后的试验数据，具体见表3.4.11。

表3.4.11 单独使用高分子聚合物改良土体黏附性试验数据

试验内容	高分子聚合物改良土体黏附性试验数据			
聚合物∶原状土（体积）	16.7%	12.5%	10%	8.3%
黏附性试验（cm）	22	20.9	23.8	21.7

通过表3.4.11，得出使用不同体积比的高分子聚合物溶液改良下土体的黏附性试验数据趋势图，如图3.4.25所示。

从图3.4.25中可以得出：整个试验过程的黏附性能并无明显增大或减小趋势，黏附性能最差的配比为高分子聚合物溶液与原状土体积比为10%时，此时的离地高度为23.8 cm；黏附性能最好的配比为高分子聚合物溶液与原状土体积比为12.5%时，此时的离地高度为20.9 cm，故从土体黏附性能这一指标出发，选取最佳改良配比为高分子聚合物溶液与原状土体积比为12.5%。

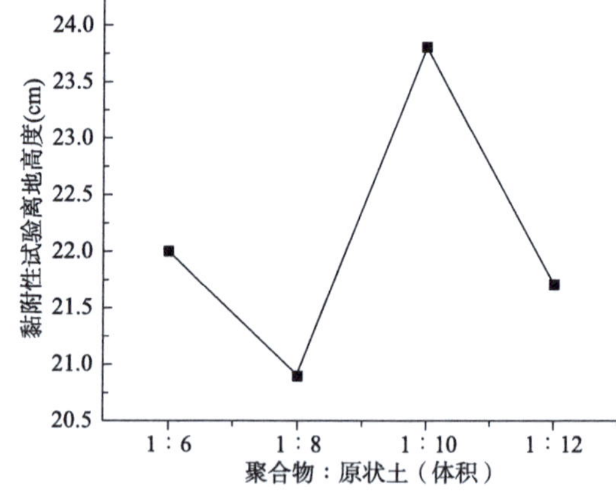

图3.4.25 单独使用高分子聚合物改良土体黏附性试验

3.4.5 小 结

本章以北京新机场线7标段地质水文条件为研究基础，为进一步加强现场施工中渣土改良过程添加剂使用的准确性，故决定进行室内试验，将得出的改良方案在现场进行实际应用。在确定改良剂的种类之后，对已有改良剂进行多种组合试验。在进行渣土改良室内试验之前，对原状土含水率进行测定，同时确定渣土改良试验评判标准，最终得出每一种组合改良土体的最佳参数。主要结论如下：

(1)通过分析区间地质水文条件，借鉴类似施工条件下渣土改良问题，最终确定以添加膨润土、膨润土＋泡沫、高分子聚合物这三种渣土改良方式为主要研究对象进行室内试验。在试验前设定评定标准，最终通过坍落度以及黏附性试验对改良后土体的和易性能以及黏附性能进行评定。

(2)当单独使用膨润土进行土体改良时，从坍落度试验得出膨润土泥浆与土体的体积比为10%、12%这两种情况均符合土体改良的结果。另外，从黏附性试验中得出使用不同量的膨润土对土体改良后的黏附性能差别较小，但膨润土泥浆与土体的体积比为14%时离地高度最小，体积比为10%、12%时略大于14%的离地高度。结合和易性能和黏附性能最终得出：膨润土溶液与原状土体积比为10%与12%时的土体改良效果较理想。

(3)在使用膨润土加泡沫组合进行土体改良时，在膨润土溶液与原状土的使用为10%与12%两种基础条件下注入原状土体积的10%、20%、30%、40%、50%泡沫量，最终通过坍落度以及黏附性试验得出：注入原状土体积的10%膨润土溶液与40%泡沫、注入原状土体积的12%膨润土溶液与40%泡沫这两种均能有效改良土体。

(4)当使用可溶性高分子聚合物进行土体改良时，高分子聚合物的浓度使用为0.3%，改良时高分子聚合物溶液与原状土的体积比分别为8.3%、10%、12.5%以及16.7%，通过坍落度试验测定当高分子聚合物溶液与原状土的体积比为12.5%与16.7%时，改良后的土体的和易性能达到理想状态。另外，通过黏度测定试验得出当高分子聚合物溶液与原状土的体积比为12.5%时，此时的离地高度为20.9 cm，黏附性能最优。结合两个试验，最终得出：浓度为0.3%的可溶性高分子聚合物溶液与原状土体积比为12.5%时，此时改良效果能达到最优化。

3.5 渣土改良试验方案现场应用

本书已经通过室内试验确定了膨润土、泡沫等添加剂的自身性能最优使用情况，同时也利用坍落度等试验测定了关于渣土改良的多种添加剂组合室内试验方案，但是目前得出的结论只是在理论探究以及室内试验模型阶段，急需进行现场实际施工的验证，才能使最终结果更加具有说服力。因此，本节通过在北京新机场线7标段的现场施工应用，通过对比土体改良前后的土体状态以及盾构参数得出针对砂卵石地层最优渣土改良方案。

3.5.1 渣土改良优化分析

该室外应用试验依据北京新机场线07标段2号～3号风井区间，所穿越的主地层为典型无水砂卵石，工程区间在未使用室内改良方案之前使用的土体改良方案见表3.5.1。

表3.5.1 渣土改良前配比

改良材料	试验段(环)	质量浓度	配　比
膨润土	1 021～1 040	12.5%	15 m^3/环

改良试验在减小误差及控制变量唯一的情况下，每一种改良试验段均选取掘进20环且保证所穿越地层相同或者差异较小，利用三组不同配比方案，对比分析出在使用优化的改良方案膨润土＋泡沫以及使用可溶性高分子聚合物改良的情况下的盾构机掘进过程扭矩、推力等参数变化情况，最终得出针对砂卵石地层渣土改良方案的最佳使用配比。具体的试验方案见

表 3.5.2。

表 3.5.2 渣土改良后配合比

组　　号	试验段划分(环)	土体改良试验方案(体积比)
1	1 041～1 060	10%膨润土+40%泡沫
2	1 061～1 080	12%膨润土+40%泡沫
3	1 081～1 100	12.5%高分子聚合物

3.5.2 渣土改良效果评价指标设定

土压平衡盾构施工掘进的过程中对于渣土改良效果的直接反馈一是通过现场螺旋出土器上的改良土体进行坍落度等试验测得，二是通过监测参数波动来评价。推进参数的选择是通过刀盘扭矩、盾构机推力、掘进速度等进行比较得到，具体分为：

(1)刀盘扭矩反应的是刀盘与掌子面前方土体之间摩擦的大小，能够直接反映出黏附性能；

(2)盾构机推力通过掘进过程中开挖是否顺利与刀盘所切削土体能否便于开挖来验证土体改良是否良好；

(3)推进速度更加直观地反映出土体改良的成果，土体改良效果好必定会使整体推进速度提升。

区间所研究的砂卵石地层经过地质勘探后呈现出较理想的分布，但是在一些非常规型地层中，以上条件可能会出现不准确情况，此时可以通过对现场的改良渣土进行坍落度等试验，这样会最大程度减小误差。

3.5.3 渣土改良实际应用研究

为了减小室内试验与现场实际应用产生的误差，试验对除渣土改良过程涉及膨润土、泡沫、可溶性高分子聚合物添加剂种类以及用量之外其余盾构机可控变量均设定一致。试验数据的获取来源于盾构机现场实时监测，对现场操控室盾构设备显示参数进行记录，对盾构机掘进参数进行每分钟 5 次的监测，将每一环推进过程中的所有参数进行完全记录，进一步减小试验数据的误差，最终通过每一环均对扭矩、推力、土压等进行多次记录并选取平均值作为试验数据。通过大量现场实测数据，能够大大减小由于试验数据收集不足而造成的误差，增加了试验的可靠性。

1. 盾构掘进过程刀盘扭矩对比分析

砂卵石地层中土压平衡盾构在土体改良前后的不同渣土改良方案下进行掘进时的扭矩变化如下：

(1)1 021～1 040 环为土体使用室内改良方案前的试验段，在单独使用单环开挖土体体积的 15%膨润土改良土体时的扭矩变化，如图 3.5.1 所示，从图中可以看出在试验应用期间最大扭矩约达到 11 500 kN·m，最小扭矩约为 8 500 kN·m。整体扭矩变化范围处于 9 000～10 000 kN·m 之间，更贴近于 10 000 kN·m，进而我们可以得出：在单独使用膨润土进行土体改良时，盾构机的扭矩数值处于较高的水平，未达到理想改良效果。

(2)1 041～1 060 环为使用单环开挖土体体积的 10%膨润土溶液+40%泡沫改良土体时

的扭矩变化,如图 3.5.2 所示,从图中可以看出在试验应用期间最大扭矩约达到 11 000 kN·m,最小扭矩约为 8 800 kN·m。整体扭矩变化范围处于 9 000~9 500 kN·m 之间,相对比没有使用过泡沫的改良土体的扭矩下降明显,扭矩总体趋势可控制在小于 10 000 kN·m,从中我们可以得出:对于砂卵石地层来说,使用泡沫+膨润土相对只使用膨润土在盾构机掘进过程中改良土体能够达到降低扭矩的效果。

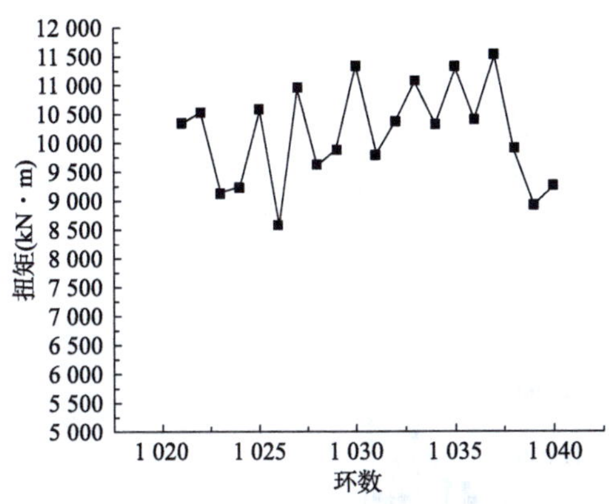

图 3.5.1 注入单环开挖土体积 15%的膨润土后扭矩变化

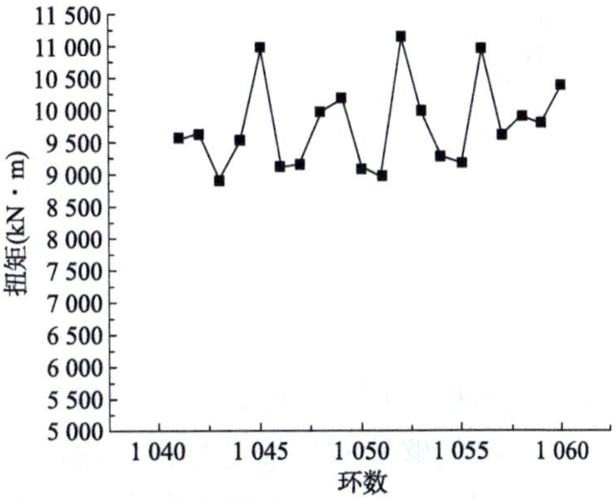

图 3.5.2 注入单环开挖土体积 10%膨润土+40%泡沫后扭矩变化

(3)1 061~1 080 环为使用单环开挖土体体积的 12%膨润土溶液+40%泡沫改良土体时的扭矩变化,如图 3.5.3 所示,从图中可以看出在试验应用期间最大扭矩约达到 10 500 kN·m,最小扭矩约为 8 000 kN·m。整体扭矩变化范围处于 8 000~9 000 kN·m 之间,与第(2)组试验相比较发现仍有扭矩下降的趋势,扭矩总体趋势可控制在 8 200 kN·m,从中我们可以得出:对于砂卵石地层来说,使用单环开挖土体体积的 12%膨润土溶液+40%泡沫对比于 10%膨润土溶液+40%泡沫在盾构机掘进过程中改良土体能够使扭矩出现小幅度的减小,另一方面也反映出当膨润土注入一定量后改良效果基本类似,想通过进一步增加膨润土注入量降低扭矩的方式仍有待考量。

(4)1 081~1 100 环为单独使用单环开挖土体体积的 12.5%的高分子聚合物溶液改良土体时的扭矩变化,如图 3.5.4 所示,从图中可以看出在试验应用期间最大扭矩约达到 8 500 kN·m,最小扭矩约为 6 700 kN·m。整体扭矩变化范围处于 7 000~8 000 kN·m 之间,扭矩总体趋势可控制在 7 500 kN·m,与常规使用泡沫、膨润土的改良方式相比较扭矩有明显减小的趋势,且波动幅度不大。进而我们可以得出:对于砂卵石地层来说,使用单环开挖土体体积的 12.5%的高分子聚合物溶液对比于 12%的膨润土溶液+40%泡沫在盾构机掘进过程中改良土体在减小扭矩这一方面展现出较大优势,若能够处理好高分子聚合物的废物处理问题,其实用性将大大提高。

(5)总结

通过对不同添加剂在盾构掘进过程中土体改良的组合使用,得出关于盾构机扭矩的对比分析,如图 3.5.5 所示,我们可以得出:在未使用室内改良方案之前,单独使用膨润土进行施工时的扭矩达到 10 000 kN·m 以上。当使用改良方案后时,常规的泡沫+膨润土土体改良方

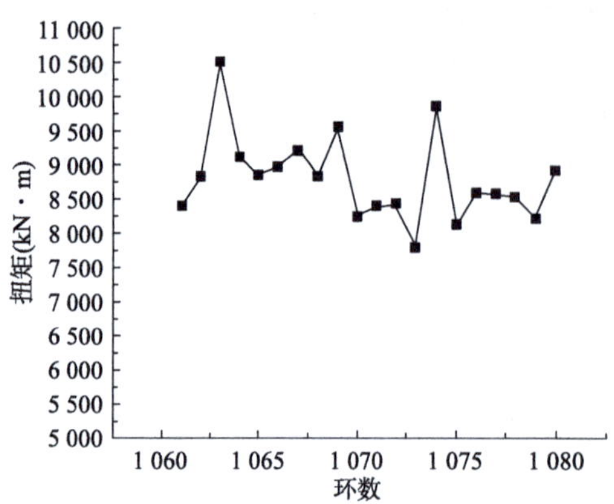

图 3.5.3 注入单环开挖土体积 12%膨润土+40%泡沫后扭矩变化

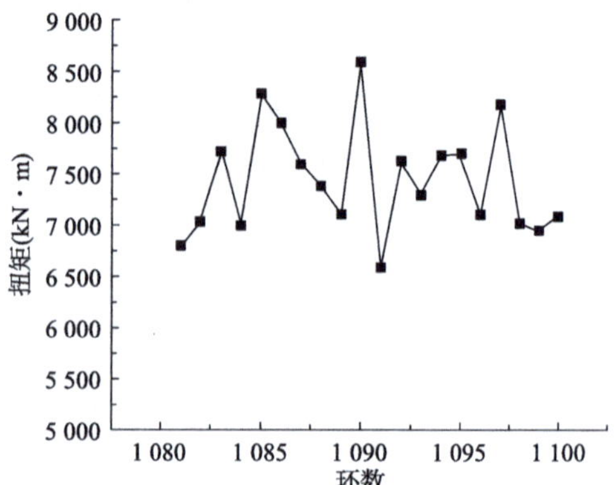

图 3.5.4 注入单环开挖土体积 12.5%的高分子聚合物后扭矩变化

式中注入单环开挖土体体积的 12%膨润土溶液+40%泡沫能够使盾构推进过程中的扭矩达到8 200 kN·m左右,符合盾构实际施工要求。但注入单环开挖土体体积 12.5%的高分子聚合物溶液进行土体改良之后,将施工中扭矩降低至约 7 500 kN·m,改良效果比常规使用泡沫+膨润土改良方式强。

2. 盾构掘进过程推进速度对比分析

砂卵石地层中土压平衡盾构在土体改良前后的不同渣土改良方案下进行掘进时的推进速度变化如下:

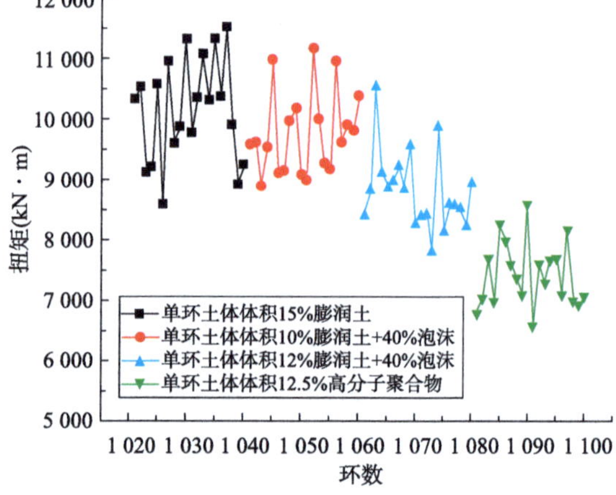

图 3.5.5 全过程渣土土体盾构机扭矩变化图

(1)1 021~1 040 环为单独使用单环开挖土体体积的 15%膨润土溶液改良土体时的推进速度变化,如图 3.5.6 所示,从图中可以看出最大推进速度为 44 mm/min,最小推进速度为 37 mm/min,整个试验段内推进速度集中分布在 40~42 mm/min 之间。因此,我们可以得出:在单独使用 15%膨润土进行土体改良时,盾构机推进速度较缓慢。

(2)1 041~1 060 环为使用单环开挖土体体积的 10%膨润土溶液+40%泡沫改良土体时的推进速度变化,如图 3.5.7 所示,从图中可以看出最大推进速度达到 52 mm/min,最小推进速度为 44 mm/min,整个试验段内推进速度集中分布在 46~50 mm/min 这一区间内,改良效果相对比单独使用膨润土有明显的增强。因此我们可以得出:在使用单环开挖土体体积的 10%膨润土溶液+40%泡沫进行土体改良时,相对比只使用膨润土改良能有效提高盾构机推进速度,即泡沫的注入对提高盾构推进速度有显著效果。

(3)1 061~1 080 环为使用单环开挖土体体积的 12%膨润土溶液+40%泡沫改良土体时的推进速度变化,如图 3.5.8 所示,从图中可以看出最大推进速度达到 54 mm/min,最小推进速度为 43 mm/min,整体波动相对来说不大,整个试验段内推进速度大部分分布在 48~52 mm/min 这一区间,改良效果相对比使用单环开挖土体体积的 10%膨润土溶液+40%泡沫仍有小幅度增大。进而我们可以得出：在使用单环开挖土体体积的 12%膨润土溶液+40%泡沫进行土体改良时，相对比使用单环开挖土体体积的 10%膨润土溶液+40%泡沫改良能有小幅度提高盾构机推进速度，即当膨润土与泡沫进行组合使用时，在一定范围内增加膨润土的注入量，能够小幅度提高盾构机推进速度。

(4)1 081～1 100 环为单独使用单环开挖土体体积的 12.5%高分子聚合物改良土体时的推进速度变化，如图 3.5.9 所示，从图中可以看出最大推进速度达到 56 mm/min，最小推进速度为 45 mm/min，整体波动相对来说较大，但分布在 48～53 mm/min 这一区间的推进速度占了绝大部分，总体的分布与使用单环开挖土体体积的 12%膨润土溶液+40%泡沫改良土体的效果相差不多，能够起到良好的改良效果。进而我们可以得出：在使用 12.5%高分子聚合物改良土体时，能达到良好的改良效果，即当现场条件符合对于高分子聚合物的废物处理情况时，可以利用其进行土体改良，其改良效果具有良好的可行性。

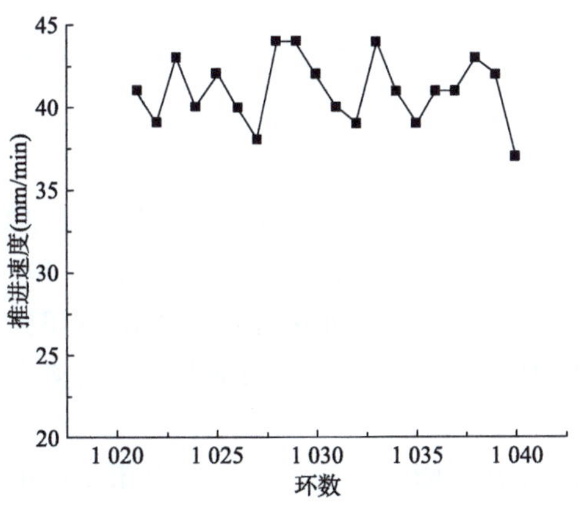

图 3.5.6　注入单环开挖土体积 15%的膨润土后推进速度变化

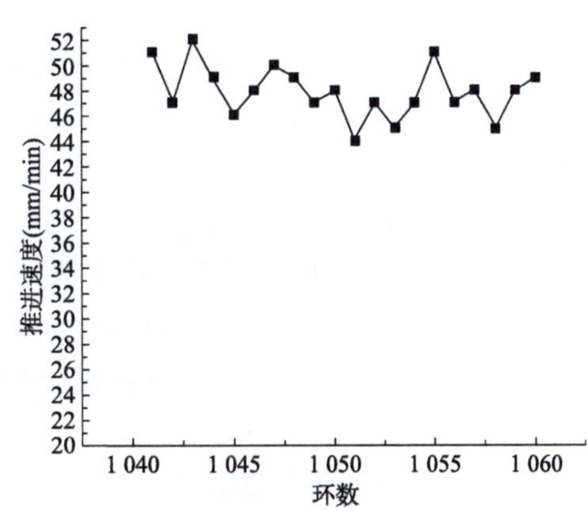

图 3.5.7　注入单环开挖土体积 10%膨润土+40%泡沫后推进速度变化

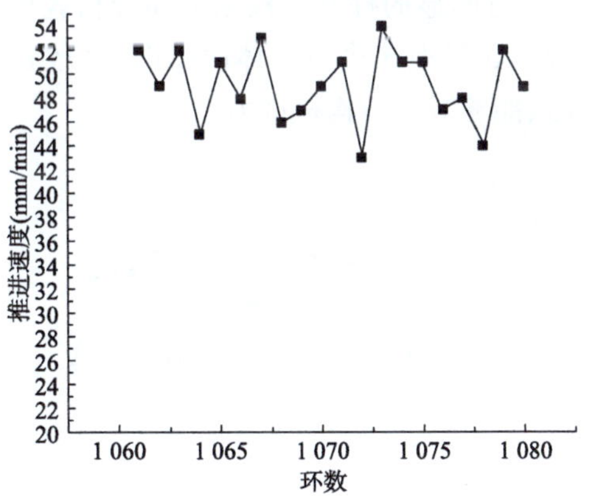

图 3.5.8　注入单环开挖土体积 12%膨润土+40%泡沫后推进速度变化

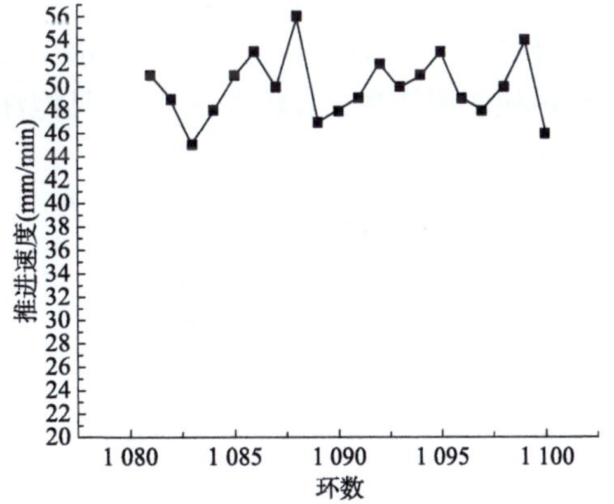

图 3.5.9　注入单环开挖土体积 12.5%高分子聚合物后推进速度变化

(5)总结

本小节通过将改良前后对不同组合方案在盾构掘进过程中进行土体改良测试，将盾构机推进速度变化对比分析，如图 3.5.10 所示，得出了以下结论：未经过优化的单独使用膨润土改良土体的盾构机推进速度较慢。经过优化之后，使用泡沫＋膨润土改良方式中注入单环开挖土体体积的 12％膨润土溶液＋40％泡沫能够使盾构推进过程中的推进速度达到约50 mm/min；另一方面使用新型改良剂在注入单环开挖土体体积 12.5％的高分子聚合物进行土体改良之后，改良效果与使用泡沫＋膨润土改良相类似，也同样使盾构机的推进速度达到理想状态。

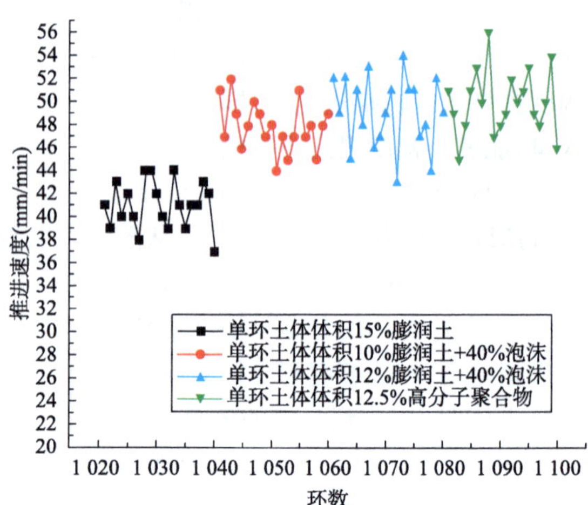

图 3.5.10　全过程渣土改良盾构机推进速度变化图

3. 盾构掘进过程推力对比分析

在砂卵石地层中土压平衡盾构在土体改良前后的不同渣土改良方案下进行掘进时的推力变化如下：

(1)1 021～1 040 环为单独使用单环开挖土体体积的 15％膨润土改良土体时的推力变化，如图 3.5.11 所示，从图中可以看出最大推力达到 29 000 kN 左右，最小的推力为 24 000 kN，整个 20 环试验段内推力分布在 26 000～28 000 kN。根据以上分析我们可以得出：在单独使用 15％膨润土进行土体改良时，盾构在推进过程中推力较大，可见单独使用膨润土进行渣土改良的推进效果不理想。

(2)1 041～1 060 环为使用单环开挖土体体积的 10％膨润土溶液＋40％泡沫改良土体时的推力变化，如图 3.5.12 所示，从图中可以看出最大推力达到 25 000 kN 左右，最小的推力为 19 000 kN 左右，整个 20 环试验段内推力大部分分布在 22 000 kN 左右，相对比没有使用泡沫进行土体改良的盾构推力减小了 4 000 kN，改良效果有明显的提升。根据上述分析我们可以得出：在使用单环开挖土体体积的 10％膨润土溶液＋40％泡沫进行土体改良时，其改良效果相对比单独使用膨润土有较大提升，可见泡沫的注入能够减小盾构机推力。

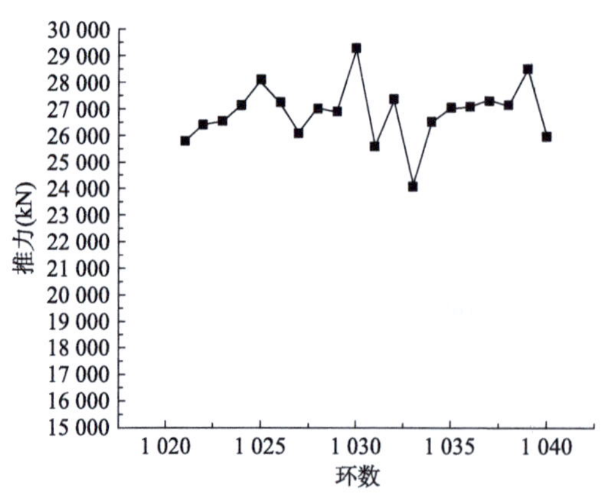

图 3.5.11　注入单环开挖土体体积 15％膨润土后推力变化

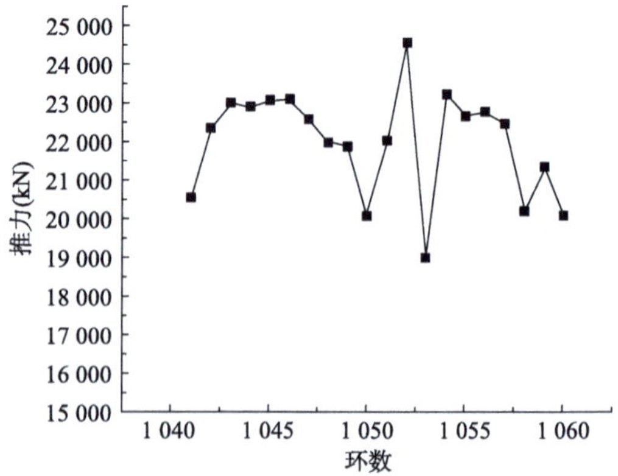

图 3.5.12　注入单环开挖土体体积 10％膨润土＋40％泡沫后推力变化

(3)1 061～1 080 环为使用单环开挖土体体积 12%膨润土溶液+40%泡沫改良土体时的推力变化，如图 3.5.13 所示，从图中可以看出最大推力达到 24 000 kN 左右，最小的推力为 18 000 kN 左右，整个推力变化波动幅度较小，整个 20 环试验段内推力分布与使用单环开挖土体体积 10%膨润土+40%泡沫基本相同，均控制在 22 000 kN 左右，无明显改良效果。根据上述分析我们可以得出：在使用单环开挖土体体积的 12%膨润土溶液+40%泡沫进行土体改良时，其改良效果相对比单独使用膨润土有较大提升，但与使用单环开挖土体体积的 10%膨润土溶液+40%泡沫之间差异性不大，因此不能在一定范围内用增加膨润土量来促进改良效果。

(4)1 081～1 100 环为单独使用单环开挖土体体积的 12.5%高分子聚合物溶液改良土体时的推力变化，如图 3.5.14 所示，从图中可以看出最大推力达到 22 000 kN 左右，最小推力为 17 000 kN 左右，整个试验过程总体变化波动幅度较小，整个 20 环试验段内推力控制在 17 000～20 000 kN 之间，相对比常规使用膨润土+泡沫的改良方式其推力下降了 4 000 kN 左右，效果有明显的提升。根据上述分析我们可以得出：在使用单环开挖土体体积的 12.5%高分子聚合物溶液进行改良土体时，其改良效果相对比常规使用膨润土+泡沫组合更佳，但是高分子聚合物的废物处理是一个必须解决的问题。

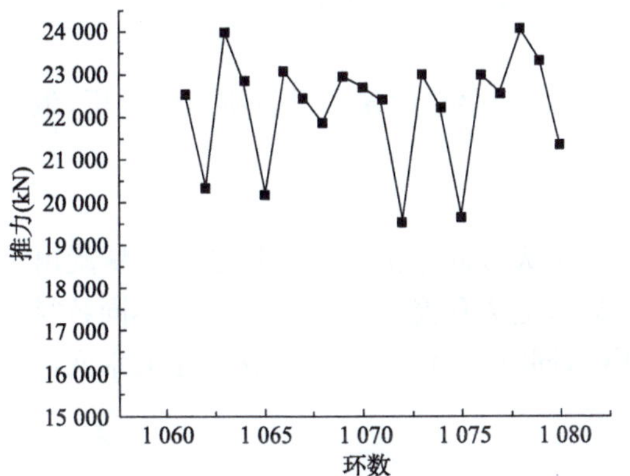

图 3.5.13　注入单环开挖土体积 12%膨润+ +40%泡沫后推力变化

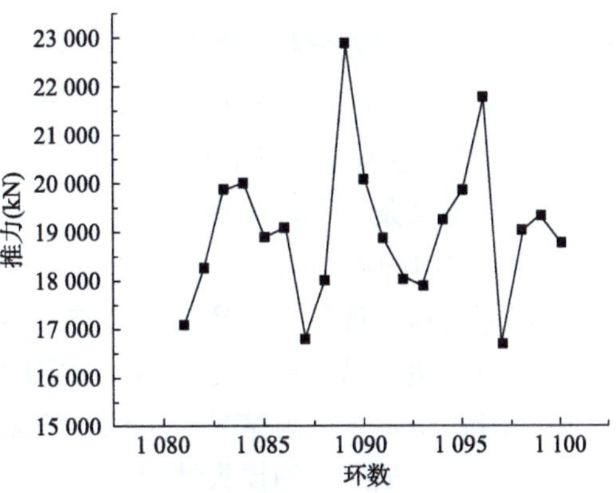

图 3.5.14　12.5%高分了聚合物改良土体推力变化

(5)总结

通过将不同添加剂组合使用在盾构掘进中的土体改良，得出关于各试验段盾构机推力的对比分析，如图 3.5.15 所示，我们可以得出：未进行优化前盾构掘进过程推力较大，没有达到理想的改良效果。在优化之后，常规的使用改良方式泡沫+膨润土土体注入单环开挖土体体积的 12%膨润土溶液+40%泡沫以及 10%膨润土溶液+40%泡沫能够将盾构推理控制在 22 000 kN，均能够使盾构推进过程中的推力明显降低；使用新型改良剂之后，当注入单环开挖土体体积

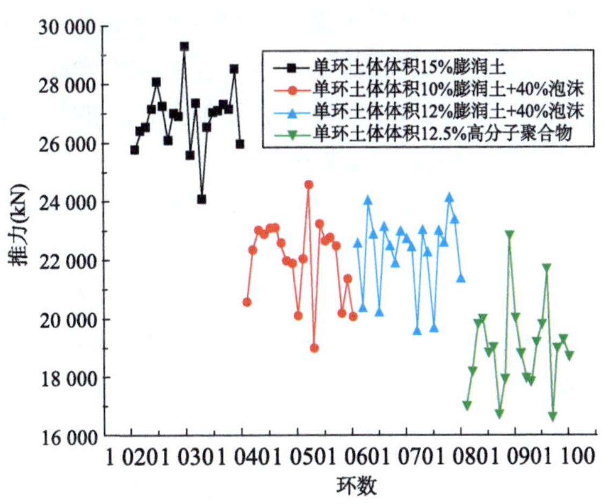

图 3.5.15　全过程渣土改良盾构机推力变化

12.5%的高分子聚合物溶液进行土体改良后，盾构机的推力约为19 000 kN，改良的效果要强于使用泡沫+膨润土改良。

4. 改良前后渣土对比

盾构机在上述试验过程中排出的渣土如图3.5.16所示，从左至右分别为未优化前使用单环开挖土体体积的15%膨润土、优化后使用单环开挖土体体积的12%膨润土溶液+40%泡沫以及12.5%高分子聚合物溶液改良后的渣土形态，从图中可以看出经过方案优化的改良方案所排出的渣土能够具备良好的流塑性能，符合预期的改良效果。

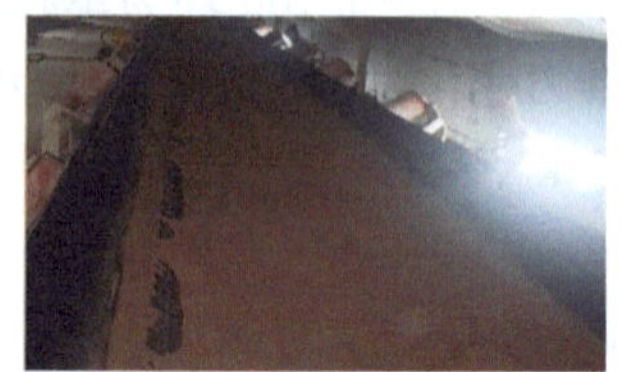

图3.5.16 渣土改良效果图

3.5.4 现场应用误差分析与处理

针对现场试验对已确定改良方案进行应用之后可能存在的误差进行实质性分析，最终将可能导致误差的原因分为以下几点：

(1)地质水文条件不够精准

针对现场实际应用中出现的扭矩、推力等异常增大或减小的几环采取了现场螺旋出土器上直接取样分析，发现其中几环的土层与勘察所显示土层有较大差异，均出现了不同粒径的超大卵石，其对于扭矩以及推力必然存在一定的影响，同时证明了前期对于区间地质水文情况的勘察不够精准，也是对试验结果产生误差的原因之一。

(2)添加剂在地层中的损失情况

区间地层为无水砂卵石地层，经过试验测得含水率仅为3%，在室内试验过程中所使用的添加剂不会有损失。但当室内方案进行现场实际应用之后，由于地层的特殊性，必然会导致一部分添加剂在地层中流失，例如：通过对实际螺旋出土器上土体进行观测之后发现，有少数渣土显示出泡沫含量极低以及存在基本不含高分子聚合物的渣土。通过上述说明完全可以证实在实际应用过程中确实存在添加剂损失的情况，也说明了这是对试验造成误差的原因之一。

(3)盾构设备的故障

盾构机的渣土改良过程中包含了众多的关键设备，例如：泡沫发生器、刀盘上的注入口以及螺旋出土器等。由于长时间高负荷的运转，其设备不可避免地出现问题，进而对试验效果产生偏差。例如：在试验过程中出现泡沫发生器发泡倍率不足的情况以及刀盘前方膨润土注入口堵塞的类似情况，其对渣土改良的效果也会大打折扣，也必然是造成试验结果出现误差的原因之一。

3.5.5 小 结

本章首先对土体改良试验方案现场盾构实际应用中的各项参数指标选取进行了确定，并进行了指标的筛选处理办法。通过对比分析未改良前的配比与室内试验得出的改良试验方案在盾构机上实际应用后，得出扭矩、推进速度以及推力等参数变化过程以及实际出土效果的分析，最终得出关于砂卵石地层土体改良的最优改良方案，主要结论如下：

(1)针对盾构推进过程中扭矩的变化分析得出：使用膨润土＋泡沫的组合进行土体改良的效果优于未使用优化方案之前的单独使用膨润土方案，同时在使用常规的泡沫＋膨润土土体改良方式中注入单环开挖土体体积的12％膨润土溶液＋40％泡沫能够使盾构推进过程中的扭矩达到最优化；另一方面使用新型改良剂在注入单环开挖土体体积12.5％的高分子聚合物溶液进行土体改良仍能达到良好的改良效果，且其效果强于常规改良方案。

(2)通过对盾构推进过程中推进速度的变化分析得出：在注入单环开挖土体体积的12％膨润土溶液＋40％泡沫以及注入单环开挖土体体积12.5％的高分子聚合物溶液这两种改良方案的效果均强于未使用优化方案前单独使用膨润土改良土体改良，同时优化后的改良效果能达到理想状态。

(3)通过对整个过程中的推力的变化分析得出，当使用常规的泡沫＋膨润土改良后，注入单环开挖土体体积的12％膨润土溶液＋40％泡沫与10％膨润土溶液＋40％泡沫改良效果相同，均能有效降低推力；在使用高分子聚合物进行改良时，注入单环开挖土体体积12.5％高分子聚合物溶液后，其降低推力的能力强于常规改良方案。

综上所述，通过将未优化前的试验效果与优化后的试验效果进行分析后，最终得出北京新机场线7标段无水砂卵石地层的土体改良最优方案为：注入单环开挖土体体积的12％膨润土溶液＋40％泡沫与注入单环开挖土体体积12.5％的高分子聚合物产生溶液的效果均可改善渣土改良效果。

4 盾构穿越风险源施工技术及辅助措施

盾构隧道在施工过程中不可避免地会穿越各种既有线、建筑物、构筑物等风险源。在穿越过程中如何在保证风险源安全的前提下，提高盾构施工效率一直是盾构工程的一个关键问题。工程在隧道沿线遇到了多处重要风险源，施工过程中针对各个风险源采取了不同的技术措施。通过对施工过程相关问题的分析，积累了丰富的工程经验，可为类似工程提供借鉴。

4.1 盾构连续下穿高压塔

4.1.1 风险源概况

盾构区间在里程右 K36＋400～右 K37＋600 的 1.2 km 内临近或下穿 220 kV 团苑一线、二线，110 kV 南瀛一线、二线高压走廊，与高压走廊平行共走，共涉及下穿高压电塔基础 13 座（简称为下穿高压电塔走廊），高压走廊与线路位置关系如图 4.1.1 所示，穿越的高压塔及周边环境情况见表 4.1.1。穿越高压塔段盾构区间最小覆土厚约 9.18 m。

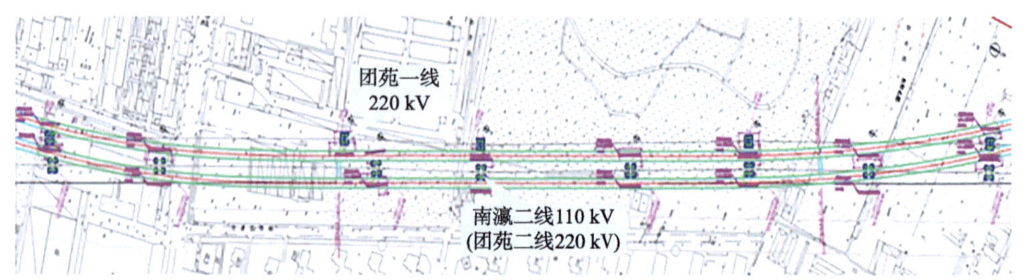

图 4.1.1　高压走廊与线路位置关系

表 4.1.1　高压塔情况

序号	风险状况基本描述	穿越形式	风险源图片	风险工程等级
1	左线 490 环，右线 500 环。侧穿两座高压塔，东侧高压塔位于左右线之间，垂直距离为 10.4 m，基础深度为 4 m	侧穿		一级

续上表

序号	风险状况基本描述	穿越形式	风险源图片	风险工程等级
2	左线575环侧穿，右线585环下穿高压塔，地基基础为4 m，垂直距离为10 m	下穿		一级
3	左线715环，右线730环，侧穿高压塔，地基基础为4 m	侧穿		一级
4	左线738环，右线750环，侧穿220 kV高压塔，区间埋深25.15 m，二者水平净距2.17 m，基础埋深4 m	侧穿		一级
5	左线816环，右线826环，侧穿220 kV高压塔，区间埋深25.15 m，二者水平净距2.1 m，基础埋深4 m	侧穿		一级
6	左线816，右线826环，侧穿220 kV高压塔，区间埋深25.15 m，二者水平净距0.8 m，基础埋深4 m	侧穿		一级
7	左线侧穿220 kV高压塔，区间埋深25.61 m，二者水平净距3.41 m，基础埋深4 m	侧穿		一级

续上表

序号	风险状况基本描述	穿越形式	风险源图片	风险工程等级
8	右线侧穿 220 kV 高压塔，区间埋深 25.61 m，二者水平净距 3.24 m，基础埋深 4 m	侧穿		一级
9	右线下穿 220 kV 高压塔，区间埋深 26.83 m，基础埋深 4 m	下穿		一级
10	左线 1 196 环，右线 1 200 环，侧穿 220 kV 高压塔，区间埋深 25.61 m，左线距塔净距 3.14 m，基础埋深 4 m	侧穿		一级

盾构隧道穿越高压塔段地层从上到下主要为杂填土、粉质黏土②$_1$、黏土②$_2$、粉土③、粉细砂③$_3$，盾构隧道主要穿越地层为粉质黏土④、卵石圆砾⑤层，如图 4.1.2 所示。穿越段地下水位位于底板以下，施工不涉及地下水。

4.1.2 施工准备

1. 设备检修

在盾构机穿越风险源之前，对盾构机及后配套设备进行一次全面细致的检修。确保盾构机性能良好，严格控制掘进参数，确保匀速、平衡、连续通过，严格控制地层损失率。

重点对盾构机的同步注浆系统、控制电路及液压系统、龙门式起重机刹车系统、行走系统、电瓶车刹车及电路进行检修。对于损坏的部件立即更换，对存在故障隐患的部位及时排除，各润滑部位及时加注润滑脂或润滑油。特别是对同步注浆管路进行清洗疏通，避免输送管在盾构穿越风险源时堵塞，导致浆液供应中断，从而造成盾构机停机。同时对盾尾密封系统进行监测，确保穿越时不发生漏浆现象从而保证注浆量。

2. 物资准备

盾构施工主要物资为钢筋混凝土衬砌管片及防水材料、浆液拌和原材料(包括水泥、沙子、粉煤灰、膨润土)，在下穿风险源之前对各种原材料库存数量进行统计(包含轨道、轨枕、夹板、水管等)，保证数量充足，并在盾构穿越期间对各原材料库存量进行严密监控，每天统计仓库内物资存量，数量低于仓库容量 1/2 时立即补充，并严格控制原材料质量，坚决杜绝不合格材料进场。

施工期间考虑天气条件对材料供应的影响，每天关注未来两天的天气情况，对受天气影响的原材料要提前进行储备。

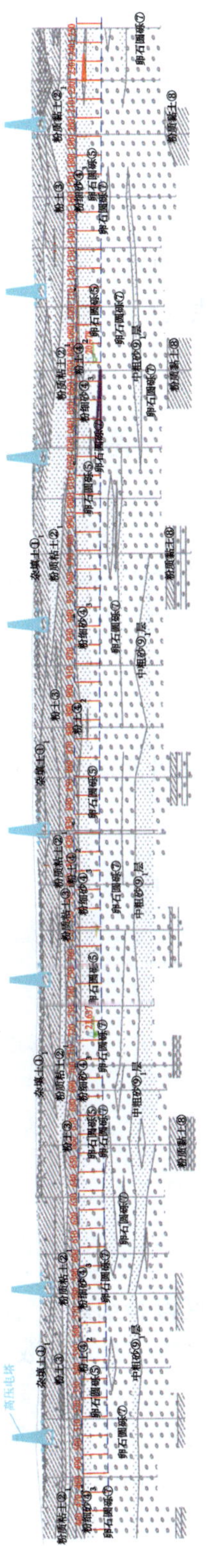

图 4.1.2 穿越高压塔段地质剖面图(单位:mm)

3. 技术准备

(1)技术交底

在盾构穿越一级风险源前，对所有施工人员进行安全技术交底，使每个参与施工的人员清楚的了解盾构隧道与风险源相对关系，并向施工人员说明穿越风险源的重要性以及穿越过程中所采取的技术措施、盾构施工的具体参数等。

(2)人员配置

现场配置监测人员、专职安全员、技术员，并要求技术员、专职安全员在穿越过程中全程监控，不得擅自离岗，同时要求监测人员对既有线进行实时监控，并及时将穿越段的监测情况反馈给技术人员，以便指导盾构穿越施工。

(3)设备检查维护

在穿越前对盾构施工所有机械设备进行一次检查，尤其是注浆管路，保证穿越过程中设备不发生故障和管路堵塞的情况。

(4)调查环境，收集资料

通过前与产权及管理单位充分接洽，对结构形式、基础形式等参数进行进一步调查核实和评估。

4.1.3 设置试验段

设定 K36+373.378～K36+424.578(438 环～470 环)作为穿越高压塔施工前的试验段，该试验段长度为 51.2 m，试验段位置与 1 号检修井距离为 18 m。盾构隧道与试验段及检修井平面位置关系如图 4.1.3 所示。

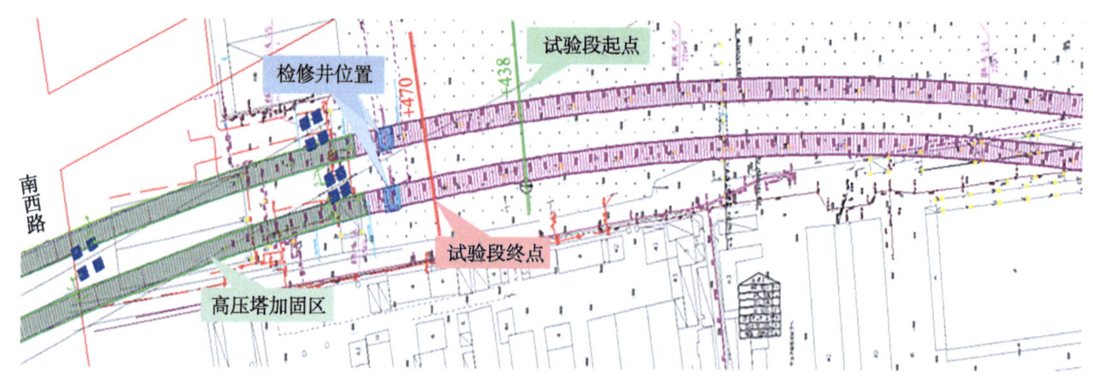

图 4.1.3 穿越高压塔试验段平面图

根据前期盾构掘进施工，掌握盾构推进在区段粉细砂④$_3$、卵石圆砾⑤地质情况下的具体施工参数(表 4.1.2)，并通过试验段总结和优化各项施工参数，严格控制土仓压力，加强二次灌浆措施，盾构穿越道路应做到低速、连续、平稳顶进，顺利过路。

通过试验段掘进，进行盾构机及配套设备的检查磨合，及时对设备的运行情况进行检查、维护及调整。同时，设备操作手，包括盾构司机、设备的维修与保养人员、管片拼装手等熟悉作业流程，增加人员的配合作业熟练程度，保证盾构穿越时的顺利实施。

表 4.1.2　盾构穿越一级风险源(高压塔)试验段掘进参数表(438 环～470 环)

盾构施工参数	顶部土压力(MPa)	0.06～0.08
	推进速度(mm/min)	45～70
	刀盘转速(r/min)	1.1～1.7
	刀盘扭矩(kN·m)	9 000～13 500
	千斤顶推力(kN)	25 000～35 000
	同步注浆压力(MPa)	0.11～0.26
	同步注浆量(m^3)	13.2～14
	二次注浆压力(MPa)	0.35～0.45,不高于 0.5
	出土量(t)	皮带机称重≤250

4.1.4　施工方案及技术措施

1. 参数控制

穿越一级风险源应严格控制盾构机掘进参数和出土量,实现匀速掘进、快速通过,以减少对土层的扰动,加强盾构机及后配套设施的管理、维护,避免因盾构机的停留而造成施工中断。根据标段工程地质、水文条件及穿越前的试验段施工经验,保证匀速、快速掘进通过,每天地面沉降量和累计沉降量应符合相关规范,掘进过程中主要参数见表 4.1.3。

表 4.1.3　穿越高压塔段掘进参数表

顶部土压力(MPa)	0.07～0.09
推进速度(mm/min)	50～80
刀盘转速(r/min)	1.2～1.8
刀盘扭矩(kN·m)	9 000～14 000
千斤顶推力(kN)	25 000～35 000
同步注浆压力(MPa)	0.13～0.3
同步注浆量(m^3)	14.2～15.0
二次注浆压力(MPa)	0.35～0.45,不高于 0.5
出土量(t)	皮带机称重≤250

2. 径向注浆

离盾尾 5～10 环,从洞内采用径向注浆加固盾构隧道与基础间的土体。纵向注浆范围为盾构开挖面距既有结构前后各 1.0D 范围内,加固长度为 3 m。根据地层选取注浆浆液,注浆加固体单轴无侧限抗压强度不小于 0.8 MPa,注浆压力控制在 0.5～0.8 MPa。盾构穿越高压塔段径向注浆范围见表 4.1.4。

表 4.1.4　穿越高压塔段径向注浆范围

左　　线	右　　线
K36+443.412～K36+476.229	K36+453.379～K36+495.441
K36+580.907～K36+613.065	K36+594.510～K36+626.880

续上表

左　　线	右　　线
K36＋804.054～K36＋891.073	K36＋861.511～K36＋891.073
K36＋983.227～K37＋012.750	K36＋983.227～K37＋012.750
K37＋160.730～K37＋191.021	K37＋160.730～K37＋191.021
K37＋301.697～K37＋330.489	K37＋302.109～K37＋330.995
K37＋441.716～K37＋472.293	K37＋443.700～K37＋474.274
K37＋584.879～K37＋617.513	K37＋588.506～K37＋621.307

3. 地面注浆加固

盾构穿越前，对高压塔范围进行地面加固注浆，高压塔处袖阀管打设及加固范围如图 4.1.4所示，加固措施如图 4.1.5 所示，具体设计参数如下：

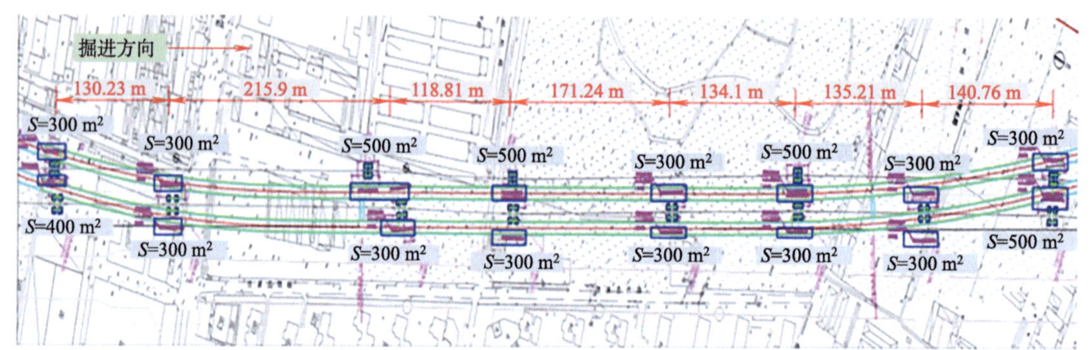

图 4.1.4　高压塔加固措施平面图

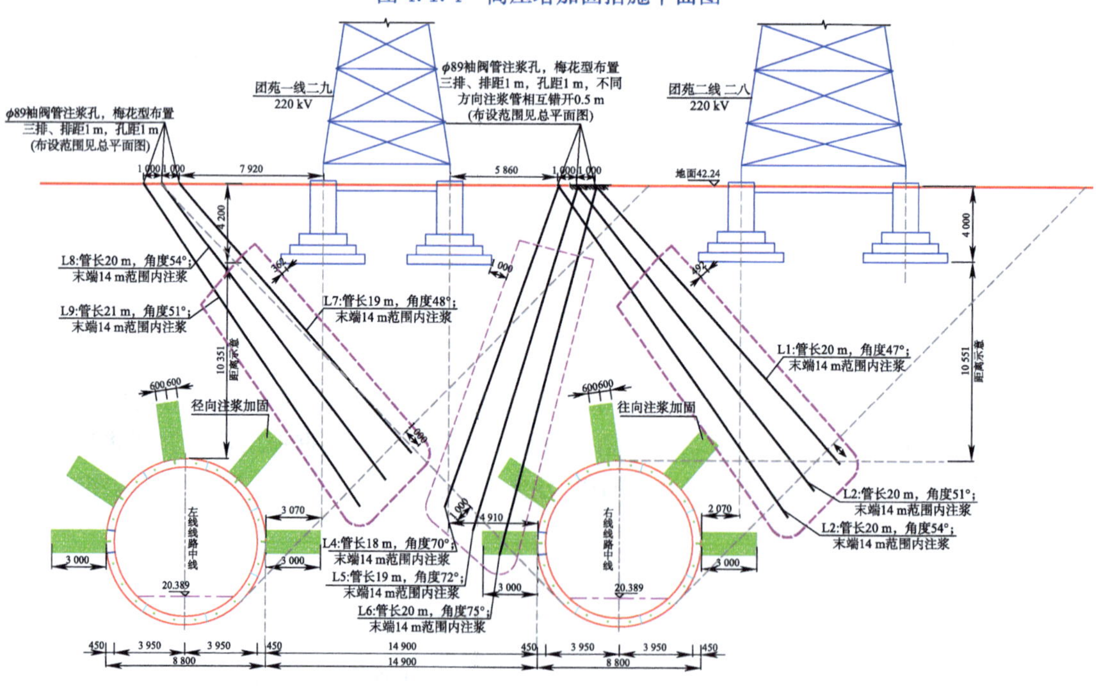

(a)右 K36＋470 处风险源处理措施图

图　4.1.5

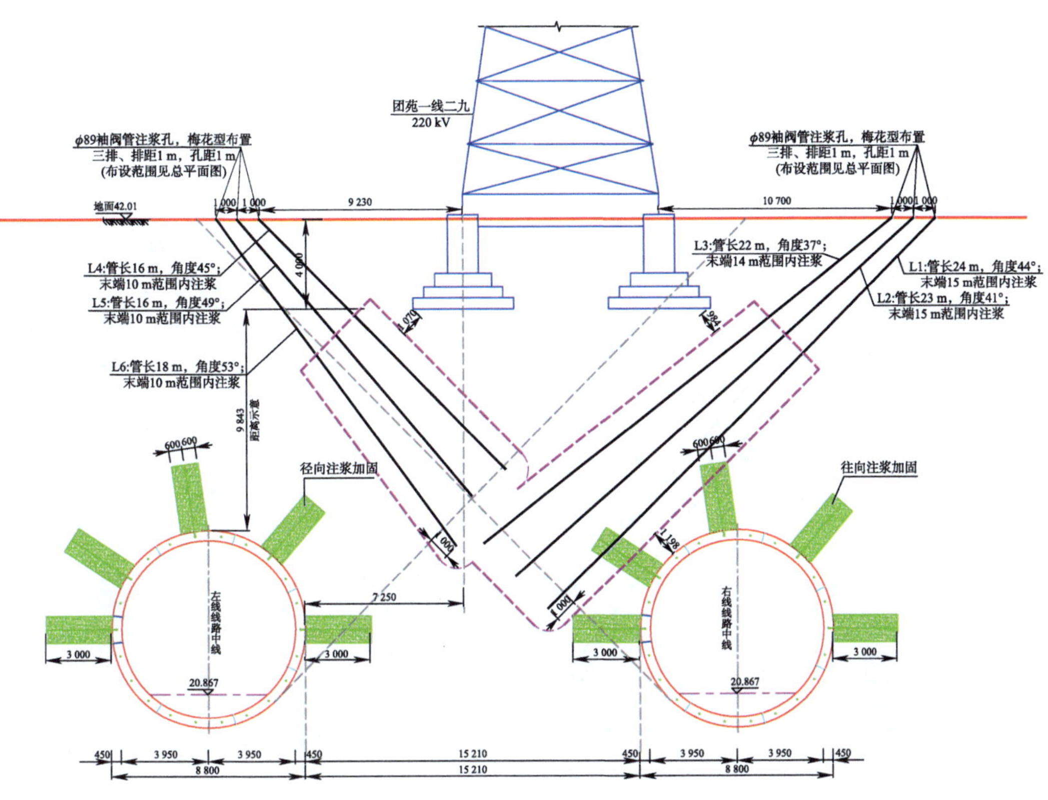

(b)右 K36＋605 处风险源处理措施图

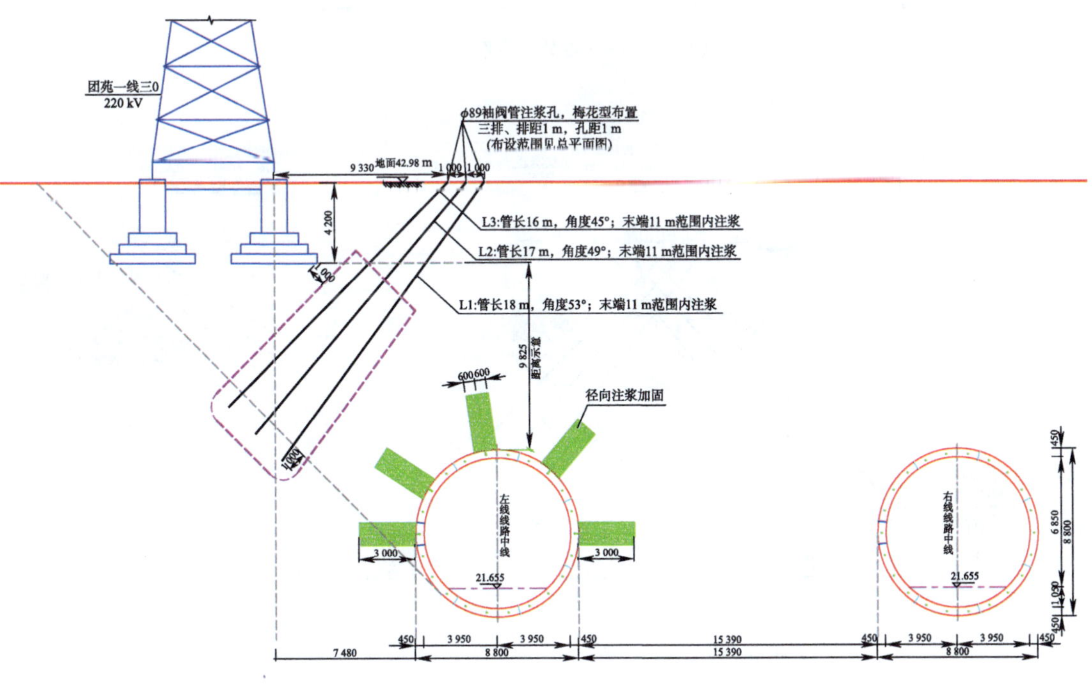

(c)右 K36＋830 处风险源处理措施图

图 4.1.5

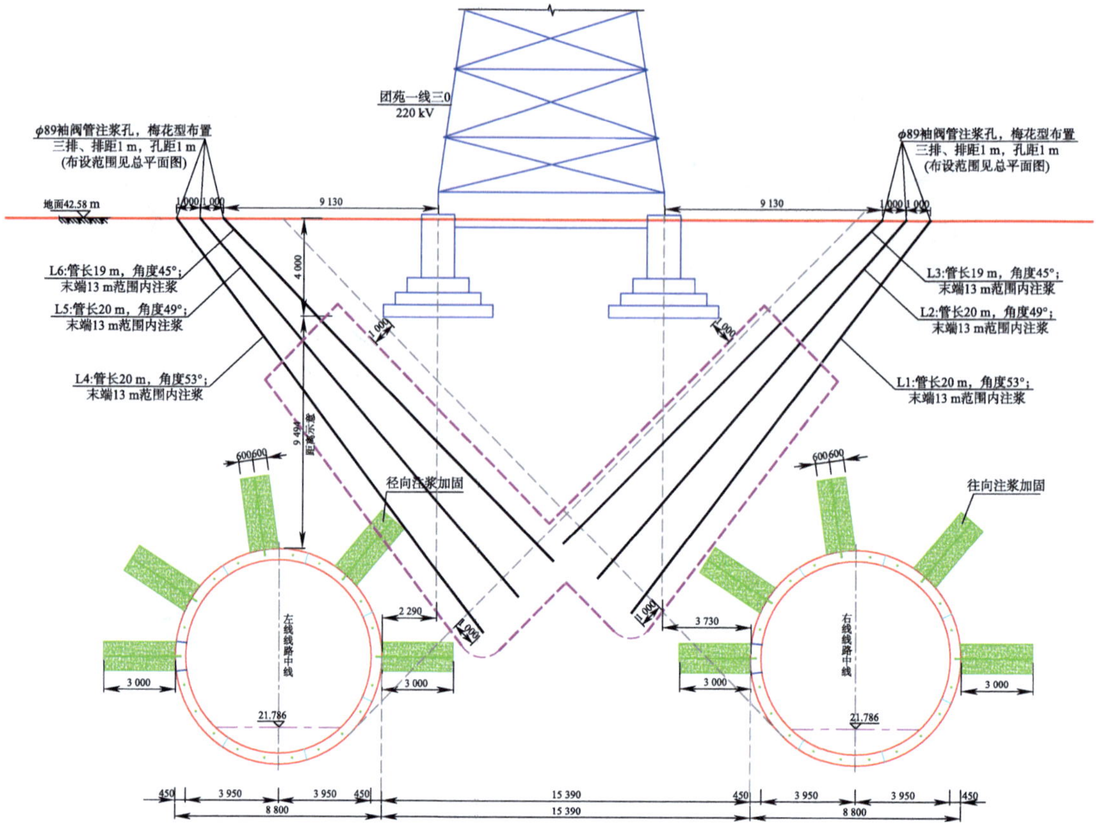

团苑一线三0
220 kV
φ89袖阀管注浆孔，梅花型布置
三排、排距1 m，孔距1 m
(布设范围见总平面图)
地面42.58 m
9 130
L6:管长19 m，角度45°;
末端13 m范围内注浆
L5:管长20 m，角度49°;
末端13 m范围内注浆
L4:管长20 m，角度53°;
末端13 m范围内注浆
L3:管长19 m，角度45°;
末端13 m范围内注浆
L2:管长20 m，角度49°;
末端13 m范围内注浆
L1:管长20 m，角度53°;
末端13 m范围内注浆
径向注浆加固
往向注浆加固
左线线路中线
右线线路中线
21.786
2 290
3 730
3 000
15 390
8 800
3 950
450

(d)右 K36＋868 处风险源处理措施图

团苑一线三一
220 kV
团苑二线三一
220 kV
φ89袖阀管注浆孔，梅花型布置
三排、排距1 m，孔距1 m
(布设范围见总平面图)
地面42.66 m
5 280
13 500
L3:管长25 m，角度31°;
末端15 m范围内注浆
L2:管长25 m，角度34°;
末端14 m范围内注浆
L1:管长26 m，角度37°;
末端14 m范围内注浆
L6:管长16 m，角度45°;
末端10 m范围内注浆
L5:管长16 m，角度48°;
末端10 m范围内注浆
L4:管长19 m，角度52°;
末端11 m范围内注浆
L3:管长20 m，角度45°;
末端14 m范围内注浆
L2:管长21 m，角度48°;
末端14 m范围内注浆
L1:管长21 m，角度51°;
末端14 m范围内注浆
径向注浆加固
往向注浆加固
左线线路中线
右线线路中线
21.977
2 170
5 640
3 000
15 390
8 800
3 950
450

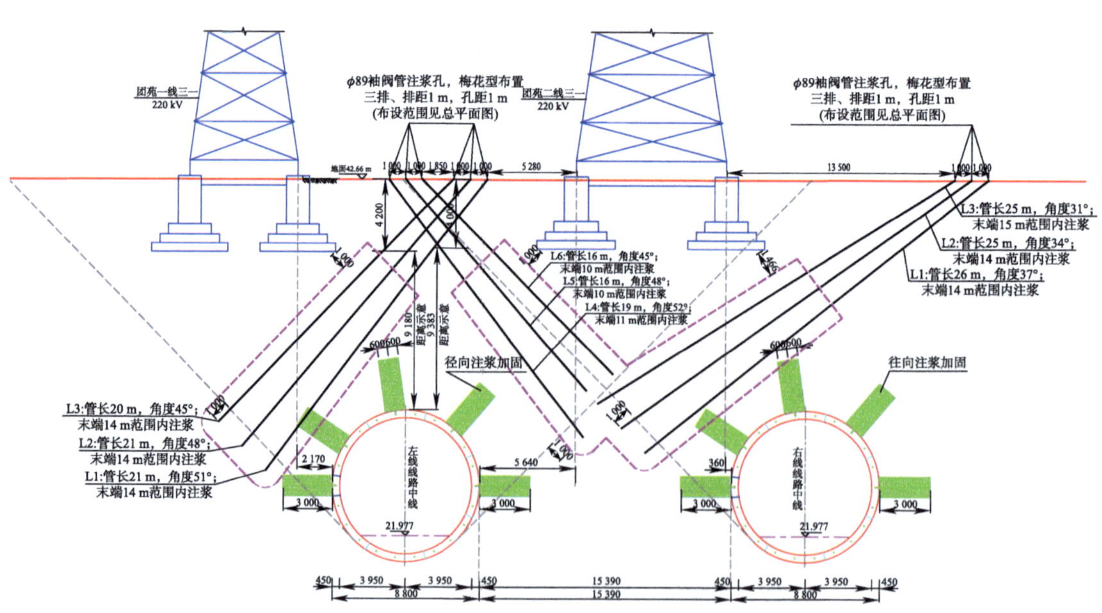

(e)右 K36＋994 处风险源处理措施图

图 4.1.5

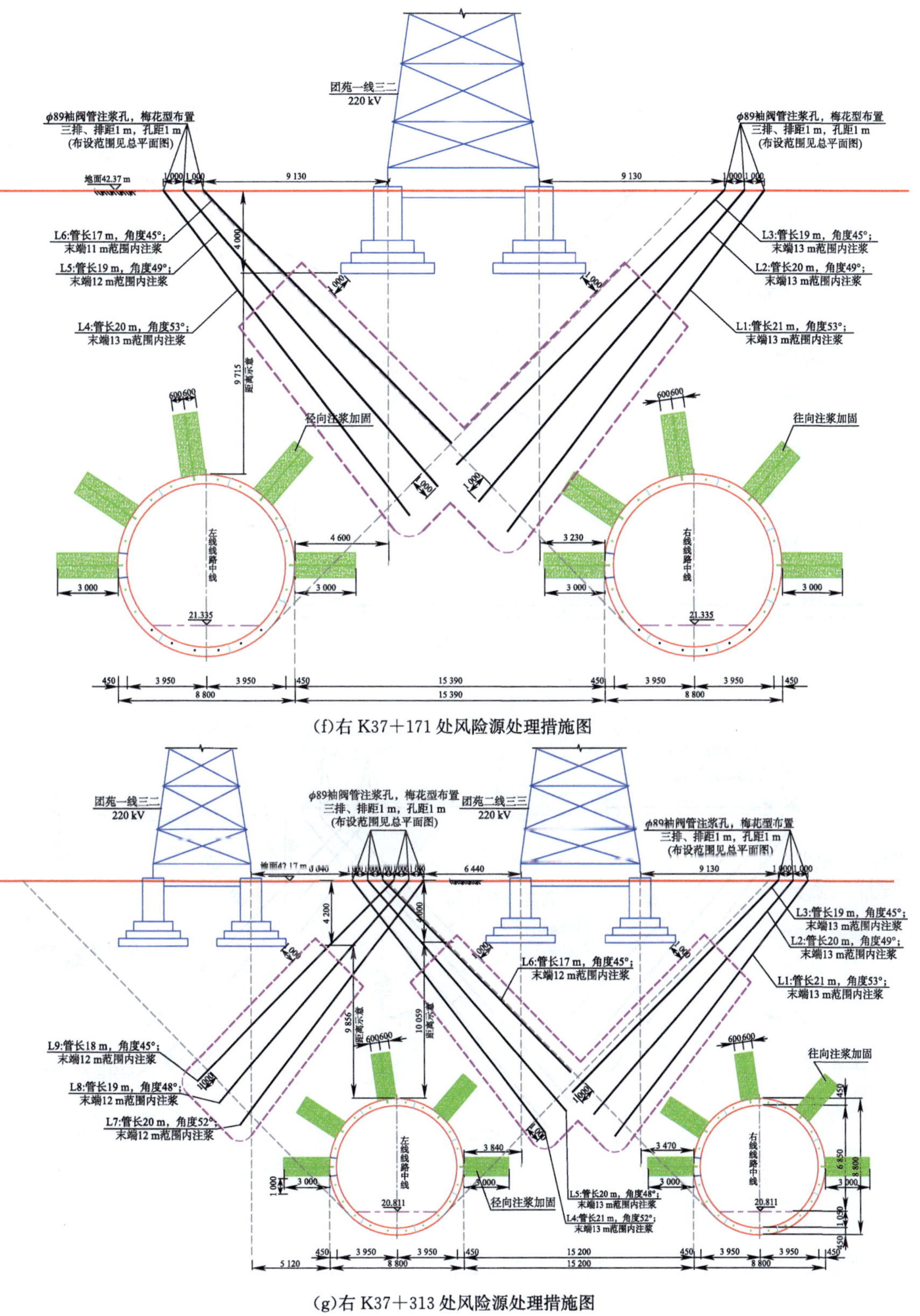

(f)右 K37＋171 处风险源处理措施图

(g)右 K37＋313 处风险源处理措施图

图 4.1.5

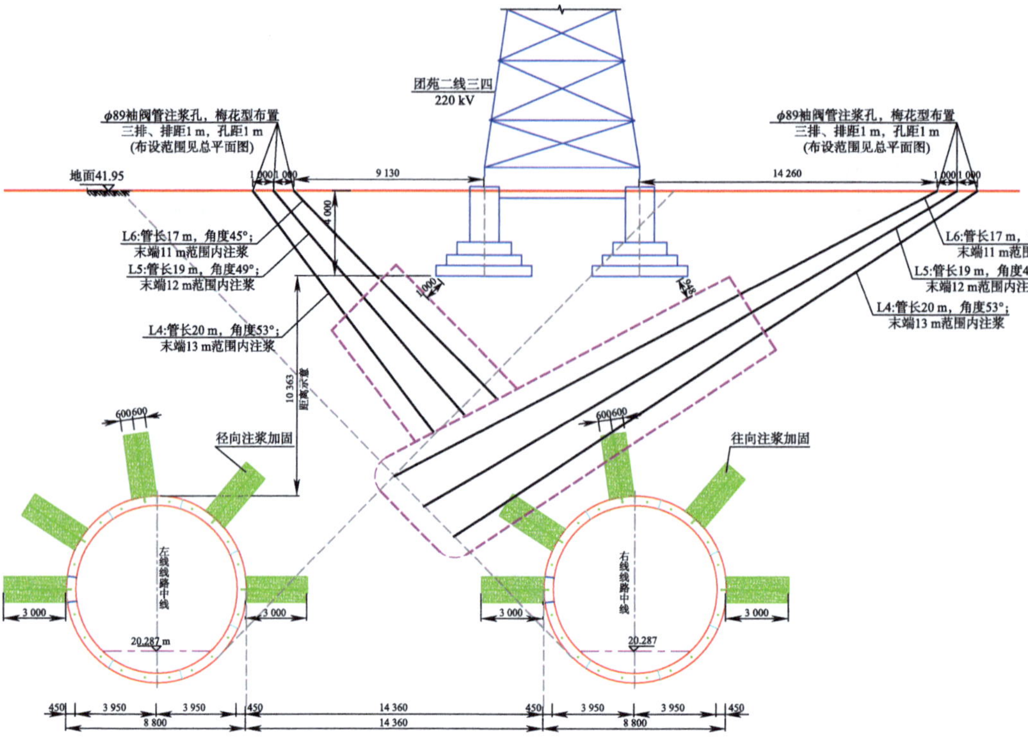

(h)右 K37＋455 处风险源处理措施图

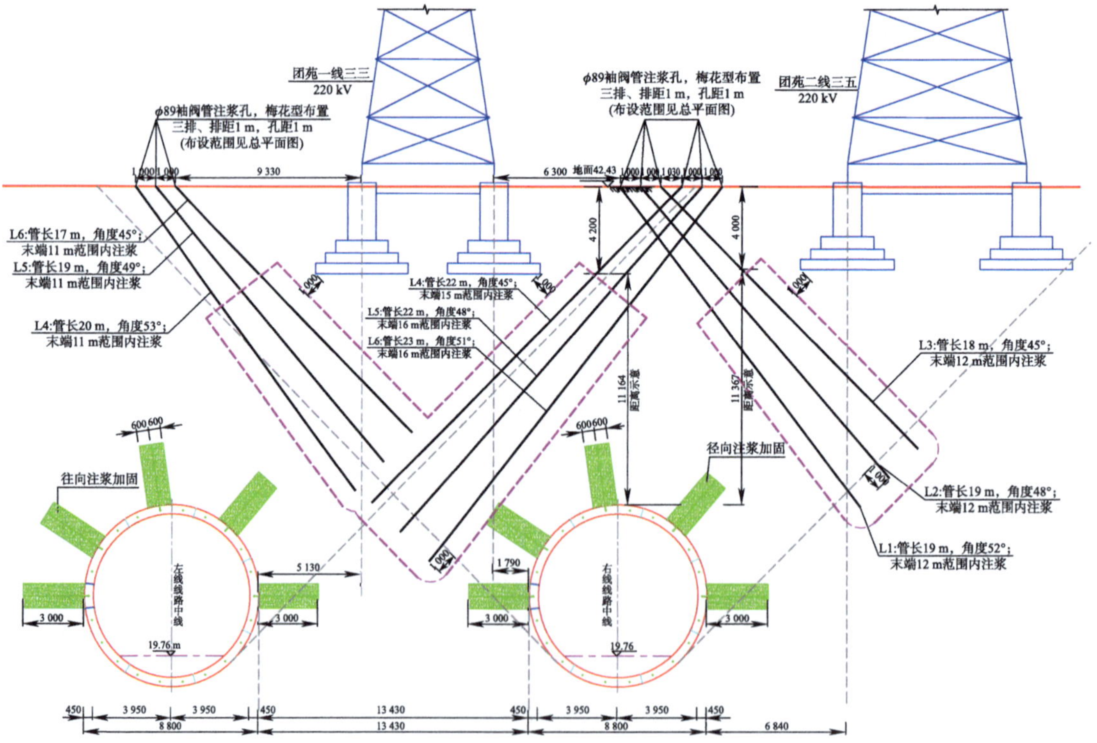

(i)右 K37＋597 处风险源处理措施图

图 4.1.5 高压塔地面加固示意图(单位:mm)

(1)袖阀管采用 3 排打设,1 m×1 m 梅花形布设;

(2)浆液类型采用水泥+水玻璃的双液浆,扩散半径 0.6 m,终浆压力 0.5~0.8 MPa,注浆后加固体强度不得低于 0.8 MPa;

(3)袖阀管与高压塔的安全距离为 1 m,与区间隧道结构的安全打设控制距离为 1 m。

4. 沉降控制

(1)随时调整盾构施工参数,减少盾构的超挖和欠挖,以改善盾构前方土体的坍落或挤密现象,降低地基土横向变形施加于路基上的横向力。

(2)盾构隧道在通过高压塔区段时,推进过程中不得停顿,应及时进行同步注浆和二次补充注浆,适当增加注浆量,减少盾尾通过后隧道外周围形成的空隙,减少隧道周围土体的水平位移。

4.2 高压塔变形规律

本节对盾构穿越过程中高压塔的变形进行分析,并提出施工技术优化措施。

1. 高压电塔分类

区间隧道与高压电塔最小垂直净距 8.12 m,最大垂直净距 9.03 m。在每座高压电塔的塔脚布置一个监测点,当盾构通过高压电塔时,每天对高压电塔基础进行监测。根据 13 座高压电塔与隧道位置关系,将其分为 A、B、C 三类,A 类为高压电塔处于左线掘进方向的左侧;B 类为高压电塔处于两线隧道中间;C 类为高压电塔处于右线掘进方向的右侧,再根据三类塔基础沉降规律,又将三类塔进行细分,如图 4.2.1 所示,其中右线为先行隧道。

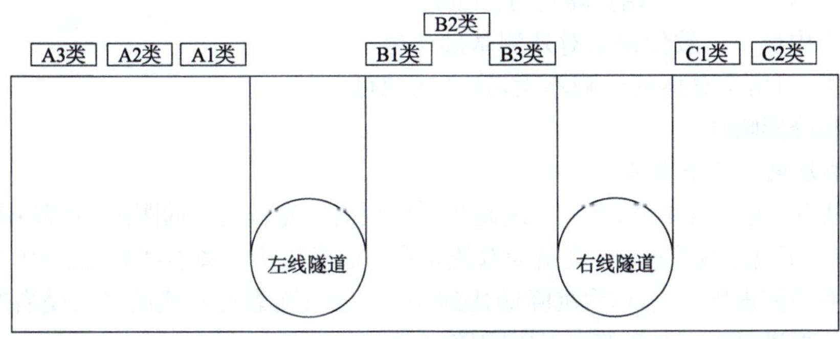

图 4.2.1 高压电塔分类图

2. A 类高压电塔沉降规律分析

A 类中共有 3 座高压电塔,将这 3 座高压电塔根据距离和沉降特性将其分为 A1、A2、A3 三类。A1 类为差异沉降弱化区,A2 类为差异沉降敏感区,A3 类为次沉降影响区。这 3 座高压电塔基础沉降如图 4.2.2 所示。

图 4.2.2(a)中高压电塔距离左线隧道外边缘为 2.17 m,右线尚未到达前,该塔各监测点均表现为轻微隆起;当右线通过该塔后,各点开始出现沉降,沉降量约 1 mm,二次注浆又使塔基出现整体隆起。左线到达前,塔基同样有略微的隆起,当盾构通过后,各点均出现明显沉降。该类高压电塔 4 个监测点的沉降规律基本保持一致,差异沉降不大,整体表现为同沉降或同隆起,因此可以称该塔所处区域为差异沉降弱化区。

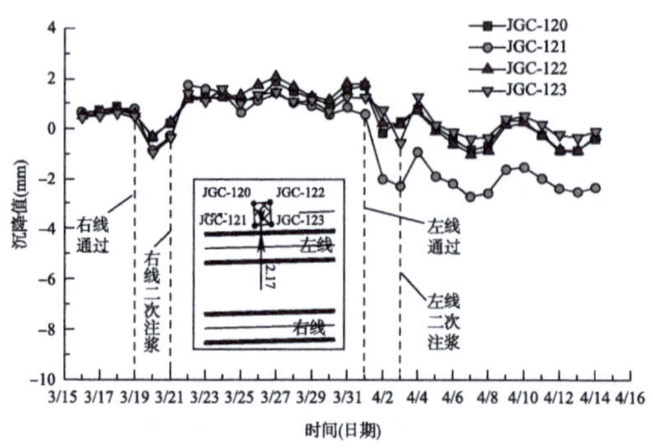

(a)差异沉降弱化区

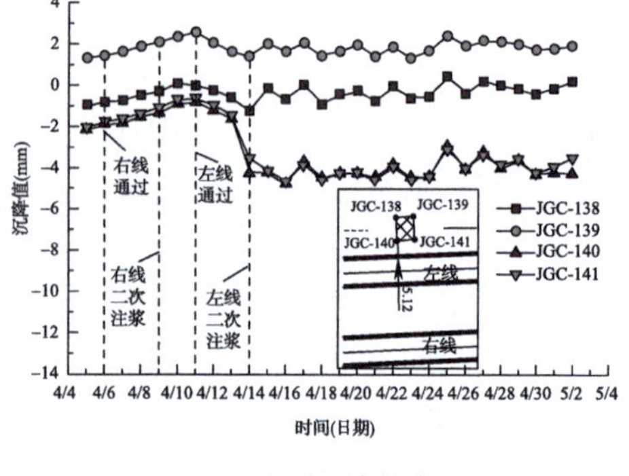

(b)差异沉降敏感区

图 4.2.2(b)中高压电塔距离左线隧道外边缘 5.12 m,右线通过时,靠近左线隧道一侧的两点已经有一定沉降,但随着左线的推进,各点均呈现隆起趋势,外侧的两测点隆起值大于内侧的两点。左线通过后,内侧的两点沉降偏大,外侧两点变形波动平稳,这样就造成 6 mm 的差异沉降,因而称为差异沉降敏感区。

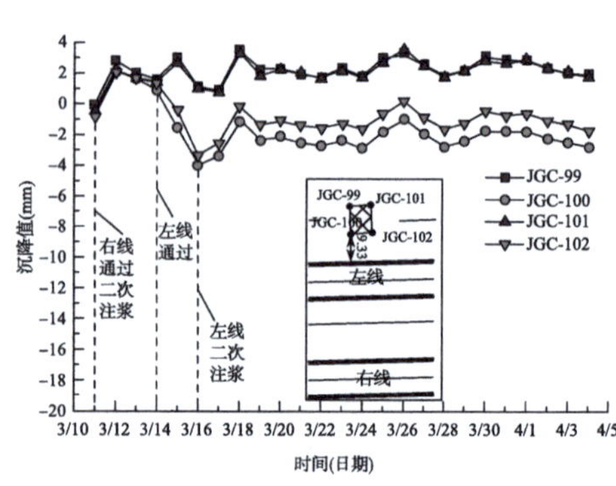

(c)次沉降影响区

图 4.2.2　A 类高压电塔沉降分区图

图 4.2.2(c)中高压电塔距离左线隧道外边缘 9.33 m,右线通过对其变形影响甚微,左线通过造成内侧两点下沉约 2 mm,外侧两点隆起约 2 mm。外侧隆起主要是由内侧下沉致使钢架对外侧基础产生一个向上的拉力,对塔基整体的影响不大,这个区域可以被称为次沉降影响区。

3. B 类高压电塔沉降规律分析

B 类中共有 8 座高压电塔,将这 8 座高压电塔根据与先行隧道的距离,分为 B1、B2、B3 三类。B1 类塔为距离左线较近,B2 类塔为双线正中,B3 类塔为距离右线较近。B1 类塔靠近右线的两点受右线掘进扰动大,单次沉降能达到 4～5 mm;而靠近左线的两点受右线二次注浆影响大。左线掘进对靠近左线的两点影响较大,单次沉降能达到 3～4 mm,而左线掘进对靠近右线的两点影响较小。因此,可以将该类塔位置称作双扰动区,右线盾构对靠近右线一侧塔基产生沉降影响大,左线盾构对靠近左线一侧塔基产生沉降影响大,如图 4.2.3 所示。

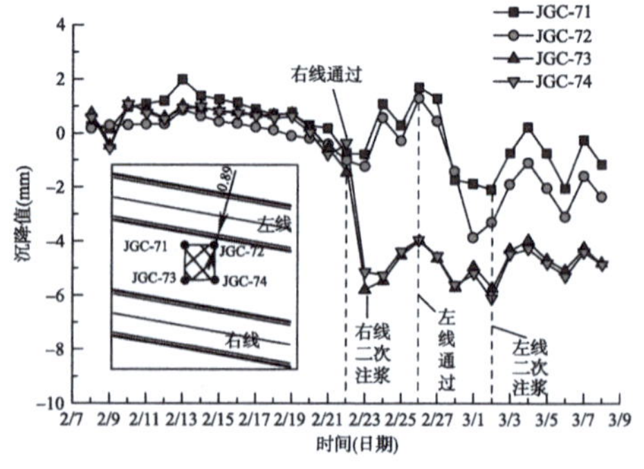

图 4.2.3　双扰动影响区

B2 类高压电塔处于左右两条隧道中间,该类型高压电塔最终整体沉降都在 4～6 mm,而且差异沉降很小,因此将该类高压电塔位置称作差异沉降弱化区,如图 4.2.4 所示。左右线盾构推过后对各侧都产生了显著的沉降影响,致使最终各测点差异沉降不大。

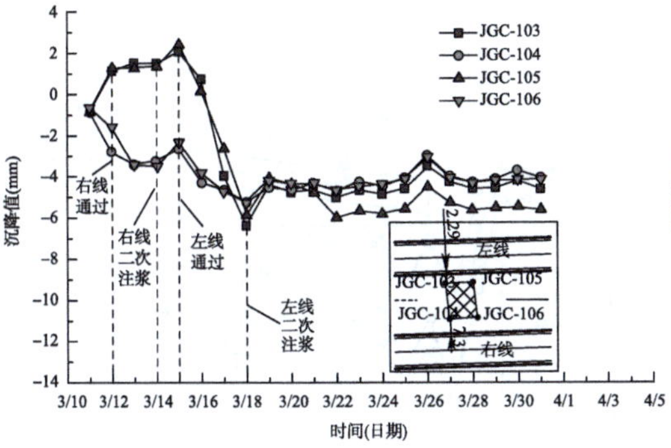

(a)

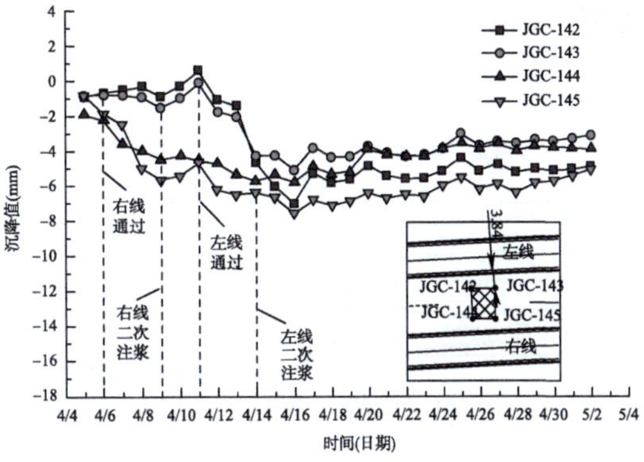

(b)

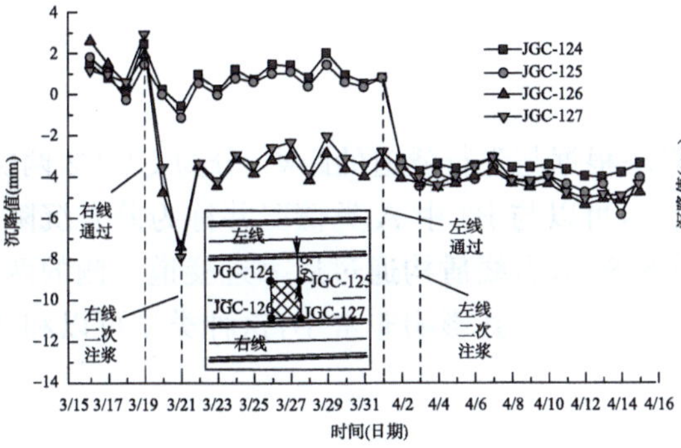

(c)

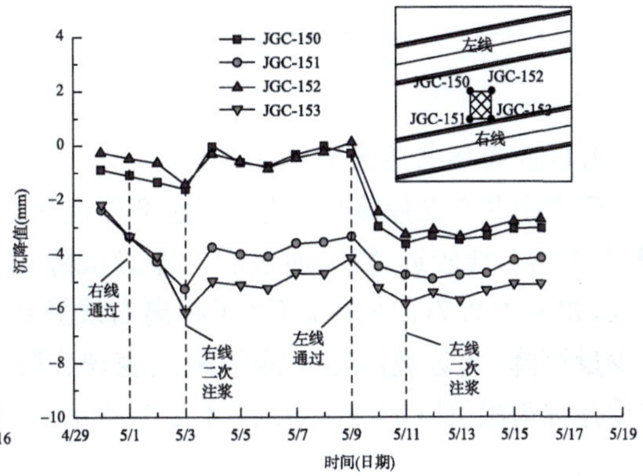

(d)

图 4.2.4　差异沉降区弱化区

但 B2 类中也有特殊情况，如果先行隧道盾构推力和土压控制比较高，造成高压电塔基础各点在盾构掘进前已经产生明显隆起，则高压电塔基础沉降主要受后行隧道盾构掘进的影响，因此产生较大的差异沉降，而且高压电塔会向后行隧道一侧倾斜，如图 4.2.5 所示。

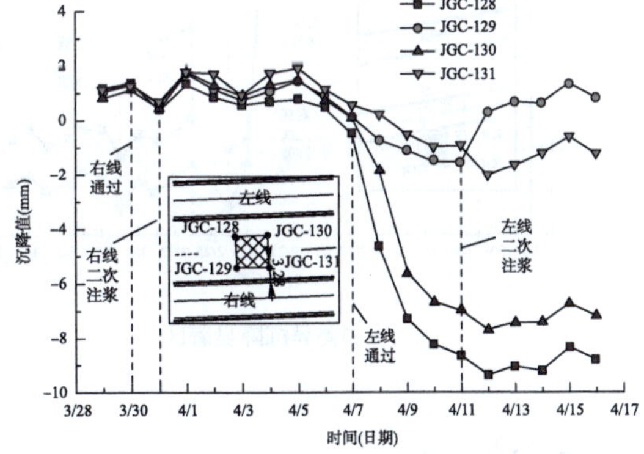

图 4.2.5　掘进参数影响的高压电塔

B3 类为塔基一侧两点与右线隧道外边线相交的塔，根据相交区域的多少，高压电塔沉降规律又分为两种不同情况，如图 4.2.6 所示。当高压电塔一侧两点均落在隧道边线上时，盾构通过后该侧两点沉降急剧，最大单次沉降约 6 mm，累计沉降达到 12 mm；而另一侧两点沉降很小，这就造成巨大的差异沉降，而左线通过对其沉降和倾斜影响均不大。因此将该类塔位置称作差异沉降显著区，必须严格进行差异沉降控制，做好保护措施。当高压电塔一侧两点落在右线隧道中心轴线上时，右线通过后，该塔四个测点均产生较大沉降，二次注浆隆起值也较大。因而将该类塔位置称作强沉降影响区，各点差异沉降不大，塔表现为整体下沉。

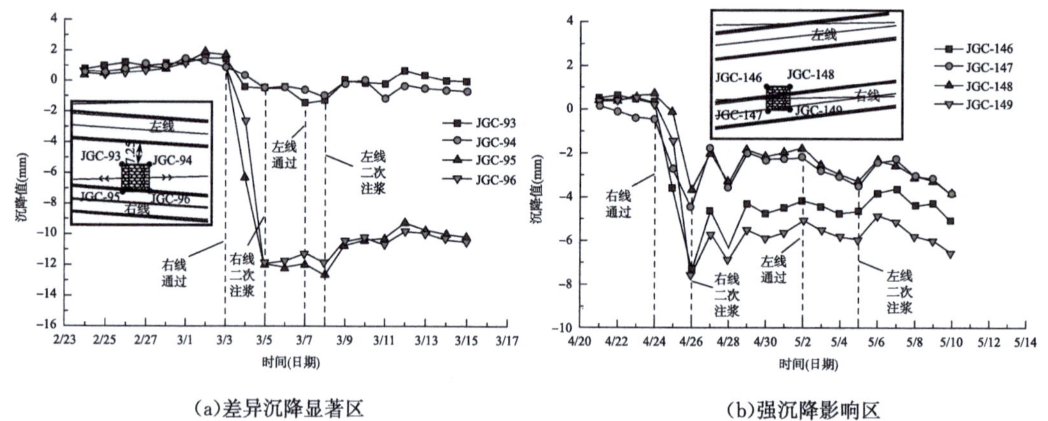

(a)差异沉降显著区　　(b)强沉降影响区

图 4.2.6　B3 类高压电塔分区

4. C 类高压电塔沉降规律分析

C 类中共有 2 座高压电塔，将这 2 座高压电塔根据与先行隧道的距离，分为 C1、C2 两类。C1 类距离右线较近，双线通过后的差异沉降很大，可以与 B3 中 A 类情况并称为差异沉降显著区，如图 4.2.7(a)所示。C2 类距离右线隧道 6.8 m，右线盾构通过后靠近隧道一侧的两点有少量沉降，而远离隧道一侧的两点表现为隆起，左线对其影响非常小，这种类型可以和 A3 类型并称为次沉降影响区，如图 4.2.7 所示。

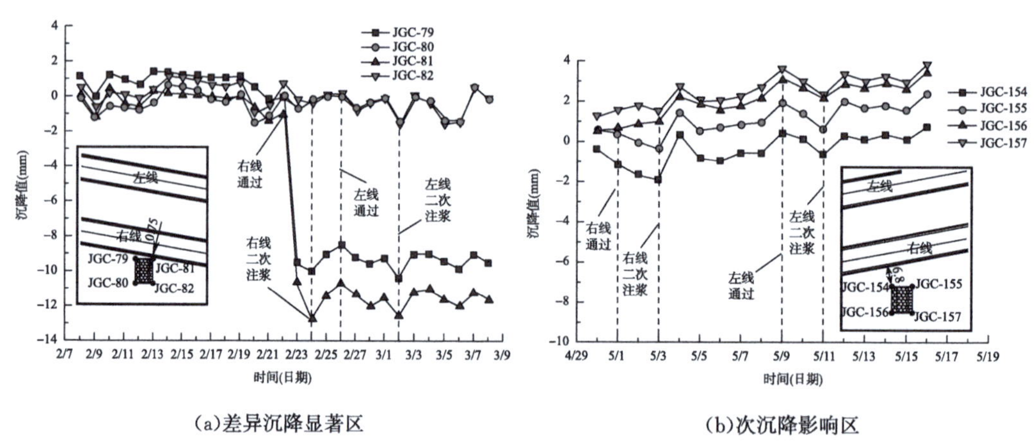

(a)差异沉降显著区　　(b)次沉降影响区

图 4.2.7　C 类高压电塔分区

5. 小　　结

在北京新机场线大直径土压平衡盾构穿越高压电塔走廊施工过程中，对盾构下穿引起高压电塔基础变形进行分析后，得出了不同位置的铁塔基础的变形规律：

(1)根据高压电塔与隧道所处的位置，可以将高压电塔基础沉降以绝对沉降值和差异沉降值大小进行分类，B2 类塔位于双线中间的位置，整体沉降较大，而差异沉降相对较小；C1 类塔和 B3 类塔的一侧接近先行隧道边缘，差异沉降非常明显，使塔向先行隧道一侧倾斜，危险性最大;A1 类塔和 B1 类塔接近后行隧道边缘,差异沉降值和整体沉降值高于其他几类塔。

(2)盾构对土体的扰动横向范围为距离隧道中心 22～25 m,距离隧道边线 5 m 范围内的土体扰动最大;左右线间距在 2 倍洞径范围内,双线盾构施工会对土体扰动产生叠加效应,先行隧道施工的扰动大于后行隧道。

(3)对于一侧两点坐落在隧道边线的高压电塔,为防止塔基差异沉降过大,甚至造成高压电塔倾覆,除参数控制、渣土改良、洞内注浆措施以外,可以考虑适当采用地表注浆加固高压电塔基础。

4.3 盾构连续下穿高压塔数值计算

上文对盾构下穿高压塔的实测数据进行了分析,接下来采用数值计算的方法进行更加深入的研究。

4.3.1 数值计算模型建立

1. 模型建立

采用 FLAC 3D 软件进行数值模拟计算,模型采用位移边界条件,底部为固定边界,限制模型水平和竖直方向移动;模型周边限制水平方向移动;顶部取至地表,为自由边界。模型尺寸长 112 m(70 环),宽 92 m,高 35 m;隧道覆土厚度取 13.65 m,外径 8.8 m,隧道净距 13.6 m。根据下穿高压塔与隧道位置关系不同建立模型,分别为:塔基在双线隧道正中、塔基在双线隧道之间偏向一条隧道、塔基在一条隧道正上方、塔基在双线隧道一侧。在每个塔基顶部位置布置监测点记录塔基顶部位移,模型如图 4.3.1 所示。计算过程中在塔基顶部施加向下的力模拟输电塔自重。

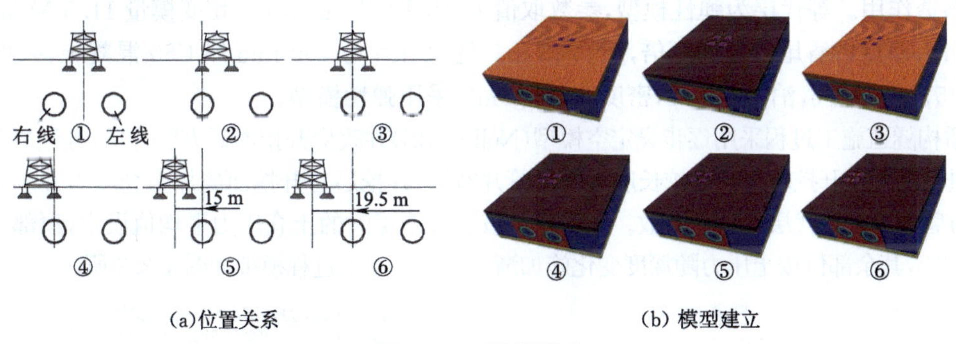

(a)位置关系　　(b) 模型建立

图 4.3.1 计算模型

2. 材料参数

隧道为预制钢筋混凝土管片结构,混凝土强度等级 C50,管片厚度 450 mm,采用弹性模型进行模拟。高压塔塔基为 C30 钢筋混凝土独立基础,采用弹性模型模拟,地层分为 7 层。摩尔—库仑本构模型能够较好地反映出土体的非线性力学特性,相比其他弹塑性模型所需参数较少且易从地质勘查报告中获取,适用于土壤等松散胶结的颗粒材料,土层参数见表 4.3.1。

表 4.3.1　土层参数

土层类别	厚度(m)	黏聚力(kPa)	内摩擦角(°)	泊松比	弹性模量(MPa)	密度(kg/m³)
杂填土	1.9	12	12	0.28	4.6	1.93
黏质粉土	1.9	17	30	0.25	4.5	1.9
粉质黏土	2	18	26	0.3	8	1.9
粉土	4.4	18	26	0.3	7	1.97
粉质黏土	9.6	33	19	0.26	7	1.98
卵石圆砾	2.5	0	38	0.22	3.5	1.97
卵石圆砾	12.7	0	40	0.22	4	2.05

在 FLAC 3D 中，摩尔—库伦模型不用弹性模量 E 和泊松比 ν 描述材料，而是使用切变模量 G 和体积模量 K 进行描述。他们之间按下式进行转换。

$$K=\frac{E}{3(1-2\nu)} \tag{4.3.1}$$

$$G=\frac{E}{2(1+\nu)} \tag{4.3.2}$$

3. 施工过程模拟

本书主要研究高压塔与隧道位置关系不同时盾构施工对塔基变形的影响，因此对盾构施工过程进行了适当简化。隧道开挖分为等代层、管片层和隧道内部空间三部分，如图 4.3.2 所示。

用等代层模拟盾尾同步注浆，等代层反映盾构推进时盾壳对土体的扰动和注浆浆液向土体的渗透作用。等代层为弹性模型，参数取值为：体积模量 25 MPa，切变模量 11.5 MPa，密度 2 kg/m³，厚度取盾尾空隙的两倍，即 0.35 m。隧道管片为 450 mm 厚 C50 混凝土，弹性模量为 3.45×10^4 MPa，泊松比 0.2，密度 2.5 kg/m³，采用弹性模型。

盾构隧道施工过程采用逐步设定空模型(Null model)并改变开挖面后方管片层、等代层的材料参数进行模拟。开挖时每次开挖长度为一环管片宽度，开挖后对开挖面施加土仓压力并改变开挖面后方管片层和等代层的材料参数。土仓压力按实际施工时的土仓压力平均值设定，顶部土压取 0.08 MPa，其余部位按土压力随深度变化施加渐变压力。施工过程模拟如图 4.3.3 所示。

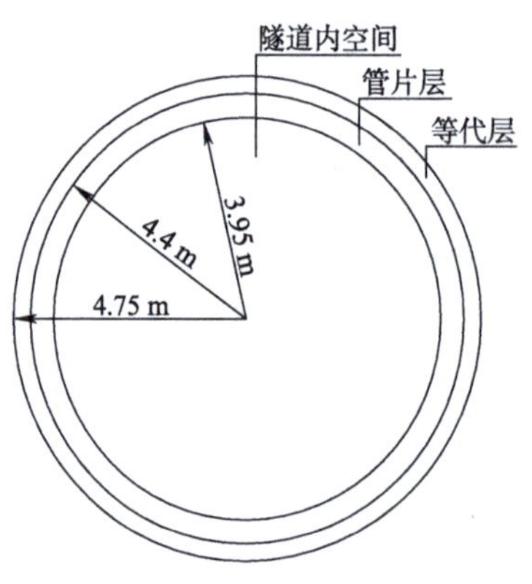

图 4.3.2　隧道开挖断面示意图

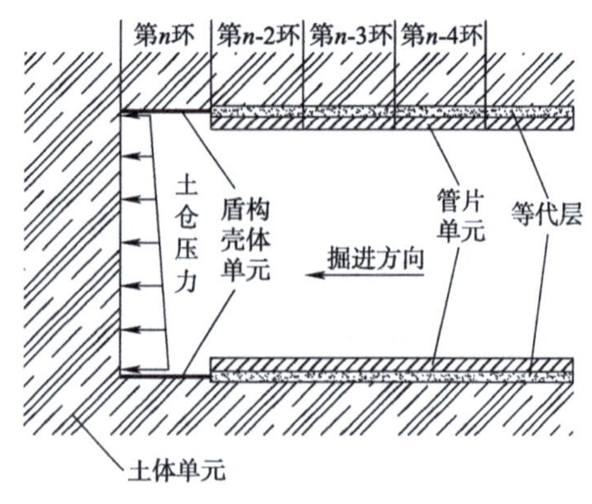

图 4.3.3　盾构掘进过程模拟

建模完成后进行计算，先开挖距离塔基较近的右线隧道，完成后再开挖距离塔基较远的左线隧道。分析结果时对塔基进行编号，如图 4.3.4 所示。

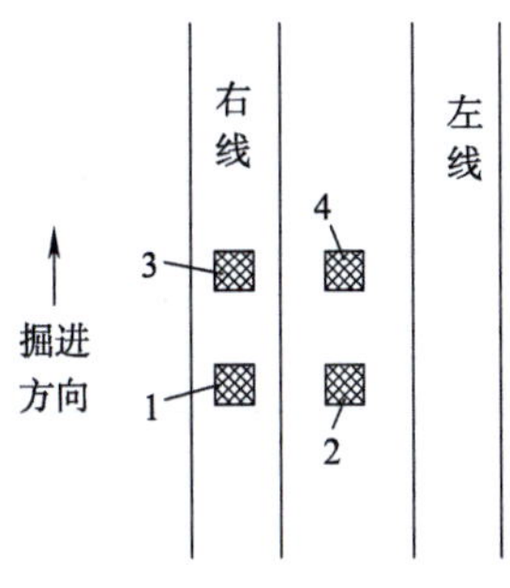

图 4.3.4　塔基编号

4.3.2　计算结果分析

1. 单线隧道开挖影响

计算完成后，提取右线开挖完成、左线未开挖时的数据进行分析，不同位置输电塔沉降情况见表 4.3.2(1、2 号位置关系与 4、5 位置关系对称，沉降结果基本相同)。

表 4.3.2　右线开挖完成后输电塔沉降值

序　号	位置关系	各塔基沉降值(mm)			
		1	2	3	4
1	③	−4.6	−5.7	−4.8	−5.9
2	④	−1.4	−5.2	−1.6	−5.3
3	⑤	−0.7	−2.9	−0.9	−3.0
4	⑥	−0.6	−1.6	−0.9	−1.7

由沉降情况可知，塔基最大沉降量随着与基础到隧道距离增大而减小。位于隧道正上方位置的塔基沉降最大，为 5.9 mm。从每座塔塔基沉降差异来看，沉降量差值随着输电塔基础到开挖隧道距离增大呈现先增大后减小的规律，如图 4.3.5 所示。最大差异沉降发生在位置关系④，为 3.9 mm。

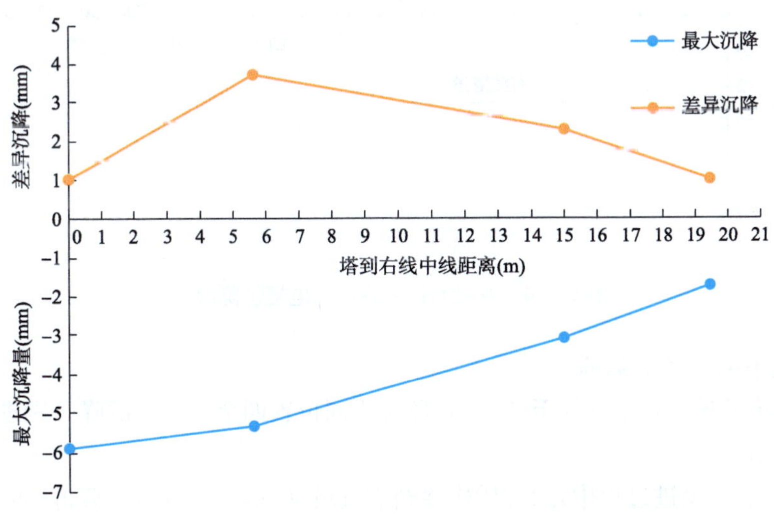

图 4.3.5　右线开挖完成后输电塔沉降曲线

2. 双线隧道开挖影响

双线隧道开挖完成后，不同位置输电塔沉降情况见表 4.3.3。

表 4.3.3 双线开挖完成后输电塔沉降值

序 号	位置关系	各塔基沉降值(mm)			
		1	2	3	4
1	①	−6.2	−5.6	−6.9	−6.2
2	②	−5.7	−4.1	−5.8	−4.4
3	③	−4.4	−5.6	−4.6	−5.8
4	④	−1.2	−4.9	−1.4	−5.0
5	⑤	−0.6	−2.7	−0.8	−2.8
6	⑥	−0.5	−1.5	−0.8	−1.5

从最大沉降看，双线隧道开挖完成后，塔基最大沉降发生在左右线中线位置，为 6.9 mm，距离左右线中线距离越大，沉降值越小。同一输电塔塔基最大沉降略小于右线开挖完成、左线未开挖时的沉降值，原因可能是左线施工时土压偏大造成沉降值减小。

从差异沉降看，位于左右线中心的输电塔差异沉降最小，为 0.6 mm，随着输电塔到左右线中线距离增大，差异沉降先增大后减小再增大再减小，位于④位置的输电塔差异沉降最大，为 3.9 mm，如图 4.3.6 所示。

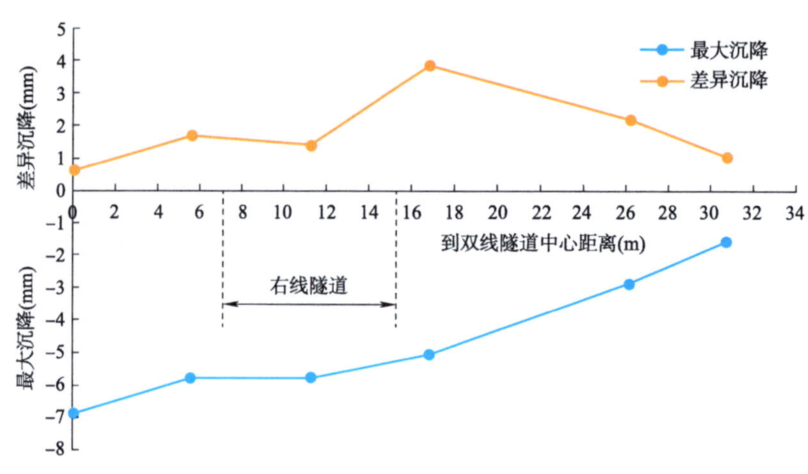

图 4.3.6 双线开挖完成后输电塔沉降曲线

3. 施工过程对沉降的影响

对右线隧道开挖过程中开挖至 20～50 环时不同位置四个塔基的沉降分别进行分析，结果如图 4.3.7 所示。

由图可知，右线掘进过程中，随着盾构逐渐靠近塔基，塔基出现少量隆起，掘进至塔基前 5 环左右位置时隆起量最大，随后发生沉降，盾构通过塔基约 10 环沉降逐渐稳定。沉降发生时，各个位置关系的输电塔均为最靠近盾构的塔基沉降最大，沉降发展最先开始(位置关系①、②为 1 号塔基，④、⑤、⑥为 2 号塔基)，其余塔基随着盾构掘进沉降逐渐发展。

从开挖至 50 环时的塔基沉降看，不同位置关系的输电塔沉降均表现出 1、3 号塔基沉降值接近，2、4 号塔基沉降值接近的现象。其中位置关系①、②表现为塔基 1、3 沉降值大于 2、4 沉降值，输电塔向左线方向倾斜；位置关系③中四个塔基沉降量较为相近；位置关系④、⑤、⑥则表现为塔基2、4沉降值大于1、3沉降值，输电塔向左线方向倾斜。从线路纵向看，各个位置的输电塔沿盾构掘进方向前后的倾斜较小。

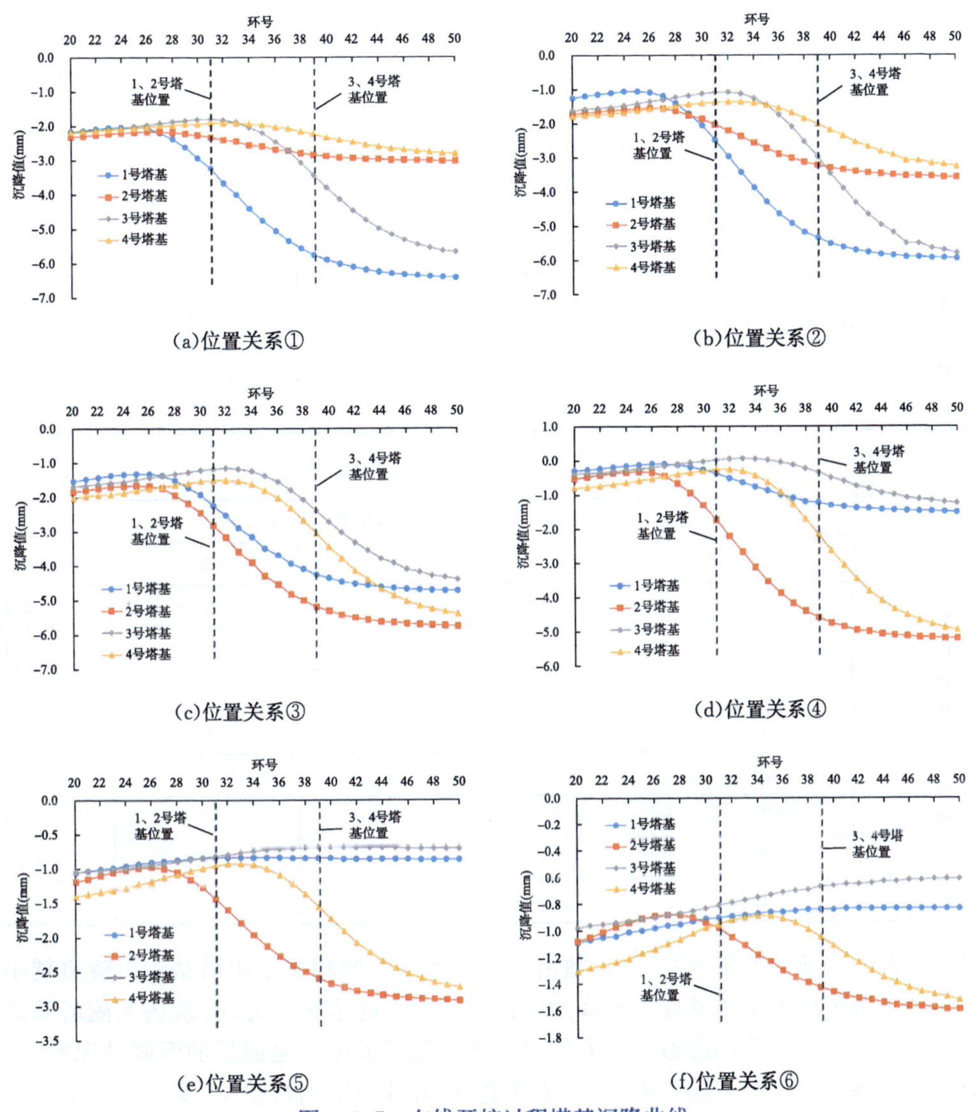

(a)位置关系①　(b)位置关系②

(c)位置关系③　(d)位置关系④

(e)位置关系⑤　(f)位置关系⑥

图4.3.7　左线开挖过程塔基沉降曲线

4.3.3 数据对比分析

取数值模拟右线开挖完成、左线未开挖和实测右线通过、左线未通过时的监测数据进行对比，见表4.3.4。取数值模拟双线开挖完成和实测双线通过后的监测数据进行对比，见表4.3.5。

表 4.3.4　右线开挖完成、左线未开挖时输电塔沉降值对比

位置关系		各塔基沉降值(mm)			
		1	2	3	4
数值模拟	①	−6.0	−3.0	−6.6	−3.1
	②	−6.0	−3.4	−6.0	−3.7
	⑤	−0.7	−2.9	−0.9	−3.0
	⑥	−0.6	−1.6	−0.9	−1.7
现场实测	①	−5.8	−1.6	−4.4	−0.9
	②	−7.5	−3.6	−4.4	−7.2
	⑤	−0.4	−12.6	−0.2	−10.0
	⑥	1.6	−0.4	1.1	−1.9

表 4.3.5　双线开挖完成后输电塔沉降值对比

位置关系		各塔基沉降值(mm)			
		1	2	3	4
数值模拟	①	−6.2	−5.6	−6.9	−6.2
	②	−5.7	−4.1	−5.8	−4.4
	⑤	−0.6	−2.7	−0.8	−2.8
	⑥	−0.5	−1.5	−0.8	−1.5
现场实测	①	−6.5	−4.1	−5.2	−6.1
	②	−5.9	−3.0	−3.2	−4.8
	⑤	−1.2	−11.9	−1.1	−9.8
	⑥	3.1	1.2	2.9	0.2

从右线开挖完成后的塔基变形看，数值模拟和现场实测均显示出塔基距离隧道越小沉降越大的规律。数值模拟中塔基最大沉降发生在塔基位于隧道正上方时，现场实测塔基最大沉降则发生在塔基位于稍偏离隧道正上方位置。从双线隧道施工完成后的沉降情况看，数值模拟与现场实测塔基变形数据相差不大，除位置关系⑤，其他监测数据中，实测数据沉降量大部分小于数值模拟沉降量，数值模拟中未考虑二次补浆影响可能是造成这种现象的原因。输电塔与隧道位置关系及塔基编号示意如图 4.3.8 所示。

从输电塔塔基沉降差异看，右线开挖完成、左线未开挖时，数值模拟和现场实测均显示塔基发生较大的不均匀沉降，靠近隧道的塔基沉降明显大于远离隧道塔基的沉降值。双线开挖完成后，由于后行隧道影响，输电塔不均匀沉降有所减小。

4.3.4　小　　结

(1)输电塔沉降与输电塔和隧道的位置关系密切相关。越靠近隧道，塔基最大沉降越大。

(2)单线隧道开挖时塔基差异沉降随着输电塔逐渐远离隧道，呈现先增大后减小的现象，

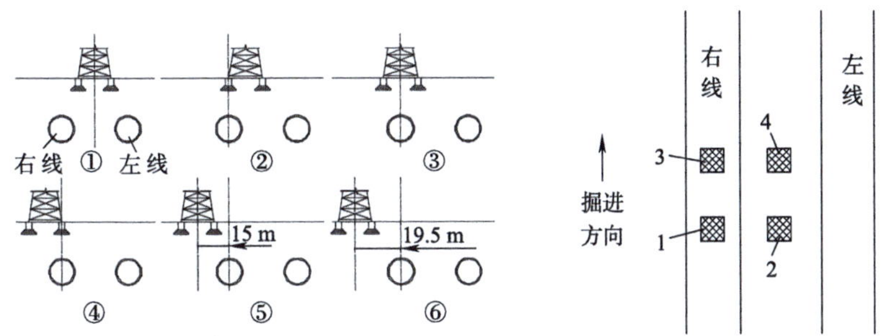

图 4.3.8　输电塔与隧道位置关系及塔基编号示意图

位于隧道正上方的输电塔差异沉降极小；双线隧道开挖情况下塔基差异沉降随着输电塔逐渐远离双线隧道中线，差异沉降先增大后减小再增大再减小。位于双线隧道中线的输电塔差异沉降最小，不足 1 mm，但是沉降值最大。

(3)掘进过程中，随着盾构逐渐靠近塔基，塔基可能出现少量隆起，最靠近盾构的塔基首先开始沉降，最终沉降量也最大，输电塔向隧道方向倾斜。

4.4　盾构下穿 U 形槽

4.4.1　U 形槽概况

左线隧道在里程 K37＋925.578～K38＋029.430，右线隧道在里程 K37＋928.856～K38＋022.418 处下穿地铁大兴线 U 形槽段及地下段。新建区间与既有区间的平面夹角为 126°，下穿位置大兴线 U 形槽结构埋深 6.8～7.85 m。新建区间结构顶与既有大兴线 U 形槽及地下段结构底竖向距离分别约为 10.32 m、10.48 m，雨水泵房距离新建区间的距离为 5 m。隧道与既有线区间平面位置关系如图 4.4.1 所示，剖面位置关系如图 4.4.2 所示。

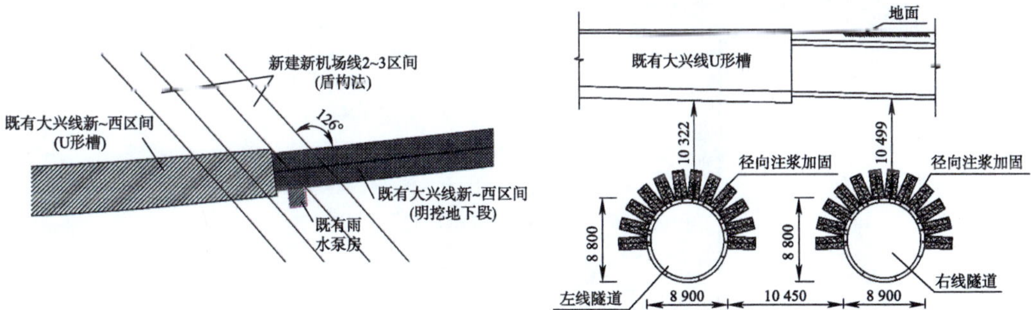

图 4.4.1　隧道与既有线平面位置关系　　图 4.4.2　隧道与既有线剖面位置关系(单位:mm)

盾构隧道穿越地层从上到下依次为：粉质黏土，厚 3.30 m；粉细砂，厚 1.70 m；砂质粉土、黏质粉土，厚 2.04 m；粉细砂，厚 0.92 m；卵石圆砾，厚 3.00 m；卵石圆砾，厚 2.50 m。地层赋存一层地下水，为层间潜水～承压水，水位埋深约 26.78 m，在右线里程 K38＋220～K38＋830 附近范围内受土层分布影响具有承压性，承压水头高约 2.5～5.2 m，主要接受侧向径流补给，以侧向径流、向下越流以及人工开采为主要排泄方式，如图 4.4.3 所示。工程穿越段地下水位位于底板以下，施工不涉及地下水。

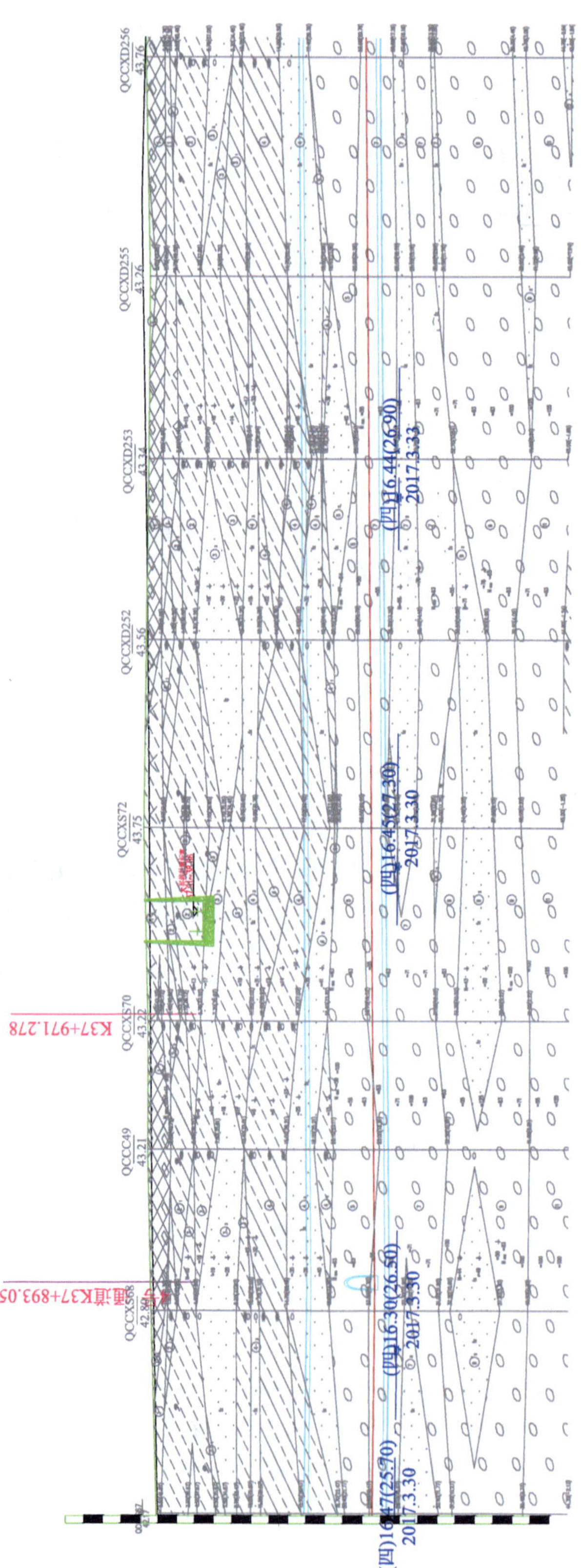

图 4.4.3　下穿 U 形槽段剖面图(单位:m)

4.4.2 施工准备

1. 人员培训

(1)组织所有有关的施工管理人员和盾构机操作人员对专项设计图纸、相关规范、施工方案和应急预案等进行认真学习和分析,领会施工中各项具体要求,在施工中严格执行,并贯彻落实各项安全、技术交底。

(2)对龙门式起重机司机、电瓶车司机、电工等特殊工种进行安全培训,使其在熟悉正确操作的同时,牢固树立服从意识和安全意识。保证项目的特殊工种均持证上岗。

(3)对普通工人做好综合培训和技术交底,使其熟悉施工方法,掌握工作技能,树立遵守规章和安全第一的自觉意识。

(4)施工开始以后,针对各工种的具体表现和工程的实际需要,对业务素质差、不遵守施工规定的人员将坚决清除出工地。

(5)关键岗位均安排有经验的人员作业。

2. 盾构设备检修

掘进至距离北京新机场线下穿大兴线U形槽影响范围前10 m处,停机进行盾构机检修,对有问题的设备及时维修和更换,保证盾构机在下穿施工期间连续作业。检修的主要设备:盾尾密封刷、同步注浆设备和管路、铰接密封、出土设备、液压系统、油脂注入系统、同步注浆系统、管片拼装系统、供气和冷却系统。对有故障的电气配件提前进行更换,对重要电气系统进行测试和维修,并在各电器柜配置干燥剂;对盾尾刷进行重点检查,发现损坏需及时进行更换。对主驱动进行强制保养,更换主驱电机齿轮油,提前对测量系统进行复核和换站。储备足量的盾构机易损部件,对可能损坏的盾构机系统进行超配,下穿过程中以换代修,全力保障盾构机连续作业。

盾构机停机进行集中检修的同时,对盾构施工辅助设备进行检修;对45 t龙门式起重机、电机车、砂浆站、连续皮带机进行强制保养,更换必要的组件和油脂等;对泥浆站、叉车等进行常规检修,准备充足的设备配件,保证设备出现故障时在最短的时间内解决。

3. 施工材料

穿越大兴线U形槽前,准备充足的施工材料,包括管片、管片螺栓、盾尾密封油脂、集中润滑油脂、膨润土、泡沫剂、轨道轨枕等盾构施工主材;水泥、粉煤灰、细沙、水玻璃等同步注浆和二次注浆材料。穿越段采用加强型管片,在施工场地储存部分管片作为应急使用;水泥、粉煤灰等散装材料,在现场储备部分袋装材料,作为应急使用。施工材料准备见表4.4.1。

表4.4.1 施工材料准备表

序号	名称	理论使用数量	现场准备数量
1	散装水泥	90 t	160 t
2	散装粉煤灰	160 t	240 t
3	散装膨润土	80 t	140 t
4	砂子	349 t	370 t
5	管片	35环	42环

续上表

序　　号	名　　称	理论使用数量	现场准备数量
6	管片螺栓	1 330 根	1 596 根
7	盾尾密封油脂	15 桶	30 桶
8	HBW 刀盘密封油脂	5 桶	20 桶
9	集中润滑油脂	5 桶	20 桶
10	袋装膨润土	42 t	60 t
11	泡沫	10 桶	20 桶
12	水玻璃	10 t	15 t
13	袋装水泥	60 t	70 t

4.4.3　施工方案

针对北京新机场线 2 号区间风井～3 号区间风井盾构区间下穿既有大兴线 U 形槽特级风险施工，制定“连续施工、快速通过、严控参数、饱满注浆”十六字方针，通过各种措施，确保盾构机安全顺利穿越大兴线 U 形槽。

1. 试验段设置

北京新机场线穿越大兴线 U 形槽设置试验段 100 m(共分两段，前 50 m 进行模拟穿越，后50 m进行参数修正)，里程 K37＋822～K37＋922，距离影响区域 10 m 进行盾构机检查，如图 4.4.4和表 4.4.2、表 4.4.3 所示。

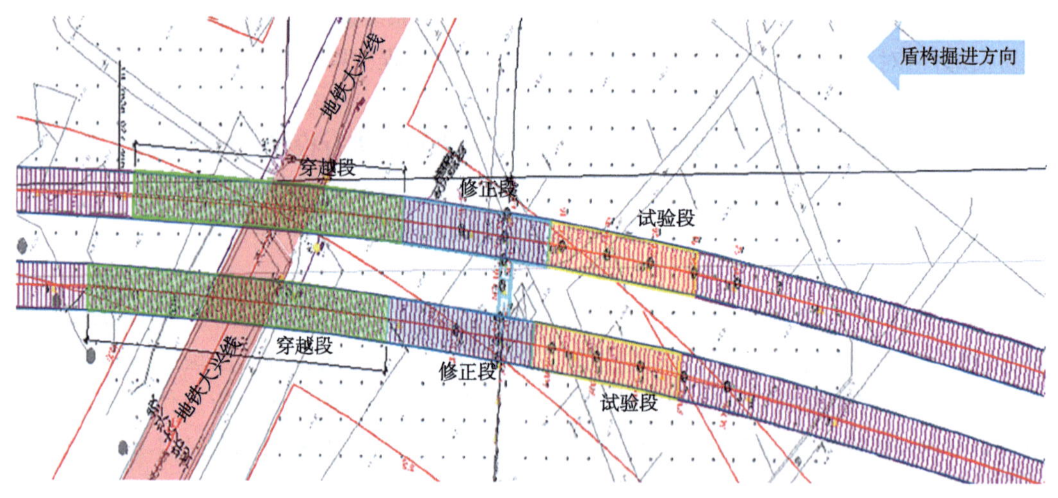

图 4.4.4　试验段设置平面图

表 4.4.2　穿越大兴线试验段对应里程

序　号	施工节点	左　　线	右　　线
1	50 m 盾构初始试验段	K37＋825.578～K37＋875.578	K37＋828.856～K37＋878.856
2	50 m 盾构修正试验段	K37＋875.578～K37＋925.578	K37＋878.856～K37＋928.856
3	穿越大兴线 U 形槽	K37＋925.578～K38＋029.430	K37＋928.856～K38＋022.418

表 4.4.3 穿越大兴线试验段参数选取及施工控制

盾构施工参数	顶部土压力(MPa)	0.07～0.12
	推进速度(mm/min)	40～55
	刀盘转速(r/min)	1.3～1.6
	注浆压力(MPa)	0.15～0.3
	刀盘扭矩(kN·m)	8 000～12 000
	千斤顶推力(kN)	17 000～25 000
	注浆量(m^3)	14～15
	二次注浆压力(MPa)	0.35～0.45,≤0.5
	出土量	皮带机称重为不大于 250 t
施工控制		模拟穿越大兴线工况,优化掘进参数(土仓压力、刀盘转速、出渣量、渣土改良效果、注浆量),确保穿越大兴线时稳定、快速

根据专项设计方案,盾构区间下穿大兴线 U 形槽控制指标见表 4.4.4 和表 4.4.5。

表 4.4.4 结构累计变形控制指标(单位:mm)

部　位	控制指标	预警值	报警值	控制值
轨道变形	水平位移	±0.7	±0.8	±1.0
	垂直位移(沉降)	−2.1	−2.4	−3.0
	垂直位移(上浮)	+1.4	+1.6	+2.0
	变形缝差异沉降	1.4	1.6	2

表 4.4.5 结构变形速率控制指标(单位:mm)

控制指标	控制值
竖向位移	0.5
水平位移	0.5
变形缝差异沉降	0.5

2. 下穿 U 形槽风险源控制措施

盾构区间下穿大兴线 U 形槽风险源主要控制措施为盾构施工控制及注浆控制,包括盾构掘进操控、洞内二次及多次注浆、径向注浆、浆液配比控制等。

穿越地铁大兴线 U 形槽前,做好试验段施工经验总结,同时优化试验段掘进参数和注浆参数。严格控制同步注浆配比等参数,加强同步注浆、后续注浆的注浆压力与注浆量的施工管理。合理控制土仓压力及掘进速度与出土量的匹配。密切监测沉降数据,如发现沉降变化速率过快应及时对参数进行合理的调整。施工参数选取见表 4.4.6 和表 4.4.7。

表 4.4.6 穿越大兴线情况及参数选取及施工控制

盾构施工参数	顶部土压力(MPa)	0.08～0.12
	推进速度(mm/min)	40～55
	刀盘转速(r/min)	1.3～1.6

续上表

盾构施工参数	注浆压力(MPa)	0.15～0.3
	刀盘扭矩(kN·m)	8 000～12 000
	千斤顶推力(kN)	17 000～25 000
	注浆量(m^3)	14.2～15.8
	二次注浆压力(MPa)	0.35～0.45,≤0.5
	出土量	皮带机称重为≤250 t
施工控制		1. 施工前对既有大兴线结构进行检测评估;2. 严格控制掘进参数,确保匀速、连续通过;3. 及时进行同步注浆和二次注浆,填充管片与土体间的空隙;4. 加强监控量测,及时调整掘进参数;5. 制定针对性应急预案;6. 下穿前设置试验段,确定掘进参数,指导后续下穿既有线的施工
备　注		采用三孔加强型管片,隧道内径向注浆加固

表 4.4.7　盾构区间下穿大兴线 U 形槽风险源施工参数控制表

序　号	环　号	顶部土压(MPa)	掘进速度(mm/min)	同步注浆压力(MPa)	同步注浆方量(m^3/环)	二次注浆压力(MPa)	盾构机相对位置
1	1 372～1 376	0.1±0.02	40±10	0.2±0.05	14.2～15.8	0.35	接近下穿影响段
2	1 377～1 381	0.1±0.02	40±10	0.2±0.05	14.2～15.8	0.35	接近下穿影响段
3	1 382～1 386	0.1±0.02	40±10	0.2±0.05	14.2～15.8	0.35	接近下穿影响段
4	1 387～1 391	0.1±0.02	40±10	0.2±0.05	14.2～15.8	0.35	接近下穿影响段
5	1 392～1 396	0.1±0.02	40±10	0.2±0.05	14.2～15.8	0.35	接近下穿影响段
6	1 397～1 401	0.1±0.02	40±10	0.2±0.05	14.2～15.8	0.35	接近下穿影响段
7	1 402～1 406	0.1±0.02	40±10	0.2±0.05	14.2～15.8	0.35	接近下穿影响段
8	1 407～1 411	0.1±0.02	40±10	0.25～0.3	14.2～15.8	0.35	进入影响区域
9	1 412～1 416	0.1±0.02	40±10	0.25～0.3	14.2～15.8	0.35	进入影响区域
10	1 417～1 421	0.1±0.02	40±10	0.25～0.3	14.2～15.8	0.35	进入影响区域
11	1 422～1 426	0.1±0.02	40±10	0.25～0.3	14.2～15.8	0.35	进入影响区域
12	1 427～1 431	0.1±0.02	40±10	0.25～0.3	14.2～15.8	0.35	穿越大兴线
13	1 432～1 436	0.1±0.02	40±10	0.25～0.3	14.2～15.8	0.35	穿越大兴线
14	1 437～1 441	0.1±0.02	40±10	0.25～0.3	14.2～15.8	0.35	穿越大兴线
15	1 442～1 446	0.1±0.02	40±10	0.25～0.3	14.2～15.8	0.35	通过影响区域
16	1 447～1 451	0.1±0.02	40±10	0.25～0.3	14.2～15.8	0.35	通过影响区域
17	1 452～1 456	0.1±0.02	40±10	0.25～0.3	14.2～15.8	0.35	通过影响区域
18	1 457～1 461	0.1±0.02	40±10	0.25～0.3	14.2～15.8	0.35	通过影响区域
19	1 462～1 467	0.1±0.02	40±10	0.25～0.3	14.2～15.8	0.35	完全通过影响区域

(1) 土压力控制

选取土力学公式按水土合算计算静止土压力,计算深度为盾构顶部位置。

$$P = P_1 + P_2 = K_0(\sum \gamma_i h_i) \tag{4.4.1}$$

式中 P——隧道顶部水土压力值(Pa);

P_1——水压力(Pa);

P_2——土压力(Pa);

K_0——静止土压力系数;

h_i——在盾构上方的各土层厚度(m);

γ_i——在盾构上方的各土层容重(kN/m^3)

计算得土仓压力值为 0.07~0.12 MPa。在试验段掘进及沉降状况下对土仓压力进行验证选取合理的参数设置。施工过程中开启自动保压系统,保证土仓压力稳定,控制土压力波动范围不大于 0.01 MPa,防止沉降。

正常掘进时控制掘进速度不要过快,以便控制出土量和掘土量平衡。掘进结束时,缓慢减速并适当多加入膨润土添加剂,膨润土泥浆可通过漏失形成泥膜,减小地层渗透系数,降低管片拼装期间的土压力波动;在停止出土后向前多推进一定距离,抵消土仓内渣土因静止沉积和泡沫消泡而造成的土压力损失。

(2) 渣土改良

下穿大兴线 U 形槽掘进过程中,掌子面地质为黏土、卵石圆砾及粉细砂,渣土改良添加剂选用泡沫剂和膨润土泥浆。

拟定泥浆注入量为 14.5~15.8 m^3/环,泥浆浓度为 8%。泥浆拌制完成,静置发酵 12 h 后泵送至盾构机上的膨润土罐内。推进时通过刀盘上的注入口加注到渣土中,改善渣土塑流性。拟定泡沫加量占出土体积的 30%~50%,泡沫溶液浓度为 3%,发泡倍率为 15。添加泡沫时,定期从发泡管取样观察泡沫效果,以调整泡沫参数。

推进前,先加入少量泥浆,润滑刀盘和改善土仓内渣土性状;掘进开始后,随出土速度加快逐渐增加泥浆和泡沫,泡沫缓慢加入,减小对土压力的影响;掘进完成前 10 cm,提前关闭泡沫,并减小泥浆加量,维持土压力稳定的条件下,缓慢停机。

(3) 同步注浆

盾构下穿大兴线 U 形槽同步注浆浆液选用单液浆,施工时按照试验段获取的参数进行操作。砂浆配比见表 4.4.8。

表 4.4.8 同步注浆砂浆配比

材 料	用 量
水泥(kg)	130
粉煤灰(kg)	450
膨润土(kg)	100
砂(kg)	640
水(kg)	550

控制浆液胶凝时间小于 3 h;固结体强度 1 d 不小于 0.2 MPa,28 d 不小于 2.5 MPa;结石率大于 95%;离析率小于 5%;采用注浆压力及注浆量双控,当注浆压力达到 3~3.5 MPa、注浆量达到 14.2 m^3 以上时,认为达到注浆要求。

(4) 二次注浆

二次注浆是控制后期沉降的重要措施。北京新机场线盾构区间下穿大兴线 U 形槽穿越段二次注浆采用水泥水玻璃双液浆，水泥浆采用 P·O 42.5 普通硅酸盐水泥和清水制备，以水灰比 0.8∶1 拌制，水玻璃溶液稀释为质量分数 30%浓度。注入时两种浆液体积比为水泥浆∶水玻璃=1∶1。

二次注浆针对隧道中线以上部分，由下向上逐孔注入，先将两腰部位注满再注顶部，待顶部注浆管完成注浆后，进行下一环注浆。注浆开始时，以较大流量注入；当压力达到 0.25 MPa 后，降低注浆速率，低速缓慢注浆。终止压力控制在 0.35 MPa。下穿段二次注浆统计如图 4.4.5 所示。

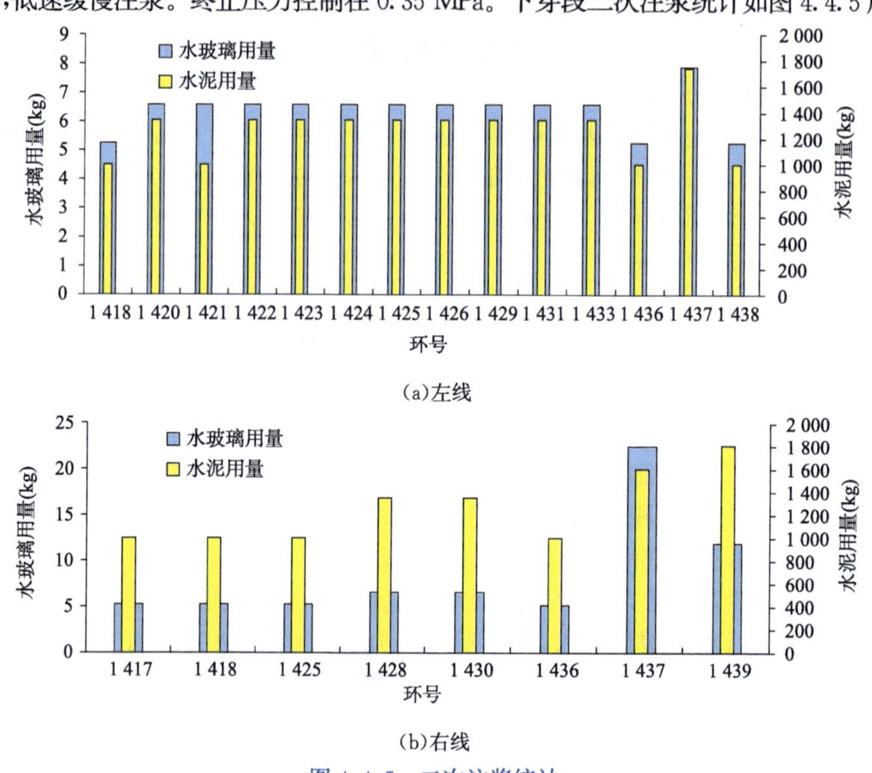

(a)左线

(b)右线

图 4.4.5 二次注浆统计

3. 下穿 U 形槽的关键工序

施工前，盾构机盾尾更换优质盾尾油脂，提高密封效果，防止盾尾处漏浆。加固注浆时，在管片预埋注浆管处安装球阀，防止涌浆现象。在穿越大兴线风险源之前，需对盾构机进行一次彻底的检修，以保证盾构施工的平稳、连续。重点对盾构机的盾尾密封系统、铰接密封系统进行检测，以防穿越风险源时出现漏浆情况。通过调整土仓添加材料的参数，做好土体改良工作，以降低刀盘扭矩。

下穿过程中应对大兴线进行实时监测，严格控制隧道结构、道床及轨道的日沉降变形在允许范围之内。注浆及下穿大兴线时随时与第三方监测保持联系，随时获取变形监测数据，及时调整加固参数和掘进参数。向盾构机前方土体加注发泡剂或水等润滑剂，减少刀盘所受扭矩，降低总推力。盾构机严禁在下穿大兴线段停机。管片拼装时，每拼装完一块及时顶紧管片，防止盾构机后退和土压下降。加强施工过程中的监控量测，准确、实时掌握施工情况，并根据监测信息合理调整施工参数。

严格控制盾构姿态，改善管片受力和防水质量。盾构机推力、扭矩和掘进速度应保持平稳，盾构掘进应保持连续。严格控制管片拼装质量，保证拼装好的管片与盾壳之间的间隙，盾构推进过程中合理利用铰接千斤顶，加强盾构掘进姿态监测和管片选型工作，确保管片脱出盾尾后的防水效果和较好的隧道线型。

盾构机通过大兴线区间隧道期间加强监控量测，掘进面距监测断面 1 倍洞径 2 次/d；距工作面 1～2 倍洞径 1 次/d；距工作面 2～5 倍洞径 1 次/2 d；距工作面大于 5 倍洞径 1 次/7 d；基本稳定后 1 次/月。当出现异常情况时加大监测频率直到沉降趋于稳定。

4.4.4 实际施工参数控制

下穿大兴线 U 形槽实际施工中左线参数控制为：上土压力为 0.09～0.12 MPa，总推力为 25 000～35 000 kN，刀盘扭矩为 12 000～15 000 kN·m，推进速度约为 50 mm/min，刀盘转速为 1.3～1.5 r/min，同步注浆量为 14～16 m^3/环。右线盾构参数控制为：上土压力为 0.09～0.12 MPa，总推力为 28 000～35 000 kN，刀盘扭矩为 10 000～14 000 kN·m，推进速度约为 50 mm/min，刀盘转速为 1.4～1.6 r/min，同步注浆量为 14～16 m^3/环。

4.4.5 隧道结构变形监测

1. U 形槽监测项目及控制标准

人工监测项目：每晚停运后监测一次，施工完成后每周监测一次，持续一个月后每月监测一次，最后根据监测数据的稳定情况进行调整；开挖前进行初始观测，待工程竣工结构变形稳定，产权单位同意后停止监测。自动监测项目：20～60 min 1 次；开挖前进行初始观测，施工完成后变形趋于稳定时停止观测。监测项目见表 4.4.9。

表 4.4.9 监测项目

序　号	类　别	监测对象	监测对象	监测仪器
1	自动化监测	隧道结构	隧道结构竖向变形	静力水准仪
2	人工监测	隧道结构	隧道结构竖向变形	电子水准仪
3	人工监测	隧道结构	隧道结构横向变形	全站仪
4	人工监测	轨道结构	轨道结构竖向变形	电子水准仪

2. 监测点布置

在施工过程中，对既有地铁大兴线 U 形槽采用自动化及人工监测两种监测手段相结合，自动化监测主要监测隧道和轨道结构沉降；人工监测主要是结构裂缝和结构沉降等监测项目。既有大兴线 U 形槽内测点布置如图 4.4.6 所示。

(1)U 形槽结构竖向变形

在隧道影响范围内的 U 形槽段，沿 U 形槽走向，按 10 m 的间距布设监测断面，每个监测断面布设 4 个测点，2 个一组；在隧道影响范围内的既有线隧道段，沿隧道走向，按 10 m 的间距布设监测断面。每个监测断面布设 2 个测点，共 36 个测点。

(2)轨道结构竖向变形

在隧道影响范围内的 U 形槽段，沿轨道走向，按 5 m 的间距布设监测断面；在隧道影响范围内的既有线隧道段，沿轨道走向，按 10 m 的间距布设监测断面。每个监测断面布设 3 个测

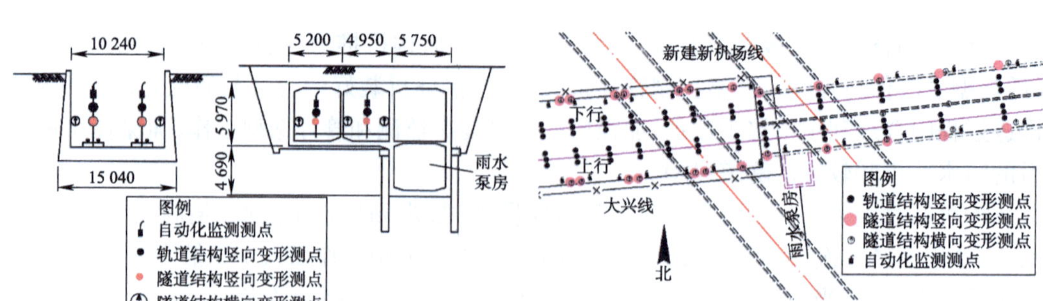

(a)U 形槽结构监测剖面布置图

(b)U 形槽结构监测平面布置图

图 4.4.6　U 形槽测点布置图(单位:mm)

点,沿上行、下行轨道分别设置。上行线一侧选取 18 个断面,下行线一侧选取 18 个断面,共 54 个测点。

(3)U 形槽结构横向变形

在隧道影响范围内的 U 形槽段,沿 U 形槽走向,按 10 m 的间距布设监测断面,每个监测断面布设 4 个测点,2 个一组;在隧道影响范围内的既有线隧道段,沿隧道走向,向两侧按 10 m 的间距布设监测断面。每个监测断面布设 3 个测点,共 41 个测点。

(4)自动化监测

在隧道影响范围内的 U 形槽段,沿 U 形槽走向,按 5 m 的间距布设监测断面。每个监测断面布设 2 个测点,沿 U 形槽两侧设置,共 54 个测点。

4.4.6　实测数据分析

1. U 形槽结构竖向变形分析

右线盾构 2018 年 5 月 18 日通过 U 形槽,盾构到达 U 形槽南侧时,U 形槽南侧发生隆起,隆起值为 0.4 mm;U 形槽北侧发生沉降,沉降值为−0.8 mm。盾构通过后 U 形槽发生沉降,经过约 10 d 后沉降稳定,最终右线隧道上方 U 形槽结构南北两侧沉降基本一致,为−1.2 mm。左线盾构 2018 年 5 月 26 日到达 U 形槽,随盾构逐渐接近 U 形槽,U 形槽结构逐渐隆起,到达 U 形槽时隆起量约 1.3 mm。盾构通过时 U 形槽南侧发生隆起,北侧沉降,经过约 10 d 后变形稳定,最终左线隧道上方 U 形槽结构南侧累计隆起 1.8 mm,北侧累计沉降−1.3 mm。竖向变形曲线如图 4.4.7 所示(图中左右线表示的是左右线范围内的测点)。

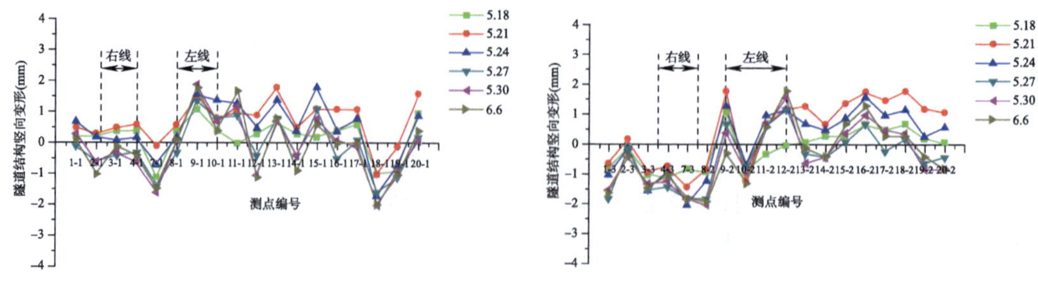

(a)上行方向(南侧)U 形槽结构竖向变形

(b)下行方向(北侧)U 形槽结构竖向变形

图 4.4.7　U 形槽结构竖向变形

2. 轨道结构竖向变形

左线隧道上方的轨道结构，盾构到达前表现出隆起，上行线轨道隆起 0.7 mm，下行线轨道隆起 0.9 mm；盾构通过后轨道结构沉降，经过约 10 d 变形稳定后，累计沉降−1.9 mm。右线隧道上方的轨道结构，上行线轨道表现出先隆起再沉降，下行线轨道表现出沉降，变形稳定后，累计沉降−2 mm 左右。轨道结构变形与 U 形槽结构竖向变形基本一致。轨道结构竖向变形如图 4.4.8 所示（图中左右线表示的是左右线范围内的测点）。

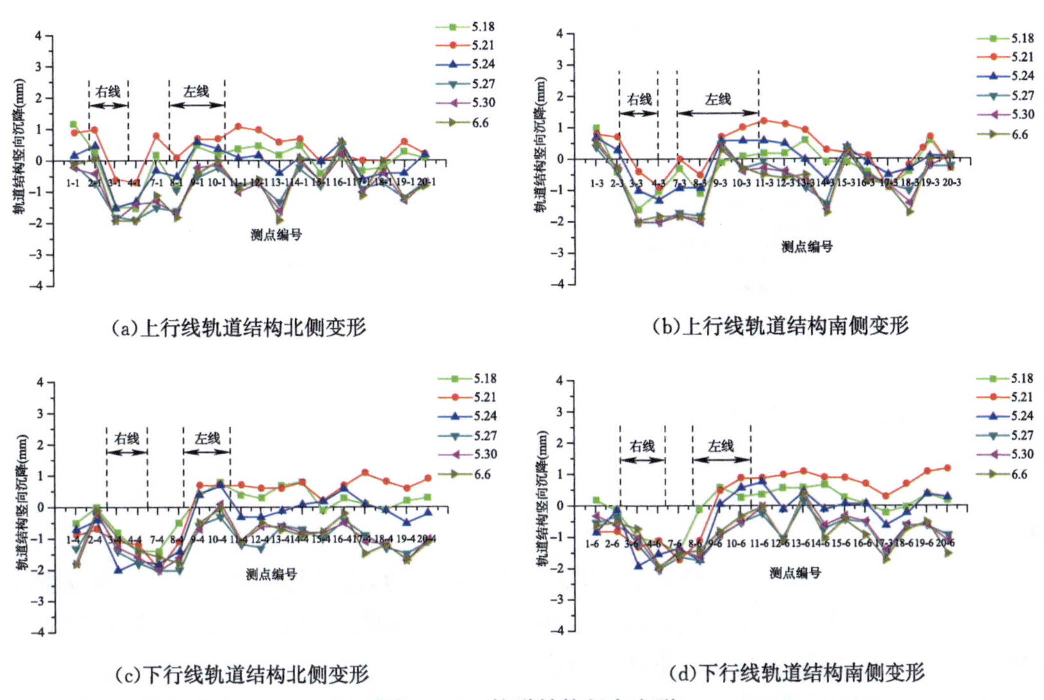

(a)上行线轨道结构北侧变形

(b)上行线轨道结构南侧变形

(c)下行线轨道结构北侧变形

(d)下行线轨道结构南侧变形

图 4.4.8　轨道结构竖向变形

3. U 形槽结构横向位移

隧道的横向变形较小，左右来回波动，极不稳定，波动范围在−0.3 ～0.3 mm 之间，小于竖向变形值。从水平方向看，隧道的受力基本保持平衡，未发生明显的整体移动现象。横向变形如图 4.4.9 所示（图中左右线表示的是左右线范围内的测点）。

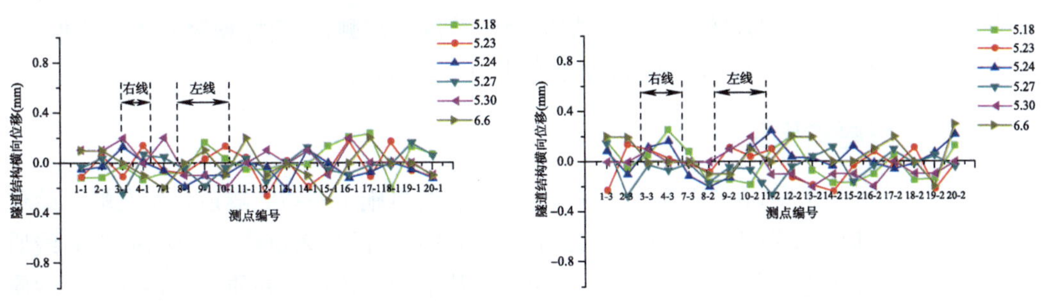

(a)上行线 U 形槽结构横向位移

(b)下行线 U 形槽结构横向位移

图 4.4.9　U 形槽结构横向位移

4. U形槽结构变形自动化监测

从自动化监测可以看出右线隧道开挖时，U形槽竖向变形波动较大。右线盾构通过时上方U形槽发生沉降，沉降最大值为－1.08 mm；盾构通过后上方U形槽隆起，经过约10 d变形稳定后，右线隧道上方结构南侧累计隆起1.2 mm，北侧累计隆起0.8 mm。左线盾构到达前，随盾构掘进，U形槽结构逐渐隆起，隆起最大值1.5 mm；盾构通过后U形槽结构变形较小，变形稳定后，结构南侧累计隆起0.7 mm，北侧累计隆起1.5 mm。自动化监测曲线如图4.4.10所示(图中左右线表示的是左右线范围内的测点)。

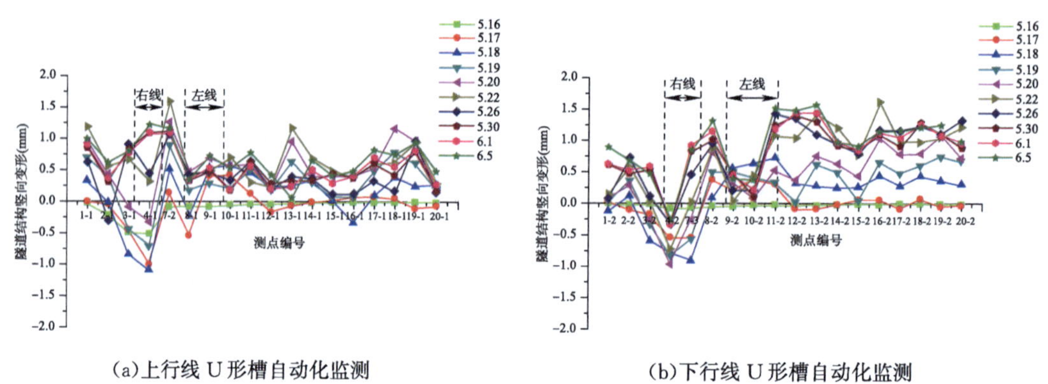

(a)上行线U形槽自动化监测　　(b)下行线U形槽自动化监测

图4.4.10　U形槽结构变形自动化监测

4.4.7　小　　结

在既有运营地铁线路U形槽下方近距离开挖盾构隧道，会引起隧道和轨道结构发生较大竖向变形，必须采取措施严格控制盾构施工参数。此次盾构隧道开挖对大兴线U形槽的变形成功控制在规定值以内，并得出以下几个结论：

(1)既有线路U形槽结构的竖向位移以及轨道的竖向位移与盾构掘进参数关系密切，随盾构接近、穿过U形槽过程，U形槽竖向变形表现为先隆起再沉降；水平方向的变形为左右波动，极不稳定，其值小于竖直方向的变形。

(2)管片脱出盾尾后，采用二次注浆、深孔注浆方式对管片背后进行填充，并确定合理的注浆量和注浆压力，可大幅度减少U形槽结构沉降，把结构变形值控制在允许范围内。

(3)既有线路U形槽结构下方进行隧道开挖风险性高，结构变形控制要求严格。在开挖过程中，需要严密地对U形槽结构、轨道结构、轨距等进行监测，制定好预警值和报警值，对可能发生的事故提供及时、准确的预报，确保既有线的安全运营。

4.5　浅覆土段盾构施工技术

盾构从2号风井始发，在3号风井接收，先施工右线再施工左线。隧道自始发端开始覆土厚度不断增加，选取4个覆土厚度(10 m、12 m、13 m、15 m)的地表沉降监测断面，对右线盾构施工造成的地表沉降进行分析。工程隧道穿越地层从上到下依次为粉质黏土，粉细砂，砂质粉土黏质粉土，粉细砂，卵石圆砾，如图4.5.1所示。区间主要地下水类型为层间水，水位覆土厚度22.88 m左右，隧道上方地层属于无水层。

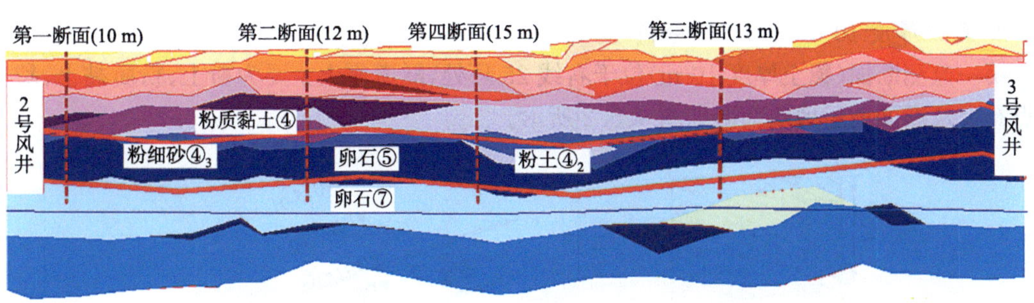

图 4.5.1　隧道地质情况

4.5.1　浅覆土定义

《地铁设计规范》(GB 50157—2013)中关于盾构法隧道覆土厚度的规定为:盾构法施工的区间隧道覆土厚度一般不小于 1.0D,D 为隧道直径。

《铁路隧道设计规范》(TB 10003—2016)中,根据隧道覆土厚度不同,将隧道分为深埋隧道和浅埋隧道,判定原则以隧道拱顶以上覆盖层厚度能否形成"自然拱"为原则。隧道覆盖厚度满足式(4.5.1)要求时应按浅埋隧道设计。

$$H<2.5h_a \tag{4.5.1}$$

$$h_a=0.45\times 2^{s-1}\omega \tag{4.5.2}$$

$$\omega=1+i(B-5) \tag{4.5.3}$$

式中　H——隧道拱顶以上覆盖层厚度;

h_a——深埋隧道垂直荷载计算高度;

s——围岩级别;

ω——宽度影响系数;

B——坑道宽度(m);

i——B 每增减 1 m 时的围岩压力增减率,当 $B<5$ m 时,取 $i=0.2$;$B>5$ m 时,取 $i=0.1$。

工程中深埋、浅埋隧道分界深度为 12.7 m。第一(10 m)、第二(12 m)监测断面为浅埋,地层不能形成"自然拱";第三(13 m)、第四(15 m)监测断面为深埋,地层可以形成"自然拱"。

4.5.2　试测数据分析

1. 施工参数控制

区间右线施工过程中,参数控制基本相同,盾构上土压力按静止土压力控制,同步注浆注入率控制在 150%上下(浆液注入率=实际注浆量/理论注浆量,理论注浆量每环 7.89 m^3),浆液结石率大于 92%。盾构通过各监测断面时的参数控制情况见表 4.5.1。

表 4.5.1　各断面掘进参数表

断面	覆土厚度(m)	静止土压力(MPa)	实际上土压力(MPa)	同步注浆量(m^3)	注入率(%)	浆液结石率(%)
一	10	0.094	0.09~0.11	10~13	160	92
二	12	0.096	0.09~0.11	10~13	160	92
三	13	0.106	0.10~0.12	10~13	160	96
四	15	0.106	0.10~0.12	10~13	160	95

2. 覆土厚度 10 m 断面沉降分析

第一监测断面(覆土厚度 10 m)位于右线 25 环处,隧道覆土主要为粉土、粉质黏土、黏土。测点布设及断面前后地质剖面如图 4.5.2 所示。

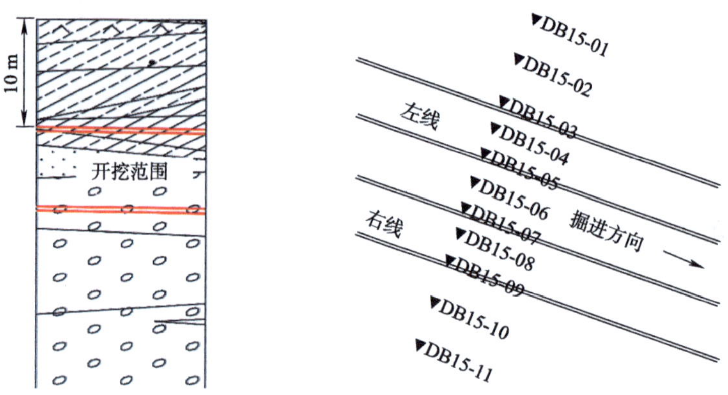

图 4.5.2　第一监测断面测点布设及地质情况

对右线盾构通过断面后的沉降情况进行分析。右线隧道正上方测点 DB15-8 在盾构掘进过程中的时间历程曲线如图 4.5.3(a)所示(横坐标第 0 天表示刀盘到达测点下方)。盾构刀盘到达测点下方时,DB15-8 测点沉降约－3.10 mm;刀盘通过后,经过约 5 d 测点沉降稳定。由图 4.5.3(b)可知,右线盾构通过后,监测断面上方地表最大沉降为－31.88 mm。

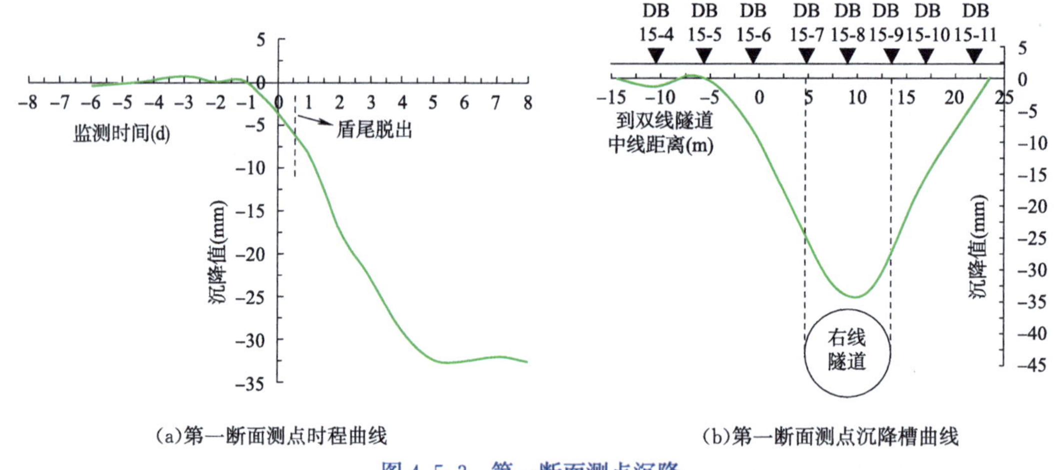

(a)第一断面测点时程曲线　　(b)第一断面测点沉降槽曲线

图 4.5.3　第一断面测点沉降

3. 覆土厚度 12 m 断面沉降分析

第二监测断面(覆土厚度 12 m)位于右线 720 环,隧道覆土主要为杂填土、黏土、粉土、粉细砂、粉质黏土。测点布设及断面前后地质剖面如图 4.5.4 所示。

对右线盾构通过断面后的沉降情况进行分析。右线隧道正上方测点 DB57-8 在盾构掘进过程中的时间历程曲线如图 4.5.5(a)所示。盾构刀盘到达测点下方时,DB57-8 沉降为－3.22 mm;刀盘通过约 4 d 后测点沉降稳定。由图 4.5.5(b)可知,右线盾构通过后,监测断面右线上方地表沉降最大值为−23.35 mm。

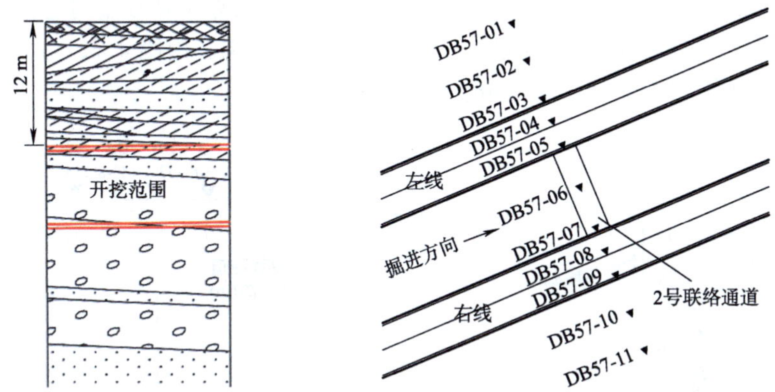

图 4.5.4 第二监测断面测点布设及地质情况

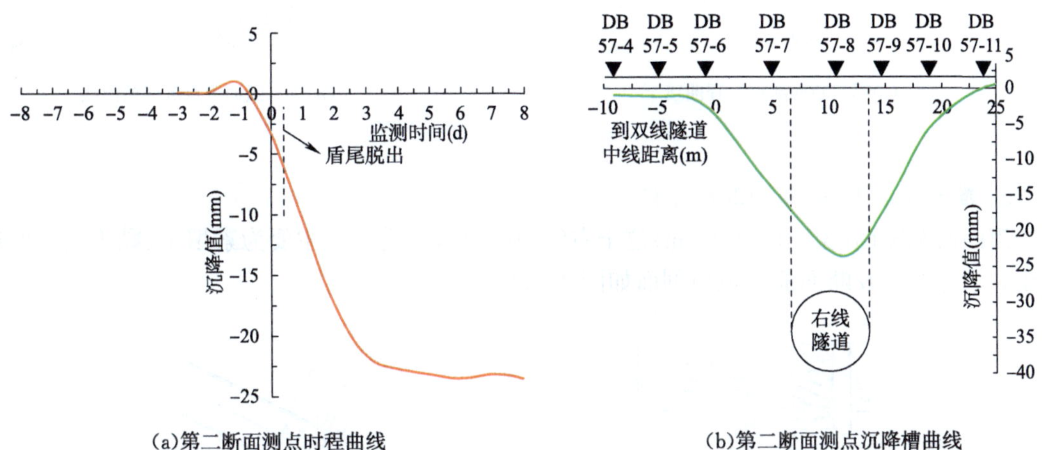

(a)第二断面测点时程曲线

(b)第二断面测点沉降槽曲线

图 4.5.5 第二断面测点沉降

4. 覆土厚度 13 m 断面沉降分析

第三监测断面(覆土厚度 13 m)位于右线 2 070 环,隧道覆土主要为杂填土、黏土、粉土、粉质黏土。测点布设及断面前后地质剖面如图 4.5.6 所示。

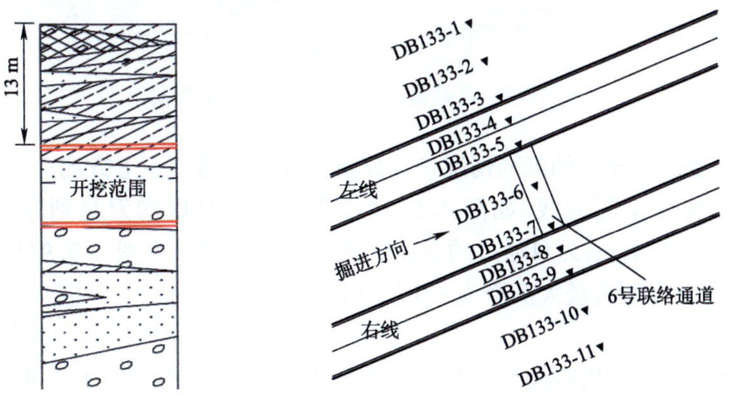

图 4.5.6 第三监测断面测点布设及地质情况

对右线盾构通过断面后的沉降情况进行分析。将右线隧道正上方测点 DB133-8 在盾构掘进过程中的沉降变化绘制曲线，如图 4.5.7(a)所示。右线盾构刀盘到达监测断面时测点 DB133-8 沉降为－0.32 mm；刀盘通过约 2 d 后测点沉降稳定。由图 4.5.7(b)可知，盾构通过后，右线上方的地表沉降为－15.54 mm。

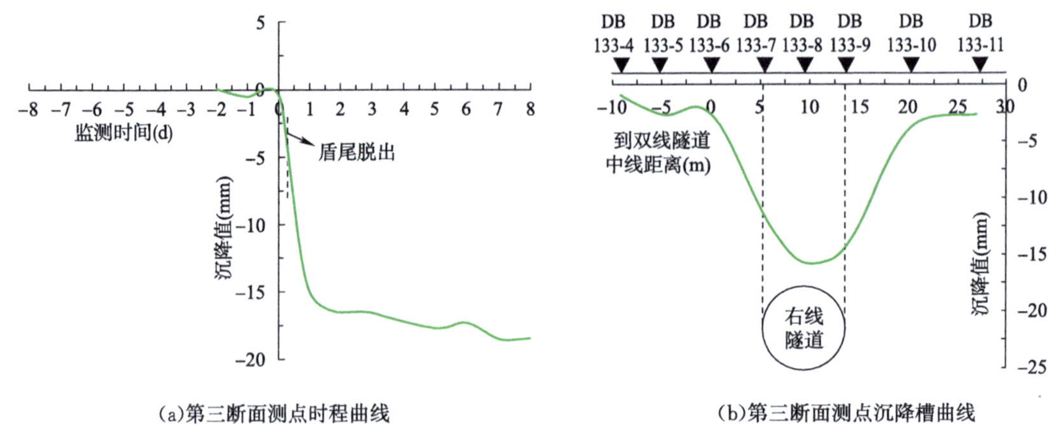

(a)第三断面测点时程曲线　　(b)第三断面测点沉降槽曲线

图 4.5.7　第三断面测点沉降

5. 覆土厚度 15 m 断面沉降分析

第四监测断面(覆土厚度 15 m)位于右线 1080 环，隧道覆土主要为素填土、黏土、粉细砂、粉土。测点布设及断面前后地质剖面如图 4.5.8 所示。

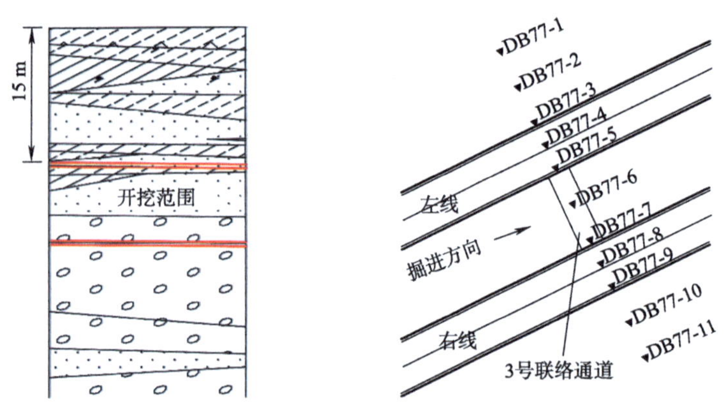

图 4.5.8　第四监测断面测点布设及地质情况

对右线盾构通过断面后的沉降情况进行分析。取右线隧道正上方测点 DB77-8，将盾构掘进过程中的沉降变化绘制曲线，如图 4.5.9(a)所示。右线盾构刀盘到达测点下方时测点 DB77-8 沉降为－2.87 mm；刀盘通过约 2 d 后测点沉降稳定。由图 4.5.9(b)可知，盾构通过后，监测断面右线上方地表最大沉降为－9.97 mm。

6. 不同断面对比分析

影响地表沉降的主要盾构施工参数为土仓压力、同步注浆量。根据各断面施工过程中参数记录可知，各断面施工参数基本相同。对比各断面右线隧道上方地表沉降(表 4.5.2)，在施

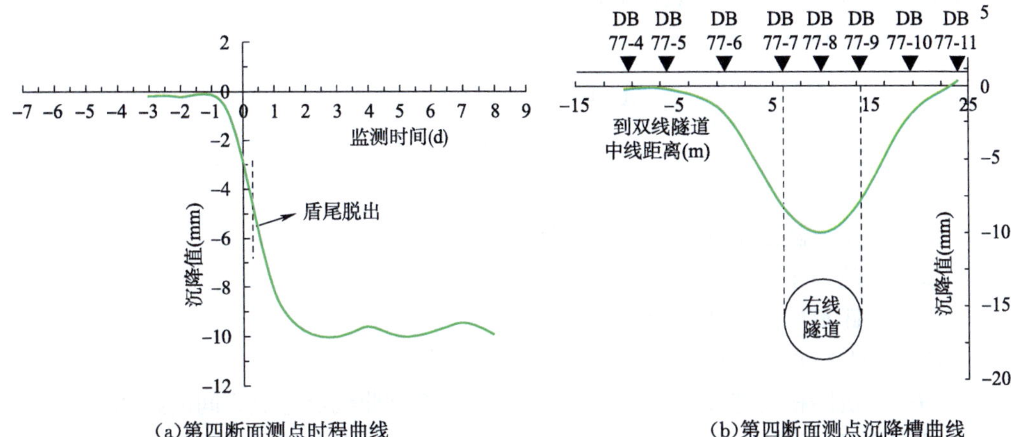

(a)第四断面测点时程曲线　　(b)第四断面测点沉降槽曲线

图 4.5.9　第四断面测点沉降

工参数基本相同的情况下，随着覆土厚度增加，隧道轴线上方最大沉降逐渐减小；实测数据显示隧道施工影响范围约为隧道轴线两侧 15 m，地层损失率随覆土厚度增大而减小。从测点稳定时间看，深埋隧道测点沉降稳定时间较短，约为 2 d；浅埋隧道时间较长，约为 4 d。

表 4.5.2　实测沉降槽参数

断面	覆土厚度(m)	上覆土层	最大沉降(mm)	沉降槽宽度(m)	地层损失率(%)
一	10	粉土、粉质黏土、黏土	−31.88	37	0.83
二	12	粉土、粉细砂、粉质黏土	−23.35	29	0.49
三	13	粉土、粉质黏土、黏土	−15.54	25	0.38
四	15	粉土、黏土、粉细砂	−9.97	30	0.21

注：此处地层损失率＝沉降槽面积/盾构开挖面积，盾构开挖面积为 65.76 m^2。

覆土厚度与最大沉降的关系如图 4.5.10 所示，由图可知最大沉降值和地层损失率随覆土厚度的增大而减小，且成拱覆土厚度(12.7 m)附近存在变化速率的改变。覆土厚度小于 12.7 m 时，随着覆土厚度的增加，地表最大沉降量减小速率较大。覆土厚度大于 12.7 m 后，随着覆土厚度的增加，地表最大沉降量减小速率明显放缓。

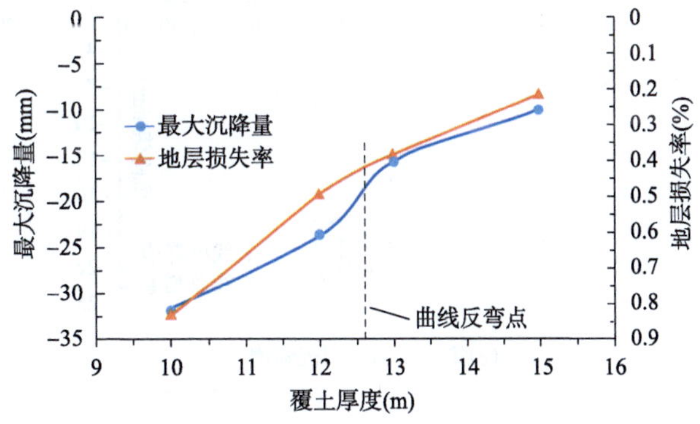

图 4.5.10　覆土厚度与最大沉降和地层损失率关系曲线

4.5.3　基于 Peck 公式的沉降槽分析

1. Peck 公式

Peck 认为，盾构推进时引起的地层损失导致地表产生沉降。假设施工过程中地层不发生排水，则地表沉降槽的体积应等于损失土体的体积，地层损失体积可以根据沉降槽体积反算。

大量工程实测数据表明，隧道地表横向沉降曲线接近于正态分布曲线，Peck 对地表横向沉降曲线进行拟合得到 Peck 经验公式。

$$S(x)=S_{max}\exp\left(-\frac{x^2}{2i^2}\right) \tag{4.5.4}$$

$$S_{max}=\frac{V_s}{i\sqrt{2\pi}} \tag{4.5.5}$$

式中 $S(x)$——距离隧道中线处的地面沉降量；

S_{max}——隧道中线的地面沉降量；

x——距离隧道中线的距离；

V_s——开挖单位长度隧道引起的地层损失量；

i——沉降槽的宽度系数，为隧道中线到沉降槽曲线反弯点之间的距离。

2. 沉降槽分析

基于 Peck 公式，取右线盾构通过监测断面后的监测数据，拟合为高斯曲线，如图 4.5.11 所示。

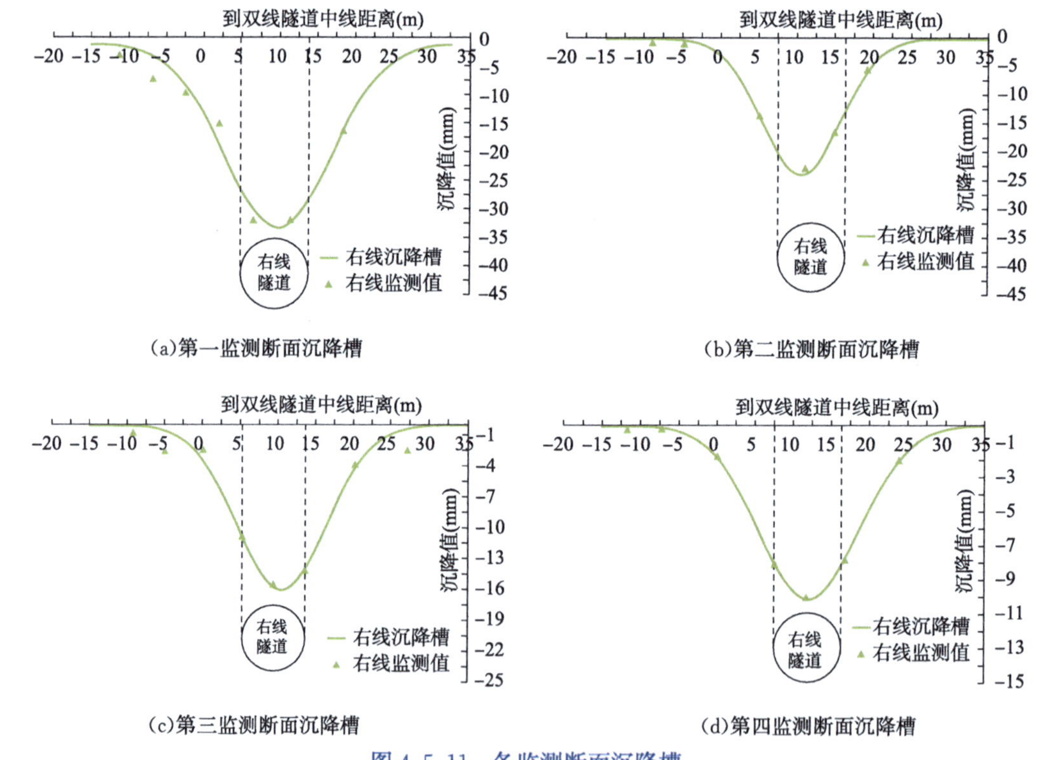

(a)第一监测断面沉降槽

(b)第二监测断面沉降槽

(c)第三监测断面沉降槽

(d)第四监测断面沉降槽

图 4.5.11 各监测断面沉降槽

地层损失率是地层损失与设计开挖面积的比值。采用 MATLAB 程序进行积分计算地层损失率。对拟合得到的四个监测断面沉降槽进行分析，计算地层损失率、沉降槽宽度系数，结果见表 4.5.3。

表 4.5.3　沉降槽参数计算结果

监测断面	覆土厚度(m)	参数名称	
		宽度系数(m)	地层损失率(%)
一	10	7.01	0.89
二	12	6.65	0.52
三	13	5.94	0.36
四	15	6.54	0.25

由表 4.5.3 可知,不同监测断面的沉降槽宽度系数范围为 5.9～7.0 m,且与隧道覆土厚度相关性不明显;相同施工参数下,通过地表沉降槽反算的地层损失率随着覆土厚度增加呈现减小趋势,拟合的结果与实测结果相同。

4.5.4　基于 FLAC 3D 的浅覆土地表沉降研究

1. 模型建立

模型尺寸为长(l)80 m,宽(w)71.5 m,高(h)32.5 m,双线隧道净距(d)8.7 m。模型采用位移边界条件,其中底部限制模型竖直方向位移,周边限制水平方向位移,模型顶部为自由边界,如图 4.5.12 所示。

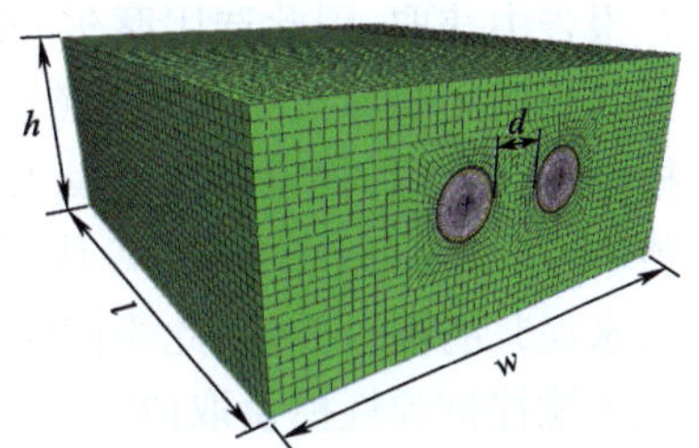

图 4.5.12　计算模型

在进行双线隧道不同左右间距施工模拟时,根据间距不同分为 0.25D、0.5D、1.0D、1.5D、2.0D、2.5D、3.0D 共 7 种情况。模型尺寸做相应调整,见表 4.5.4。

表 4.5.4　模型尺寸

净距 d(m)	总宽度 w(m)	总长度 l(m)	总高度 h(m)
2.29(0.25D)	71.5	80	32.5
4.58(0.5D)	71.5	80	32.5
9.15(1.0D)	71.5	80	32.5
13.73(1.5D)	76.8	80	32.5
18.30(2.0D)	81.5	80	32.5
22.88(2.5D)	85.3	80	32.5
27.45(3.0D)	90.5	80	32.5

在进行双线隧道不同前后间距施工模拟时,根据间距不同分为并行、间距 5 环、间距 15 环、间距 30 环共 4 种情况,隧道左右净距根据实际情况取 8.7 m。模型尺寸做相应调整,见表 4.5.5。

表 4.5.5　模型尺寸

前后间距(m)	总宽度 w(m)	总长度 l(m)	总高度 h(m)
0(并行)	71.5	80	32.5
8(5 环)	71.5	80	32.5

续上表

前后间距(m)	总宽度 w(m)	总长度 l(m)	总高度 h(m)
24(15 环)	71.5	80	32.5
48(30 环)	71.5	96	32.5

模型中，隧道横断面分为等代层、管片层和隧道内部空间三部分，如图 4.5.13 所示。用等代层模拟盾尾同步注浆，等代层反映盾构推进时盾壳对土体的扰动和注浆浆液对土体的渗透作用，厚度取盾尾空隙的两倍，即 0.35 m。

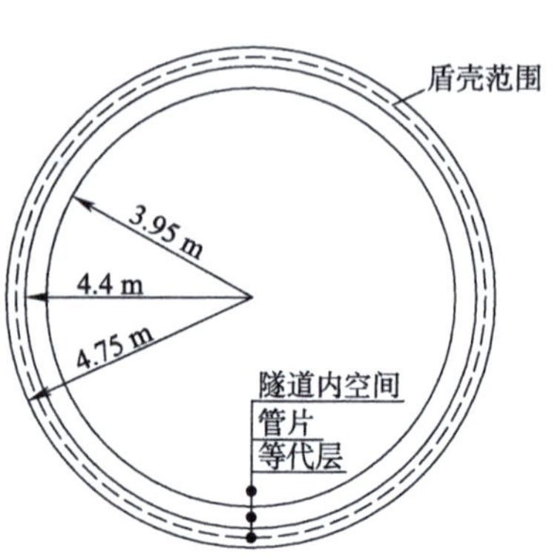

图 4.5.13　隧道断面示意图

2. 材料参数

摩尔—库仑本构模型能够较好地反映出土体的非线性力学特性，相比其他弹塑性模型所需参数较少且易从地质勘查报告中获取，因此选用摩尔—库仑模型模拟地层。区间所处的土层主要参数见表 4.5.6。隧道管片及等代层采用弹性模型进行模拟，材料参数见表 4.5.7。其中，管片材料参数取值参考 C50 混凝土参数；等代层中的材料是土、水泥浆及土与水泥浆的混合体，因此等代层弹性模量参考《建筑地基处理技术规范》(JGJ 79—2012)中水泥土搅拌桩弹性模量取值。

表 4.5.6　土层材料参数

土层类别	厚度(m)	黏聚力(kPa)	摩擦角(°)	泊松比	弹性模量(MPa)	密度(kg/m³)
杂填土① 砂质粉土	1.5	10	12	0.25	2.50	1 930
黏质粉土② 砂质粉土	2.6	17	30	0.25	3.75	1 900
黏质粉土③	5.3	18	26	0.30	5.20	1 970
粉质黏土④	4.1	33	19	0.26	5.72	1 980
粉细砂$④_3$	3.2	0	30	0.28	11.73	1 950
卵石圆砾⑦	15.8	0	40	0.22	35.04	2 050

表 4.5.7　隧道材料参数

材　料	泊松比	弹性模量(MPa)	密度(kg/m³)
管片	0.2	34 500	2 500
等代层	0.2	90	2 000

在 FLAC 3D 中，摩尔—库伦模型不直接使用弹性模量 E 和泊松比 ν 描述材料，而是使用切变模量 G 和体积模量 K 进行描述。他们之间按下式进行转换。

$$K=\frac{E}{3(1-2\nu)} \tag{4.5.6}$$

$$G=\frac{E}{2(1+\nu)} \tag{4.5.7}$$

3. 施工过程模拟

隧道施工过程模拟采用逐步设定空模型(null model)、盾壳、管片和等代层材料参数的方式进行模拟，不考虑等代层浆液凝固过程，开挖过程如图 4.5.14 所示，具体为：

(1)每次开挖一环管片长度，开挖后进行应力释放。

(2)应力释放完成后对开挖面施加根据埋深计算的静止土压力并设置盾壳，计算至平衡。盾壳采用壳单元(shell)模拟，厚度 60 mm，参数取值参考 Q345B 钢材参数。

(3)开挖进行 10 环后盾壳长度达到实际盾构主机长度 16 m，开挖第 11 环时，删除第 1 环位置盾壳，设置管片与等代层并计算至平衡，再进行下一环开挖。

(4)重复进行上述步骤直到开挖完成。

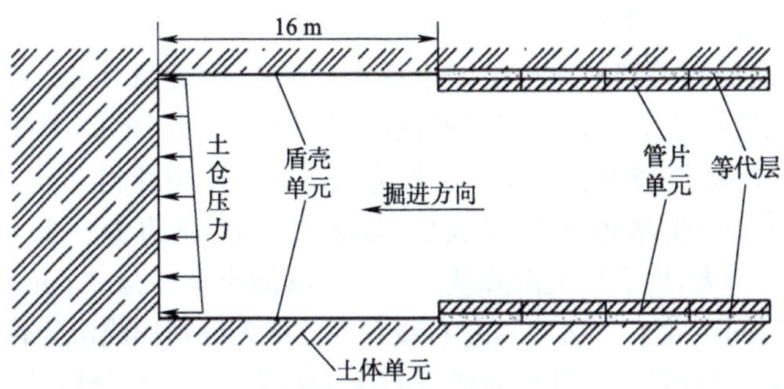

图 4.5.14 开挖过程示意图

进行双线隧道不同左右间距施工模拟时，先进行右线开挖，完全贯通后再进行左线开挖，模拟时不考虑浆液凝固过程。进行双线隧道不同前后间距施工模拟时，右线先开挖，至预定的与左线开挖面间隔一定距离后再保持间距，左右线同时开挖，模拟时不考虑浆液凝固过程。

用地表沉降槽反算的每环地层损失体积作为控制指标进行应力释放。假设隧道开挖后在短时间无支护状态下断面变形为近似椭圆形，如图 4.5.15 所示。进行应力释放时，先开挖一环管片长度，读取图中 1～9 位置节点位移并按椭圆圆台体积计算变形后该环范围内的隧道体积；计算出的体积与初始每环隧道体积对比，当体积差增大至控制值(每环地表沉降槽体积)时终止应力释放，施加土压力、盾壳并计算至平衡。

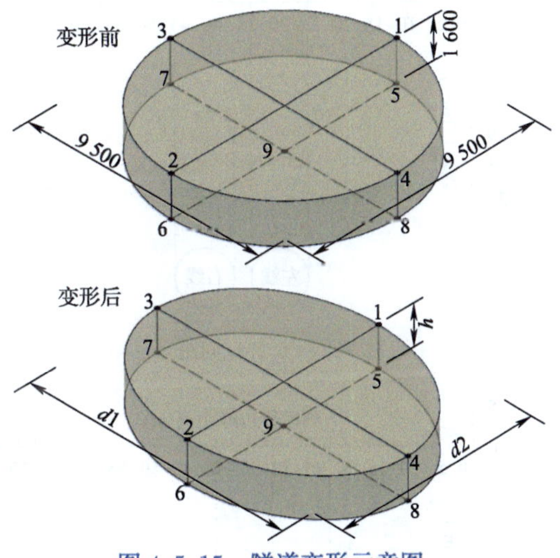

图 4.5.15 隧道变形示意图

4.5.5 数值计算结果分析

1. 现场监测对比

取现场右线盾构施工通过 10 m 覆土厚度区域后的地表沉降监测数据进行分析并与数值模拟结果进行对比，如图 4.5.16 所示。

实际施工中，右线隧道上方地表最大沉降为−32.8 mm，沉降槽宽度为 30 m，由地表沉降槽反算的地层损失率为 0.83%。数值模拟中，右线隧道上方地表最大沉降为−32.1 mm，沉降槽宽度为 34 m，由地表沉降槽反算的地层损失率为 0.87%。实测数据与数值模拟结果相近，说明数值计算能够模拟现场施工情况。

图 4.5.16　数值模拟沉降槽与实测沉降槽对比

2. 双线不同左右间距模拟

模拟双线隧道不同左右间距施工对地表沉降影响时，根据 10 m 覆土厚度段现场实际沉降监测情况，通过地表沉降槽反算得到平均地层损失率为 0.4%，因此取 0.4%地层损失率作为应力释放控制值。将模拟计算结果绘制为沉降槽曲线，如图 4.5.17 所示，其中左线沉降槽通过双线模拟开挖完成后的沉降值减去右线模拟开挖完成后的沉降值获得。

由图 4.5.17 可知，右线隧道开挖完成后，地表最大沉降约为−25 mm，沉降槽宽度约 33.5 m。随左右线间距增大，地表最大沉降从−36.6 mm 减小至−24.4 mm。间距小于 1.0D 时，左右线沉降槽不分离；间距大于 1.0D 后，左右线开挖在地表分别形成沉降较大区域，左右线之间的地表沉降相对较小。提取左右线开挖完成后的地表沉降数据进行分析，如图 4.5.18 所示。

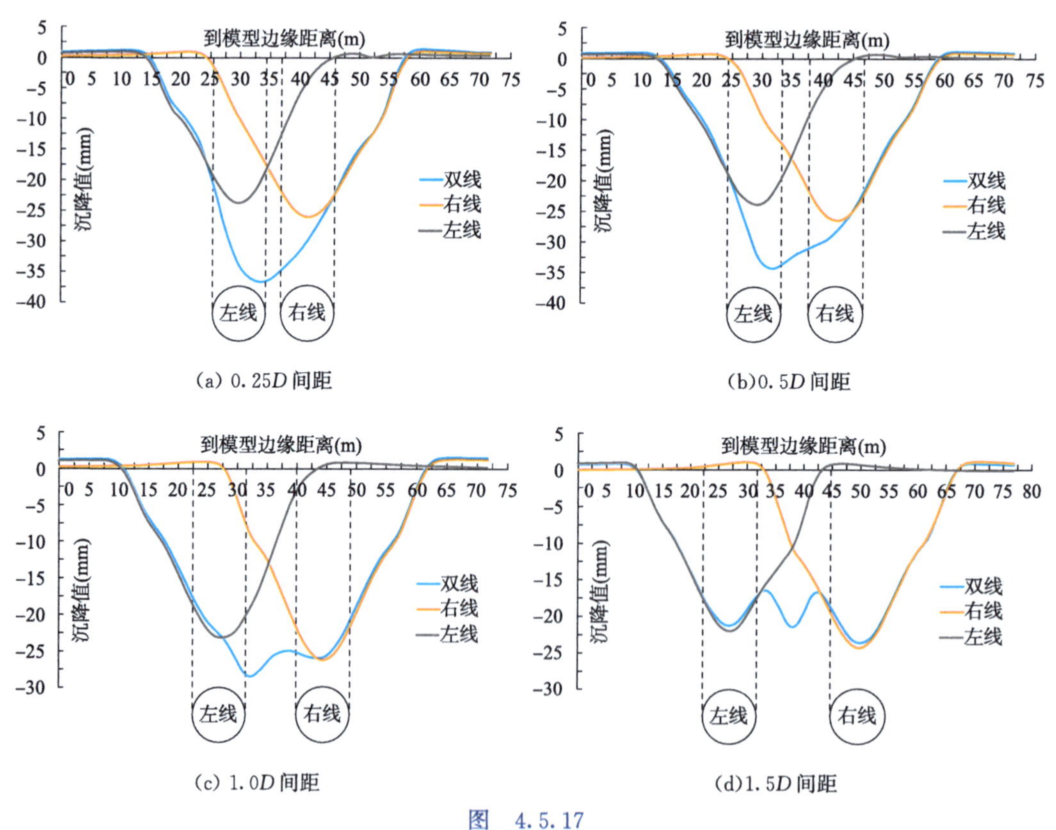

(a) 0.25D 间距

(b) 0.5D 间距

(c) 1.0D 间距

(d) 1.5D 间距

图　4.5.17

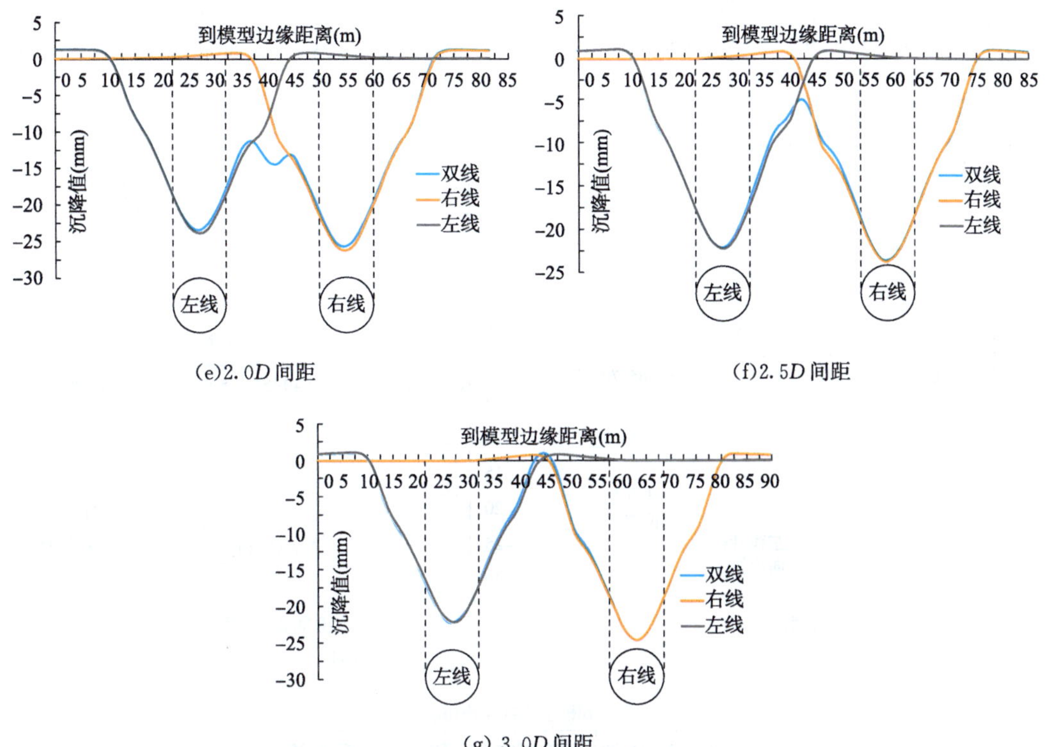

(e)2.0*D* 间距

(f)2.5*D* 间距

(g) 3.0*D* 间距

图 4.5.17　不同左右间距模拟计算结果

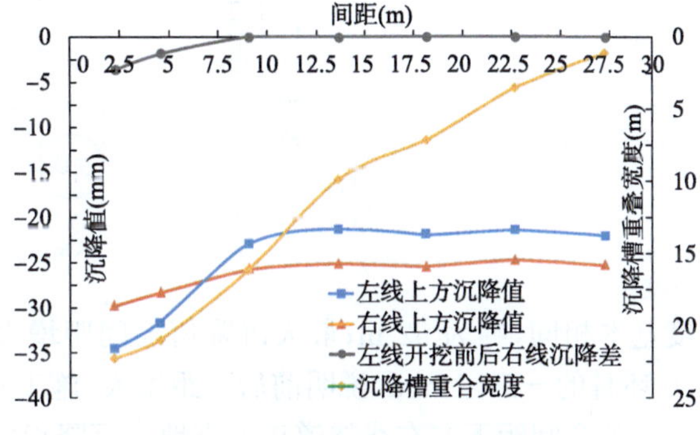

图 4.5.18　左右线开挖地表沉降

由图 4.5.18 可知，左右线隧道开挖完成后，随间距增大，左右线上方地表沉降先逐渐减小，间距增大至 1.5*D* 后沉降值基本不再随间距增大而变化，同时左线开挖前后右线上方地表沉降值变化也趋于 0。此时虽然左右线沉降槽仍有部分重叠，但已经不对隧道正上方地表沉降产生影响，左线隧道正上方地表沉降稳定在约－21.5 mm，右线隧道正上方地表沉降稳定在约－24.9 mm。随左右线间距继续增大，左右线沉降槽重叠宽度进一步减小。至间距 3.0*D* 时，重叠宽度仅有 1 m，表明间距大于 3.0*D* 后，左右线沉降槽基本不发生重叠，隧道开挖不会相互影响。

3. 双线不同前后间距模拟

模拟双线隧道不同前后间距施工对地表沉降影响时，采用 0.4%地层损失率作为应力释放控制值。对并行、间距 5 环、间距 15 环、间距 30 环 4 种情况，分别绘制右线开挖至 30 环、35 环、35 环、50 环时的左右线隧道正上方、左右线隧道中线正上方的地表纵向沉降曲线，如图 4.5.19所示。左右线开挖完成后地表沉降槽曲线如图 4.5.20 所示。

从图 4.5.20 左右线隧道贯通后的沉降槽曲线可以看出，不同前后间距施工时，沉降槽宽

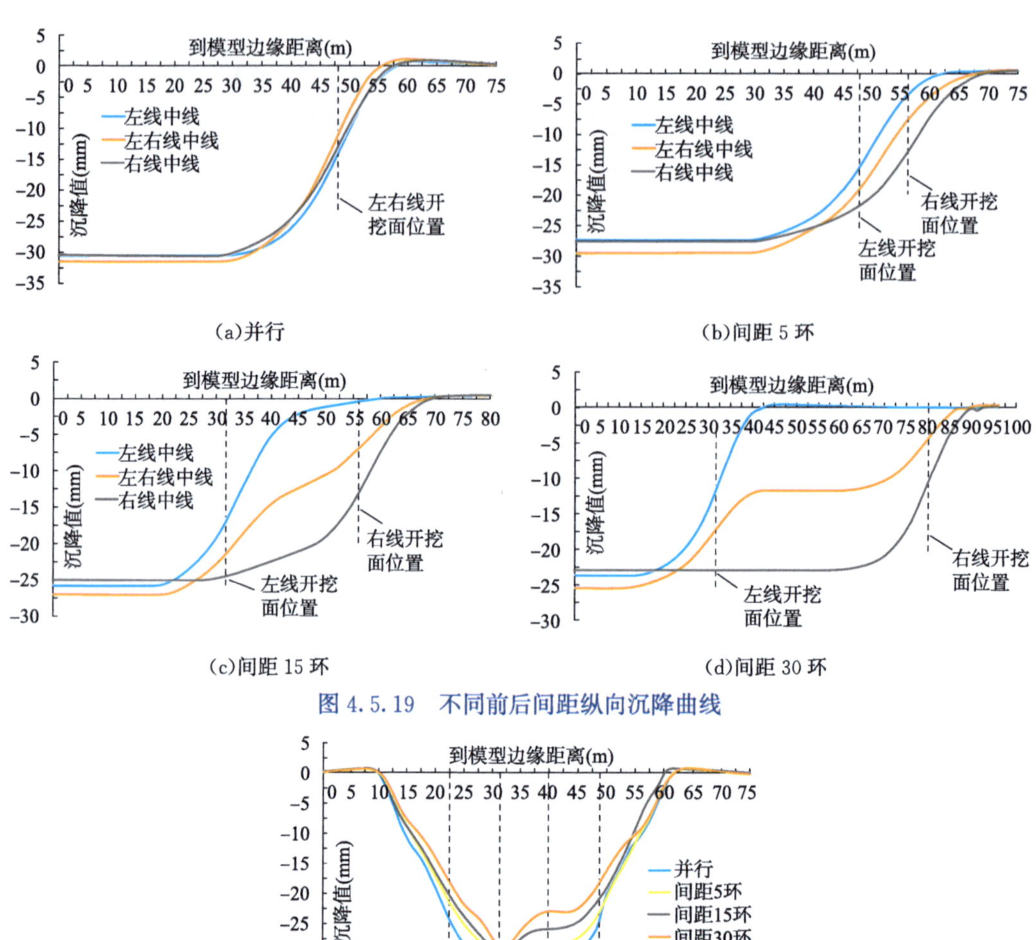

图 4.5.19　不同前后间距纵向沉降曲线

图 4.5.20　不同前后间距沉降槽曲线

度基本相同，约为 52 m；最大沉降值随间距增大而减小，由并行时的－31.6 mm 减小至间距 30 环时的－29.1 mm，说明前后间距增大，施工对地层的扰动减小。

各个间距下左右线隧道正上方地表沉降稳定所需环数（按沉降稳定位置到开挖面的环数计算）见表 4.5.8。

表 4.5.8　隧道材料参数

前后间距	沉降稳定环数	
	左　线	右　线
并行	12	12
5 环	11	16
15 环	10	18
30 环	12	12

从沉降稳定经过的环数可得，间距为 0～15 环时，右线沉降稳定所需环数随间距增大而增加。原因是左右线纵向的影响范围重合，右线开挖过后沉降未稳定时，左线隧道开挖又对地层进一步扰动，造成右线沉降稳定环数增加。

间距 30 环时，纵向影响范围分开，右线沉降稳定环数降低至 12 环。从间距 30 环的纵向沉降曲线可知，盾构开挖在纵向的影响范围约为 20 环(32 m)。

4.5.6 小　　结

本节以北京新机场线 9 m 直径土压平衡盾构施工引起的不同覆土厚度断面(10～15 m)地表沉降监测数据为基础，结合数值计算，研究了覆土厚度对地表沉降的影响，得出了以下结论：

(1)实测数据显示，相同施工参数下隧道上方测点最大沉降值和地层损失率随覆土厚度增大而减小。在成拱覆土厚度(12.7 m)存在变化速率改变，覆土厚度小于 12.7 m 时，随着覆土厚度的增加，地表最大沉降量减小速率增大；覆土厚度大于 12.7 m 后，随着覆土厚度的增加，地表最大沉降量减小速率明显放缓。

(2)沉降发生的主要阶段为盾尾脱出后，深埋隧道(覆土厚度超过 12.7 m)和浅埋隧道(覆土厚度小于 12.7 m)测点沉降稳定时间有显著的差异。深埋隧道测点沉降稳定时间较短，约为 2 d；浅埋隧道时间较长，约为 4 d。

(3)实测数据显示，盾构施工影响范围约为 1.5 倍盾构直径(15 m)，影响范围与覆土厚度相关性不明显；利用 Peck 公式对实测数据进行拟合也得出了相同的结论。

(4)在相同土压力及同步注浆量的条件下，随着隧道覆土厚度的增加，通过地表沉降槽反算的地层损失率表现出减小的趋势。

(5)通过实测地表沉降数据对比，表明控制地层损失率进行应力释放的数值模拟方法能够较准确地模拟地表沉降。

(6)随着隧道左右间距增大，隧道上方的地表沉降先减小；间距增大至 1.5D 后，地表最大沉降不再随间距增大而减小，左线上方地表沉降约－21.5 mm，右线上方地表沉降约－24.9 mm；间距大于 3.0D 后，左右线施工不再相互影响。

(7)通过模拟左右线不同前后间距施工，在本文地层情况下，盾构开挖纵向的影响范围约为 20 环(32 m)。根据模拟计算结果，前后间距小于 30 环时左右线纵向影响范围重叠，前后间距越小，开挖造成的地表沉降值越大；前后间距大于 30 环后，左右线施工不再相互影响，此时地表最大沉降为－29.1 mm。

4.6 装配式检修井在盾构检修中的应用

工程处于全断面砂卵石地层，且隧道长度长，因此需要及时合理地对盾构刀盘进行检修。盾构检修井的施工效率直接决定盾构检修的及时性和后续施工进度与施工质量。工程中采用了装配式检修井，现对其施工工艺原理、工艺特点、施工控制措施进行归纳总结，以期为今后类似工程施工提供借鉴。

4.6.1 检修井概况

根据施工前期筹划及盾构试验段施工实际情况发现，地层对刀具磨损较大，需要在盾构掘进过程中进行刀具检查及更换工作。结合区间地表建(构)筑物及盾构施工实际情况，沿线共设置 3 处检修井。其中，3 号检修井位于距离始发井 2.5 km 处，深度 21.59 m。检修井位置情况如图 4.6.1 所示。

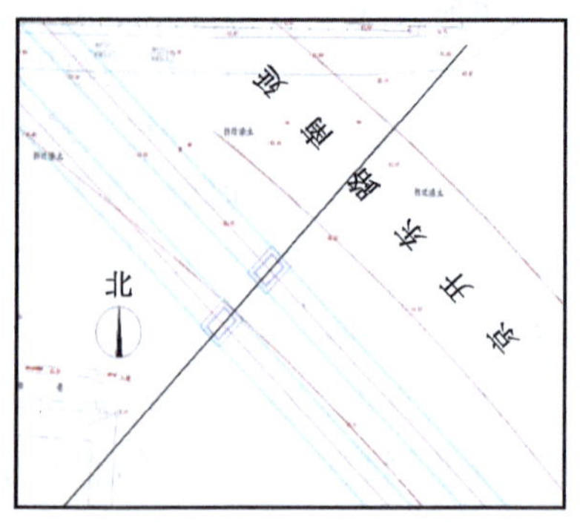

图 4.6.1　检修井位置平面图

盾构检修井所处地层从上到下依次为素填土①层、杂填土①$_1$、粉砂质粉土黏质粉土②层、粉细砂②$_3$层、黏土③$_2$ 层、粉质黏土③$_1$ 层、粉细砂③$_3$ 层、砂质粉土黏质粉土③层、砂质粉土黏质粉土④$_2$ 层、粉细砂④$_3$层、卵石圆砾⑤层。竖井底板位于卵石圆砾层，地下水位线位于检修井底 5 m 以下。检修井地质情况如图 4.6.2 所示。

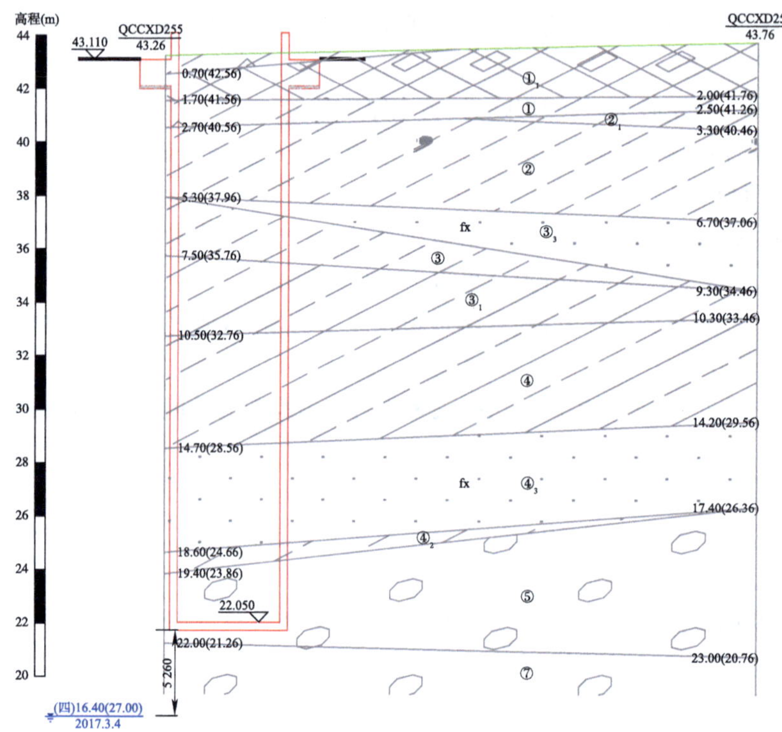

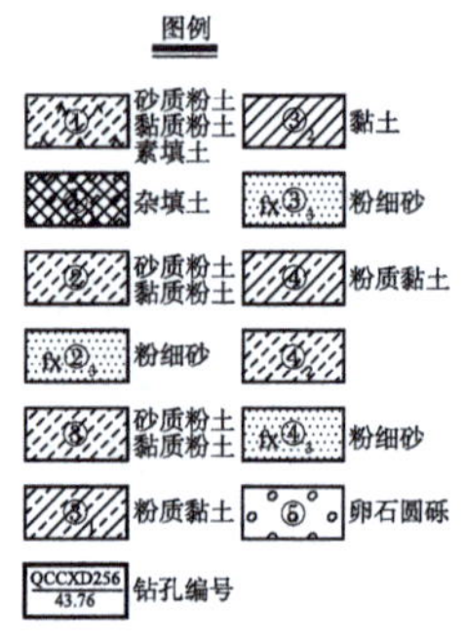

图 4.6.2　检修井地质剖面图(单位：m)

4.6.2　装配式检修井施工设计

1. 工艺原理

装配式盾构检修井由腰梁、波纹板及钢支撑组成，腰梁及钢支撑作为受力构件，承受周边土体的侧向荷载。波纹板作为挡土及传力构件，将土体的侧向荷载传递到腰梁及钢支撑上。根据工程经验类比并结合现场工程地质环境，分别对断面工况进行施工阶段承载能力极限状态计算。

整个竖井分为常规段、加强段和盾构段，如图 4.6.3 所示。自竖井井口以下至 14.3 m 部分为常规段，常规段为封闭合圆环，起支护土体稳定作用，整个施工过程中结构形式不发生变化；盾构中心线下方 1 m 至盾构顶以上 0.5 m 范围为盾构段，盾构段结构总深度为盾构半径＋1.5 m，在换撑回填时会拆除迎盾构侧的支护结构。常规段拼装方法与盾构段拼装方法不同，分别承担不同的受力体系。常规段与盾构段间设置加强环来加强整体结构刚度，减小盾构顶进时对上方检修井部分造成的影响，加强段深度为 1.12 m，腰梁与腰梁间使用波纹板作为挡土构件，波纹板与腰梁采用螺栓连接。常规段腰梁采用型号为 120 mm×120 mm，厚度为 6 mm 的拼装式空心方钢；盾构段腰梁采用型号为 140 mm×140 mm，厚度为8 mm 的空心方钢，全断面钢支撑为 H 型钢，拼装过程中间隔 0.5 m 布置 1 道腰梁及钢支撑。

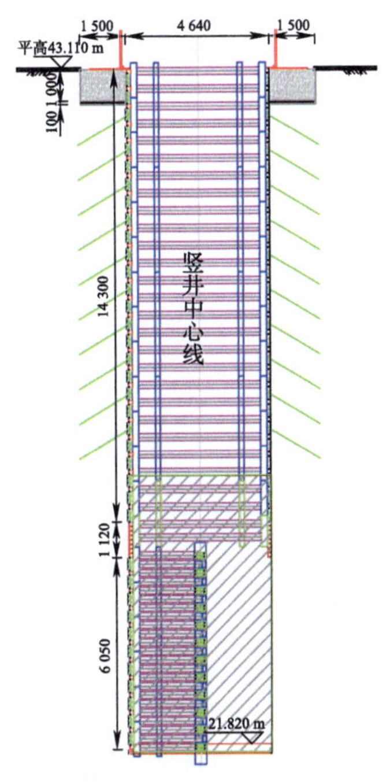

图 4.6.3　装配式检修井剖面图（单位：mm）

装配式检修井分两次回填，为了满足盾构机推进到竖井过程中的安全，保证盾构顶进过程中结构的安全稳定，第 1 次回填为盾构段换撑回填，每拆除 1 榀支护结构，回填相同厚度的土体并分层夯实，压实系数不小于 0.94，直至回填至盾构机顶 3 m 处，确保检修井结构稳定；第 2 次回填为维修井拆除及回填，盾构刀盘检修完成后，从下至上逐层回收所有支护结构，跟进回填，按 1 榀支护结构的厚度分层夯实土体，压实系数不小于 0.94，确保竖井周围土体稳定，直至拆除所有钢结构。

2. 施工设计方案

施工流程如图 4.6.4 所示。

(1) 锁口圈梁施工

锁口圈梁截面尺寸为 1.5 m(宽)×1.0 m(高)，整体浇筑，底部为 C20、厚 10 cm 的混凝土垫层，圈梁及挡墙内外侧钢筋保护层厚度均为 30 mm，如图 4.6.5 所示。

在圈梁上安装工程预制的波纹板护栏，波纹板护栏与圈梁间采用法兰螺栓连接，在两者拼装处采用防水密封胶封闭。钢筋绑扎、立模支撑经监理检查合格后，进行锁口圈梁混凝土浇筑。混凝土浇筑采用 50 mm 振捣棒进行振捣，振捣时遵从快插慢拔的原则。一次性浇筑完成，浇筑高度为 1 000 mm。混凝土浇筑完成后，定期洒水养护，养护期为 7 d，达到 75%强度时可开始进行下一道工序施工。在其上部铺设一层 15 mm 厚预制钢板，钢板内边缘焊接有 25 号槽钢，将预制钢板与混凝土圈梁上的预埋钢板焊接固定。

(2) 井身施工

土方采用人工开挖，挖土次序为先挖四周土体后挖中间土体，遵从对角开挖原则，开挖断面尺寸为 4.64 m×6.34 m，允许尺寸误差 3 cm。每榀开挖深度为 0.55 mm，相当于 1 环腰梁＋1 环波纹板深度尺寸。

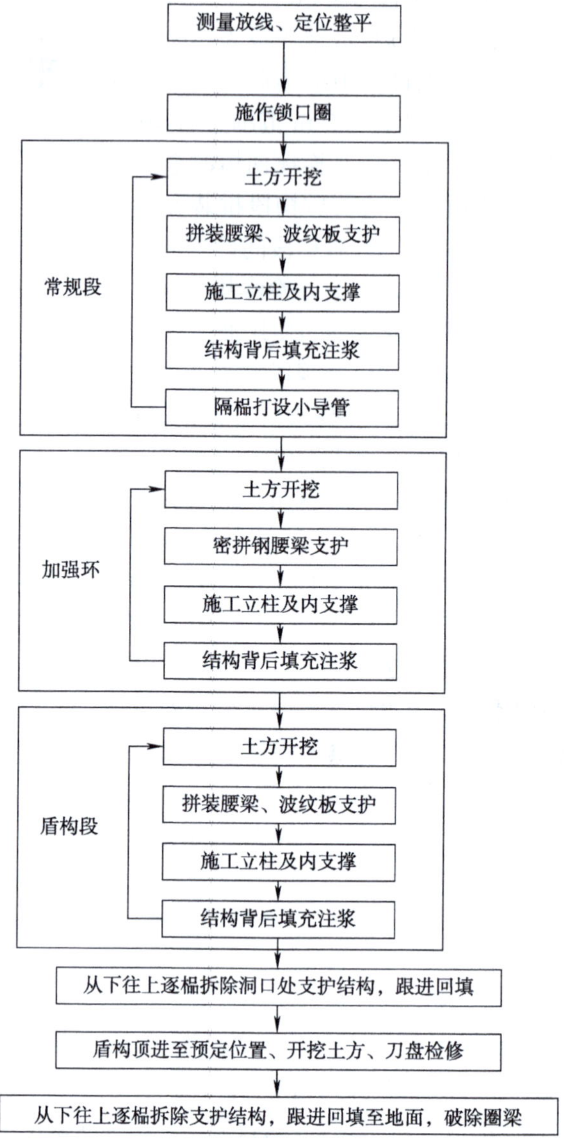

图 4.6.4 施工流程

(3) 井壁施工

锁口圈梁浇筑完成后，拼装装配式预制圈梁及护栏；土方开挖后架设第 1 道腰梁，用连接件将腰梁与预制圈梁进行连接，腰梁封闭成环；架设第 1 层腰梁后，开挖土体，每榀开挖深度 0.55 m，及时架设 1 榀波纹板，将其与第 1 道钢腰梁连接紧固；拼装第 2 道钢腰梁，并将其与上部拼装完成的波纹板连接，波纹板封闭成环；波纹板采用错缝拼装，第 2 道腰梁与第 1 道腰梁的拼装缝错开 0.5 m 间距；及时架设内支撑；随后重复上述步骤完成施工。

需要注意的是，每 1 榀安装 1 个对撑立柱，一次架设 2 层内支撑，每 3.3 m 连接 1 次纵向连接柱，直至开挖支护至竖井底部，如图 4.6.6 所示。

图 4.6.5 检修井锁口圈梁施工

图 4.6.6 检修井井壁施工

单环结构拼装顺序依次为：先将 A 梁（板）固定于上一层已拼装完成的结构上，然后将 B/C 梁（板）悬挂于上一层已拼装完成的结构上，最后安装连接件，实现单环结构的预紧封闭。为满足检修井支护强度要求，在纵向剖面上常规段、加强环、盾构段采用了不同的预制结构构件型号。其中常规段、加强段结构构件尺寸相同，盾构段结构构件尺寸略有差别，如图 4.6.7 和图 4.6.8 所示。此外，为满足盾构检修要求，需要在迎盾构侧开门，所以在盾构段的迎盾构侧采取了齐缝拼装形式。

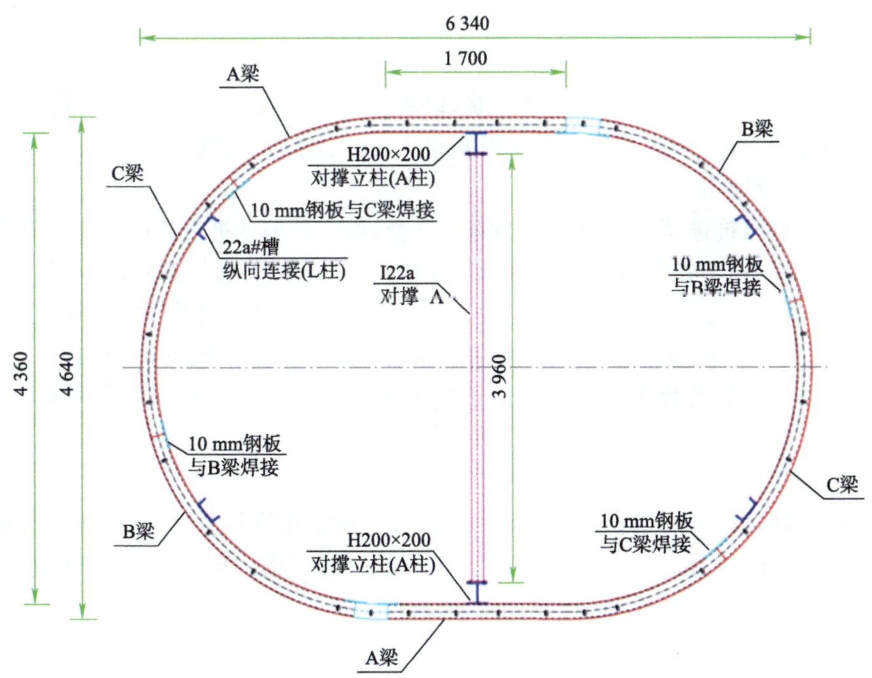

图 4.6.7 检修井常规段（加强段）支护结构平面图（单位：mm）

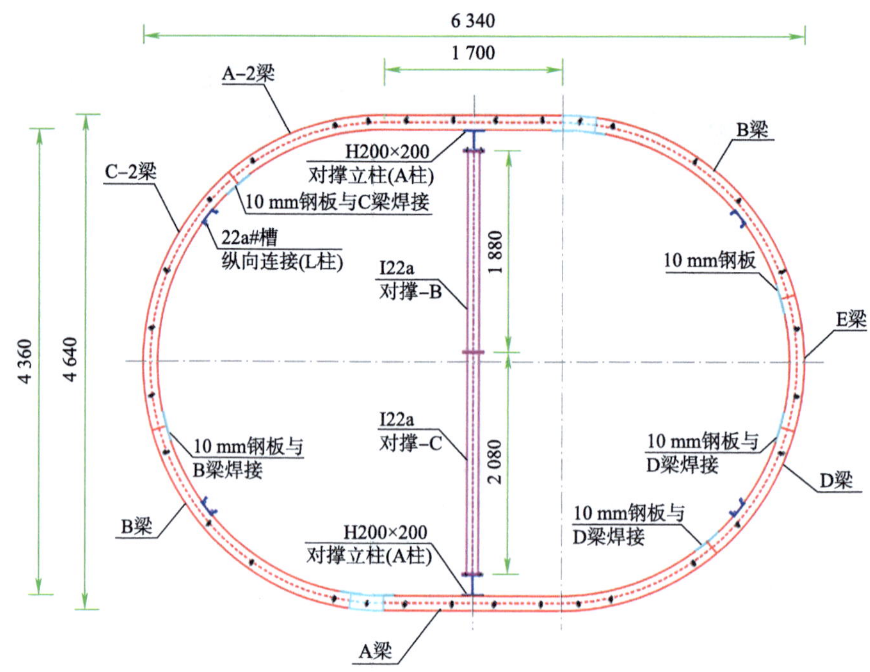

图 4.6.8 检修井盾构段支护结构平面图(单位:mm)

(4)波纹板背后注浆

每隔 3 m 在波纹板背后注入一次水泥浆,以填充波纹板背后空隙。在单环波纹板的 6 个波纹板块上各预留 1 个注浆孔,注浆管采用 DN32 mm 小导管,长度 1 m。

(5)盾构段换撑回填

为了满足盾构机推进至竖井过程中的施工安全,保证盾构顶进过程中结构的安全稳定,需要更改盾构段支撑方式,并进行回填。回填过程如下:安装纵向通长立柱(B/C 柱),使之与钢腰梁相连;逐层架设斜撑,每次架设 1 榀;拆除对撑 C,安装横撑 A 和横撑 B,并将对撑 B 与横撑 B 螺栓连接;拆除迎盾构侧的支护结构;跟进回填,即每拆除一榀支护结构,回填相同厚度土体并分层夯实,压实系数不小于 0.94;重复上述步骤,直至回填至盾构机顶 3 m 处,如图 4.6.9 所示。

(6) 盾构顶进及检修阶段

盾构段换撑回填结束后,盾构顶进至预定位置,在确保推进结束后,进行土体开挖,开挖至盾构中心线下方 1 m 位置,检修露出的刀盘及刀具。检修完成后转动刀盘,对未露出的刀盘及刀具进行检修,直至检修全部完成。

(7)检修井拆除及回填

盾构机检修完成后,从下至上逐层回收所有钢结构设施,并进行土方回填。

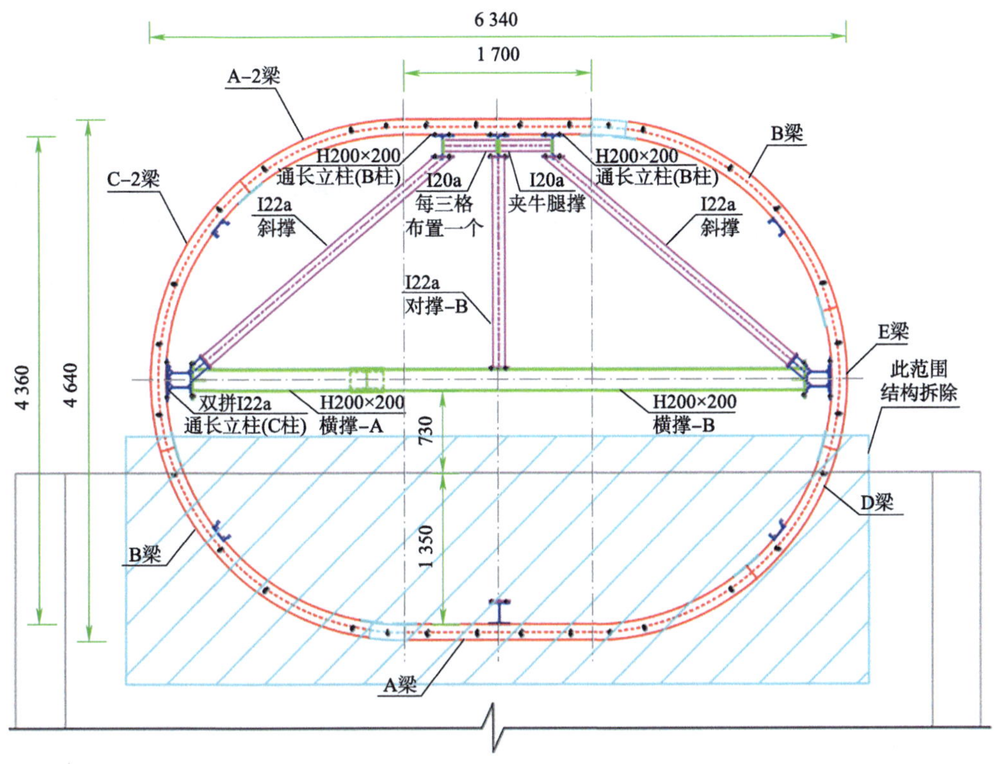

图 4.6.9　检修井盾构段支护结构平面图(单位:mm)

4.6.3　施工效果

北京新机场线 2 号～3 号风井区间盾构工程检修施工中采用了装配式竖井,施工效果良好。相较于传统式检修井,装配式检修井在工程技术、施工安全、施工工期、工程成本和环境等方面具有明显的优势。

(1)在工程技术方面,盾构检修井常用的喷锚施工方式存在着诸多不可控因素,如喷混质量依赖于工人的工艺水平,混凝土强度增长时间受配比及周围环境影响较大;装配式检修井的施工技术可控,竖井支护过程仅需进行预制构件安装,且为螺栓连接,对工人的施工专业性要求较低。

(2)在施工安全方面,装配式检修井随挖随护,封闭支护时间短,降低了风险系数;同时支护结构采用工厂化制作,材料尺寸等加工精度高,支护结构全部回收,不会给盾构刀盘带来损害。

(3)在施工工期方面,传统式检修井每榀(50 cm)施工时间约 6～7 h,装配式检修井每榀施工时间约 3.5～4 h,明显加快了施工进度。

(4)在工程成本方面,装配式检修井施工减少了机械设备租赁费用及人工费用。同时传统式检修井的施工材料为一次性损耗,装配式检修井的施工材料回收后可以多次重复利用,极大地节约了工程成本。

(5)在环境影响方面,装配式检修井对场地面积需求小,施工过程中无扬尘,钢结构拆除后可重复利用，不会产生建筑垃圾，检修结束后可进行原位原状土恢复。

4.6.4 小　结

装配式检修井在北京新机场线砂卵石地层中的成功应用，进一步扩展了盾构检修手段，丰富了竖井开挖施工工艺。相较于传统施工方法，装配式检修井在工程技术上方便可控，在工程施工中进一步优化施工工法和施工空间，其安全可靠、经济合理、节省工期、技术可行等优点得到很好体现。随着我国地铁建设的不断发展，装配式检修井在盾构检修中应用前景必将越来越广泛。

盾构管片上浮机理与控制技术

5.1 研究概况

盾构法在隧道施工过程中，管片在脱出盾尾后经常会发生局部或整体上浮，这种情况会影响管片高程。如果与设计高程相差过大导致管片轴线超限，不仅要采取各种措施进行调整，而且还会增加工程造价，同时管片上浮极易造成管片错台、开裂、渗漏水现象的发生，会严重影响管片质量，缩短隧道使用年限，甚至会影响施工安全。盾构隧道施工过程中的管片上浮问题一直是隧道施工过程中需要不断关注的技术问题。

由于盾构隧道施工过程中的管片上浮问题在很长一段时间内没有得到重视，随着盾构施工技术的发展，管片上浮问题造成的错台开裂等问题对施工质量和运营的影响逐渐凸显出来，不仅增大了对隧道的维护难度，同时也影响了隧道安全。研究盾构施工过程中管片上浮机理能有助于得到更合理的上浮控制措施，更好的保障隧道工程质量。

北京新机场线是北京首次选用 8.8 m 外径管片进行施工的双线隧道。在此之前，北京多选用管片外径为 6 m 的盾构进行施工，因为尺寸差异，所以北京小直径盾构隧道管片上浮的情况仅能作为北京新机场线管片上浮的参考，却不能对北京新机场线盾构施工进行指导，且北京多为无水砂卵石地层，与国内其他地区地层有明显差异。国内学者大多对广州、上海和南宁等富水地层的盾构管片上浮进行研究，对北京的管片上浮参考意义有限。随着北京市交通运输要求的不断增长，北京与周边地区间的地下铁路会不断增加，8.8 m 外径的盾构隧道将有可能逐步增多。因此，研究北京新机场线盾构隧道的管片上浮情况对北京新机场线盾构施工乃至北京市同类型盾构施工都有很重要的借鉴和指导意义。

5.1.1 研究现状

当采用盾构技术对隧道进行施工时，由于管片外径比盾构开挖的直径小，管片从盾尾中脱出后，管片与周围地层之间会出现间隙，并且注入的同步注浆浆液不能立即凝固并具备一定的强度，从而给管片提供了上浮及发生其他位移的空间。由于需要一定的时间浆液才能初凝，这段时间内盾构一直在向前推进，因而在未凝固的浆液中始终存在一定长度的管片结构。未凝固的浆液及管片周围的地下水会给管片施加向上的浮力，该浮力大于管片环重力，因此管片在施工过程中容易出现上浮趋势。

针对管片施工期上浮问题，目前许多学者主要从管片上浮原因和管片上浮规律两个角度进行了研究，对管片上浮问题的分析基本上可以分为两大类：局部抗浮分析和整体抗浮分析。目前主要采用理论分析方法或者二维有限元法来进行局部抗浮分析，利用局部抗浮分析的方式对单环或单块管片的抗浮安全进行研究。现有研究，管片上浮规律多依靠单一的数值模拟进行分析，很少对管片实际上浮情况进行实测分析。

目前研究多从管片受力状态入手进行受力大小分析，关于管片的上浮量多是利用软件进行模拟，很少通过管片受力分析对管片上浮量进行预测。少数学者虽然用力学分析的方法得到了管片上浮量的计算公式，但是其并未用该公式对管片上浮量进行计算，无法对管片上浮量计算公式的准确性进行分析，且很多学者对管片上浮量的分析考虑因素并不完善。通过对管片在施工过程中的上浮进行受力分析，利用力学原理建立管片上浮量理论计算模型，总结影响管片上浮因素，并利用管片上浮量理论计算模型对工程中管片上浮量进行理论计算，与实际上浮量进行对比，分析理论计算模型的拟合情况，分析影响管片上浮的主要原因，为管片上浮控制提供理论依据。

很多学者对管片上浮量进行数值模拟时，仅仅关注管片最终上浮数值，忽略了对管片上浮过程的研究。在实际工程施工过程中，对每一环管片上浮过程监测较为困难，因此很少有学者对管片上浮过程与工程实际进行比较分析。在利用数值模拟得到管片上浮量的同时，也对实际工程中获取的管片上浮密集测量数据进行研究，对数值模拟中管片上浮过程与工程实际进行比较分析，根据对比分析的结果研究控制管片上浮的措施。

5.1.2 研究内容及方法

1. 研究内容

(1)建立管片上浮力学模型推导理论计算公式

分析管片上浮过程所受的力，根据管片受力情况建立管片上浮力学模型，结合现场施工条件分析影响管片上浮的因素，将现场施工参数代入管片力学模型，对管片上浮量进行计算，得到管片上浮量的理论值。

(2)管片上浮数值模拟分析

以北京新机场线隧道工程为背景，分析盾构隧道管片的实测上浮数据，得出管片的上浮规律。利用 ABAQUS 对管片上浮进行数值模拟，得出上浮规律及上浮量值，与工程实测结果进行对比分析，分析验证数值模拟可靠程度。

(3)管片上浮的影响因素及控制措施

利用数值模拟，通过改变不同施工参数研究对管片上浮的影响，找出影响管片上浮的主要因素，进而提出控制管片上浮的措施。

2. 研究方法

本书将从三条线路开展，一条是理论分析研究，一条是工程实例分析，另外利用数值模拟分析对比不同因素下对管片上浮的影响情况，得出相应结论，具体过程如图 5.1.1 所示。

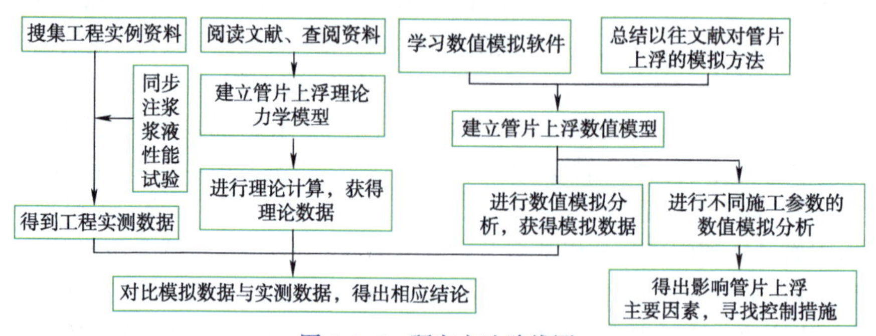

图 5.1.1 研究方法路线图

5.2 管片上浮量理论计算模型分析

5.2.1 管片上浮量理论计算方法

通过对管片在施工过程中的上浮进行受力分析，利用力学原理建立管片上浮量理论计算模型，管片计算模型假设条件：

(1)由于管片上浮仅需要研究管片的竖向位移，故不考虑水平方向上的位移；

(2)将一环管片看作一个完整的刚体，不考虑一环管片内块体间的相互作用；

(3)将管片间的相互影响简化成平面问题。

为了研究管片上浮的原因，建立管片受力模型，对单环管片进行竖直方向的受力因素分析，发现影响管片上浮的力主要有：管片在浆液中的浮力、注浆压力、千斤顶推力的竖向分力、地基回弹力、管片重力、上覆土压力、管片环间摩擦阻力、环间螺栓剪力、管片上浮黏滞阻力。

将管片上浮量分两部分进行分析，浆液未凝固时的上浮量 S_1 和在地层合力作用下管片上覆土层的压缩量 S_2。浆液未凝固时管片的受力如图 5.2.1 所示，管片受到浆液的浮力 F_f、注浆压力 F_y、千斤顶推力的竖向分力 F_t、管片重力 G、黏滞阻力 F_n、环间摩擦阻力 F_m、环间螺栓剪力 F_j 这七个力的共同作用。

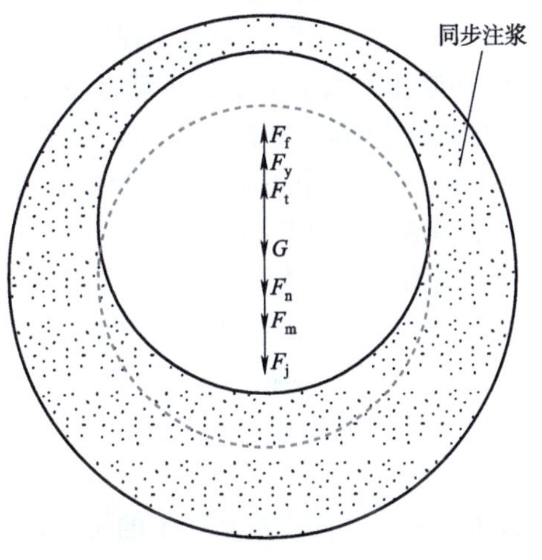

图 5.2.1 管片受力示意图

当管片处于平衡状态时，由单环管片竖直方向上的受力关系可得：

$$F_f+F_y+F_t=G+F_n+F_m+F_j \tag{5.2.1}$$

式中 F_f——管片受到的浮力(kN)；

F_y——同步注浆产生的压力差(kN)；

F_t——千斤顶推力的竖向分力(kN)；

G——管片自重产生的抗浮力(kN)；

F_n——管片受到的黏滞阻力(kN)；

F_m——环间摩擦阻力(kN)；

F_j——螺栓最大抗剪力(kN)。

1. 管片在浆液中受力分析

(1)浆液浮力计算

在无水地层的情况下，只需要考虑注浆浆液包裹管片时对管片产生的上浮力；在有地下水的地层施工时，需要考虑地下水和注浆浆液共同作用对管片产生的上浮力。利用浮力计算公式得到：

$$F_f=\pi b R_0^2 \gamma_j \tag{5.2.2}$$

式中 F_f——管片受到的浮力(kN)；

b——单环管片的环宽(m)；

R_0——管片环外半径(m)；

γ_j——浆液容重(有水地层为地下水和浆液的平均容重)(kN/m³)。

(2)同步注浆压力计算

同步注浆是指盾构向前推进的同时浆液通过盾尾注浆口向开挖间隙加压注浆的一种方

法，通过不断的加压注浆，使地面沉降控制在最小的范围。同步注浆过程中管片所受的动态上浮力与浆液扩散方式有密切关系。实际工程中同步注浆的浆液扩散是一个非常复杂的过程，与周围土体性质、浆液性质和施工工艺等多种因素有关，按照浆液扩散过程中的状态，可以划分为填充注浆、渗透注浆、压密注浆和劈裂注浆。填充注浆阶段，盾构向前推进过程中造成管片与土体间隙，向该间隙中注浆填充；渗透注浆阶段，在不破坏周围地层土体颗粒排列的前提下，浆液渗透充填于颗粒间隙中；压密注浆阶段，浆液压密周围土体，使周围土体发生挤压变形，但未使土体发生劈裂破坏；劈裂注浆阶段，浆液随着注浆压力的增大，不断挤压周围土体，当压力大到一定程度时，使土层产生劈裂，最终浆液通过劈裂流动在土体中形成网状浆脉结石体，进而加固土体。浆液所处的扩散方式不同，管片所受的动态上浮力也受很大影响，当浆液处于填充阶段时，填充段管片受到盾尾的约束，注浆压力对管片的影响较小；当浆液处于压密阶段及劈裂阶段时，注浆压力会从注浆孔附近迅速向周边重分布，此时管片所受的压力可以看作是注浆孔处的点压力。

通过对北京新机场线工程数据进行分析，发现在同步注浆过程中，注浆压力大小不断发生动态变化，所以在动态上浮力的计算过程中，应依据隧道管片周围的土层条件及同步注浆浆液的扩散模式来确定管片受到的动态力。为方便计算，可以将左、右上侧注浆压力平均值定义为上部注浆压力均值 q_1，将左、右下侧注浆压力平均值定义为下部注浆压力均值 q_2，如图 5.2.2 所示。

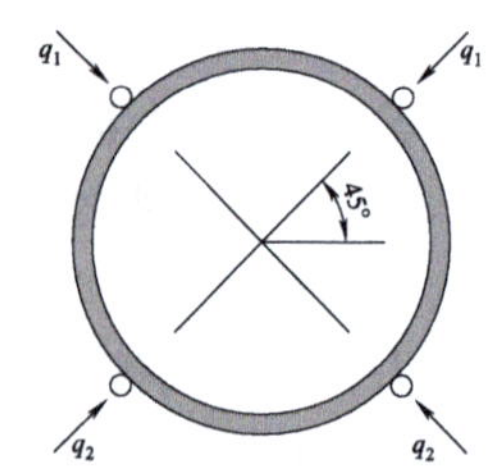

图 5.2.2　注浆压力示意图

本书仅考虑最不利的情况，即对可能产生的最大动态上浮力进行分析，此时忽略浆液填充阶段对管片的影响。则由注浆压力所提供的动态上浮力为

$$F_y = 2\pi r^2 (q_2 - q_1)\cos 45° \tag{5.2.3}$$

式中　F_y——同步注浆产生的压力差(kN)；

q_1——上部注浆压强均值(kPa)；

q_2——下部注浆压强均值(kPa)；

r——注浆口半径(m)。

(3)千斤顶推力的竖向分力计算

$$F_t = T\sin\beta \tag{5.2.4}$$

式中　F_t——千斤顶推力的竖向分力(kN)；

T——千斤顶的推力(kN)；

β——隧道轴线与水平线间的角度(°)。

(4)管片重力计算

$$G = \pi\gamma_c b(R_0^2 - R_1^2) \tag{5.2.5}$$

式中　G——管片自重产生的抗浮力(kN)；

γ_c——管片混凝土重度(kN/m³)；

R_0——管片环外半径(m)；

R_1——管片内半径(m)。

(5)黏滞阻力计算

水泥浆液可视为牛顿流体,满足牛顿内摩擦定律,管片与地层间的空隙相对于管片很小,因此其浆液的流速可视为直线分布,如图 5.2.3 所示。

$$\tau=\mu_t\frac{dv_q}{d\delta}=\mu_t\frac{v_q}{\delta} \tag{5.2.6}$$

切向速度 v_q 与管片上浮速度 v 满足以下关系式:

$$v_q=v\cos\theta \tag{5.2.7}$$

牛顿流体黏度时变性规律可表示为

$$\mu_t=k_1e^{k_2t} \tag{5.2.8}$$

管片上浮所受黏滞阻力为

$$F_n=\int_0^{\frac{\pi}{2}}2\tau R_0b\cos\theta d\theta=\frac{\pi\mu_tR_0bv}{2\delta} \tag{5.2.9}$$

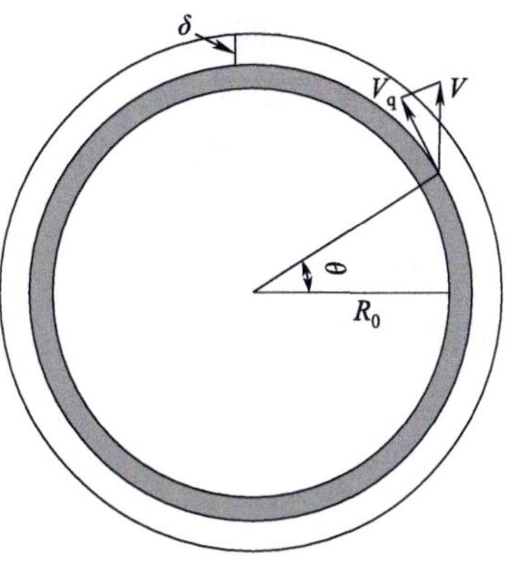

图 5.2.3　黏滞阻力计算示意图

式中　F_n——管片受到的黏滞阻力(kN);
τ——单位黏滞阻力(MPa);
v_q——切向速度(m/s);
δ——盾尾间隙(m);
μ_t——浆液黏度(MPa・s);
v——管片上浮速度(m/s);
t——初凝时间(s);
k_1,k_2——水泥浆液黏度时变性的参数。

(6)环间摩擦阻力

通过下式可计算管片间的摩擦阻力:

$$F_m=\mu\left(\sum_{i=1}^{n_1}N_i+N_j\right) \tag{5.2.10}$$

式中　F_m——环间摩擦阻力(kN);
n_1——螺栓数;
μ——摩擦系数;
N_i——单根螺栓紧固所产生的压力(kN);
N_j——环缝面压力(kN)。

(7)环间螺栓剪力

管片上浮过程中,相邻管片间的螺栓会由于管片的相对错动产生剪力,按照下式计算螺栓可承受的最大剪切力:

$$F_j=n_1\frac{\pi r_b^2l_b[\tau]}{l_b-\delta_1} \tag{5.2.11}$$

式中　F_j——螺栓最大抗剪力(kN);
l_b——螺栓有效长度(m);
r_b——螺栓半径(m);
$[\tau]$——螺栓许用剪应力(kPa);
δ_1——剪力接触点间距(m);
n_1——纵向连接螺栓个数。

管片上浮的速度过程大致为管片刚脱出盾尾时，上浮速度为 0，管片不受同步注浆浆液的黏滞阻力影响，此时管片受到的上浮力最大。在上浮力作用下管片的上浮加速度最大，随着管片上浮速度的增大和时间的增长，管片受到黏滞阻力的影响不断增大。当管片在浆液内处于受力平衡状态时，即$F_f+F_y+F_t=G+F_n+F_m+F_j$，管片速度达到最大值。随着黏滞阻力的继续增大，管片受到的合力向下，之后管片速度逐渐减小，最后停止上浮。

由牛顿运动学公式可得管片上浮速度与受力间的力学关系为

$$v'\cdot m=F_f+F_y+F_t-G-F_n-F_m-F_j \tag{5.2.12}$$

将式(5.2.2)～式(5.2.11)代入式(5.2.12)，并对式(5.2.12)通过 MEPLE 软件进行计算可得

$$v=e^{-\frac{a_1e^{k_2t}}{k_2}}\left[-\frac{a_2Ei\left(1-\frac{a_1e^{k_2t}}{k_2}\right)}{k_2}+c_1\right] \tag{5.2.13}$$

$$a_1=\frac{\pi R_0bk_1}{2\delta m}$$

$$a_2=\frac{1}{m}\left[\pi bR_0^2\gamma_j+2\pi r^2(q_2-q_1)\cos45^\circ+T\sin\beta-\right.$$

$$\left.\pi\gamma_cb(R_0^2-R_1^2)-\mu\left(\sum_{i=1}^{n_1}N_i+N_j\right)-n_1\frac{\pi\gamma_b^2l_b[\tau]}{l_b-\delta}\right]$$

通过管片在浆液中上浮过程的受力与加速度的关系对管片上浮速度 v 进行计算，得到关于管片上浮速度 v 的计算公式(5.2.14)，由于式中涉及 Ei 函数，暂时无法对速度 v 直接进行计算，因此采用替代的方式对管片在浆液里的上浮量 s_1 进行近似求解。在对速度 v 的公式进行整理过程中，发现在管片处于受力平衡状态时速度 v 的求解最为方便，此时加速度为 0，得到的速度不受加速度的影响，因此采用平衡时的速度的 1/2 等效为上浮的平均速度，即选取管片受力平衡时的一半速度代替整个上浮过程中的变化速度。

将式(5.2.2)～式(5.2.11)带入到式(5.2.1)，并对式(5.2.1)进行计算可得

$$s_1=\frac{\delta}{k_1k_2R_0b}e^{-k_2t}(G+F_m+F_j-F_f-F_y-F_t)+c \tag{5.2.14}$$

根据边界条件当 $t=0$ 时，$s=0$，可求得常数 c 为

$$c=\frac{\delta}{k_1k_2R_0b}(F_f+F_y+F_t-G-F_m-F_j) \tag{5.2.15}$$

故管片在浆液中的上浮量为

$$s_1=\frac{\delta}{k_1k_2R_0b}(1-e^{-k_2t})(F_f+F_y+F_t-G-F_m-F_j) \tag{5.2.16}$$

2. 在地层合力作用下管片上浮量计算

地层合力 F_R 为地基回弹力与管片上覆土压力之差。由于管片周围浆液体逐渐固化，在不考虑浆液变形的情况下，分析在地层合力作用下上覆土层的压缩量时将盾构管片和周围浆液假设为刚性体。利用弹性力学的方法计算在合力 F_R 作用下管片对上覆土的压缩量 s_2：

$$s_2=\frac{1-\mu^2}{AE_0}\omega bF_R \tag{5.2.17}$$

式中　s_2——在合力 F_R 作用下上覆土层的压缩量(m)；

μ——土体泊松比；

A——合力 F_R 作用面积(m^2)；

E_0——上覆土层变形模量；

ω——沉降影响系数；

b——单环管片的环宽(m)。

管片总上浮量公式为

$$s=s_1+s_2 \tag{5.2.18}$$

5.2.2 工程实例理论计算分析

1. 管片上浮情况

盾构区间左线隧道施工过程中，会对盾构管片脱出盾尾后的姿态进行复核，通过管片姿态复核数据分析，发现0～315环管片上浮量集中在40～60 mm范围内，323～385环管片上浮量集中在100～120 mm范围内，管片发生了明显上浮。为研究管片上浮情况，取283～385环管片上浮数据进行研究，管片上浮情况如图5.2.4所示，323～385环管片上浮量值较283～315环增大近一倍。283～315环期间最大上浮量70 mm，平均上浮量54 mm；323～385环期间最大上浮量132 mm，平均上浮量110 mm。

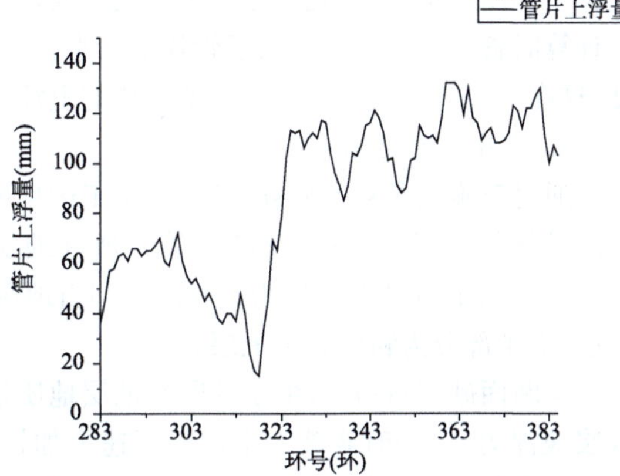

图5.2.4 管片姿态复核数据

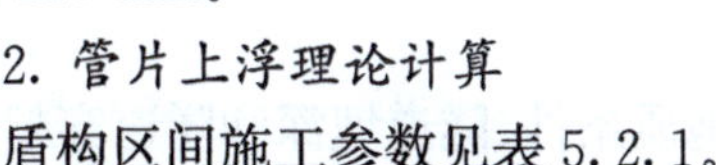

2. 管片上浮理论计算

盾构区间施工参数见表5.2.1。

表5.2.1 施工参数

名称	符号	参数	名称	符号	参数
管片环宽	b	1.6 m	摩擦系数	μ_k	0.1
管片外径	R_0	4.4 m	螺栓个数	n	16
浆液容重	γ_j	12 kN/m³	单根螺栓压力	N_i	100 kN
管片重度	γ_c	25 kN/m³	黏度时变参数	k_1	1.56 MPa·s
管片内径	R_1	3.95 m	黏度时变参数	k_2	0.015
环缝面压力	N_j	5 000 kN	螺栓有效长度	l_b	0.4 m
螺栓半径	r_b	0.015 m	螺栓许用剪应力	$[\tau]$	175 kPa
盾尾间隙	δ	0.175 m	土体泊松比	μ	0.31
合力作用面积	A	14.608 m²	合力	F_R	2 667.420 8 kN
上覆土变形模量	E_0	140 MPa	沉降影响系数	ω	2.12
剪力接触点间距	δ_1	0.05 m	上部注浆压强	q_1	0.16 MPa
下部注浆压强	q_2	0.25 MPa			

由于该工程隧道最大坡度为 28.5‰，施工过程中盾构千斤顶推力大约在 20 000～25 000 kN之间，千斤顶作用力的向上分力最大可达 12.43 kN。但在 300～400 环的开挖过程中，盾构基本为水平掘进，千斤顶的向上分力很小可以忽略不计，所以该工程不考虑千斤顶总推力的向上分力的影响。由于该工程区间施工过程中考虑浆液的填充效果，未对同步注浆压力进行过多调整，所以工程实例不分析注浆压力因素对管片上浮的实际影响。

表 5.2.1 中 k_1、k_2 取值是根据水灰比为 5.83 的浆液选取，将上述参数代入公式(5.2.15)进行求解，得到管片在浆液内的上浮量$s_1=141$ mm，将参数代入公式(5.2.16)，得到在地层合力作用下上覆土的压缩量$s_2=4$ mm，将 s_1 和 s_2 代入式(5.2.17)可得管片总上浮量为145 mm。从理论计算的数据结果来看，管片上浮主要是由浆液内的上浮造成，在地层合力作用下管片对上覆土的压缩量很小，且上浮量计算数值仅比工程实测最大上浮量多 13 mm。误差原因为理论计算时管片上浮速度采用了管片受力平衡时最大速度的一半，并非管片上浮过程中的变速度，这在一定程度上较好的拟合了管片的上浮。

3. 管片上浮变化原因分析

通过对施工参数的复查，发现在施工过程中施工参数没有明显变化，对该段管片施工地质情况进行分析，发现 283～315 环管片所在地层与 323～385 环管片所在地层有明显的不同。283～315 环管片所在地层为全断面砂卵石地层，323～385 环管片所在地层上半部分为砂卵石地层、下半部分为粉质黏土地层。

全断面砂卵石地层，由于砂卵石地层地质松散，透水性强，因此浆液中会有水渗透流失，导致浆液浮力小；同时浆液失水后凝固速度加快，因此砂卵石地层内管片上浮量较少且较为稳定。粉质黏土地层内，由于黏土地层透水性差，聚水性强，浮力大，浆液内的水分不容易失水，致浆液凝固慢，导致管片上浮严重。

4. 浆液对管片上浮影响理论计算分析

该区间在发现管片出现大幅度上浮之后，针对工程的地质条件、隧道埋深和隧道穿越地区的重要管线及地面建筑物的状况，对注浆浆液进行了改进，所注入浆液要求能够同步及时填满整个盾尾间隙，而且浆液短时间固结达到设计强度，满足抵抗土体变形下沉的需要，控制后期沉降。根据该工程的实际情况，同步注浆采用单液浆，由水泥、粉煤灰、膨润土、砂和水配合组成，通过调整浆液的配比使壁后注浆浆液达到减小管片上浮的要求，现通过试验(图 5.2.5)对工程中实际使用的两种浆液配比及质量进行分析比较。

利用从施工现场取回的两种同步注浆料进行浆液初凝时间和强度对比试验，两种同步注浆浆液配比见表 5.2.2，在工程中同步注浆浆液的初凝时间判定方法主要有两种：一种为将浆液放入固定体积的容器中，静置一段时间，将容器倾斜平放，如果凝固的浆液不发生滑动则认为浆液达到了初凝状态，静置的时间段为同步注浆的初凝时间。另一种是采用试验室内的维卡仪进行测定，将浆液放入量杯中，把量杯放到维卡仪试针下，降低试针与浆液表面接触；拧紧螺丝 1～2 s 后，突然放松，试针垂直自由地沉入浆液，观察试针停止下沉或释放试针 30 s 时指针的读数；当试针沉至距底板 4 mm±1 mm 时，浆液达到初凝状态，浆液拌制完好至初凝状态的时间为浆液的初凝时间。为了寻求较为精准的试验数据，采用了第二种判定方法，即用试验室中的维卡仪对两种同步注浆的初凝时间进行测定。

将两种同步注浆浆液分为三组，每组三个试件，同时养护 24 h、48 h 和 7 d，利用单轴抗压强度试验仪对浆液强度进行测定。将试样置于压力机承压板中心，调整压力板，使试样均匀受力，依照 1.9～3.1 kN/s 的加载速度对试样加荷载，直到试样破坏为止，记录最大破坏荷载。利用下式计算浆液单轴抗压强度：

$$\sigma_c = \frac{P}{A}$$

式中 σ_c——浆液单轴抗压强度(MPa)；

P——最大破坏荷载(N)；

A——垂直于加载方向的试样横截面积(mm^2)。

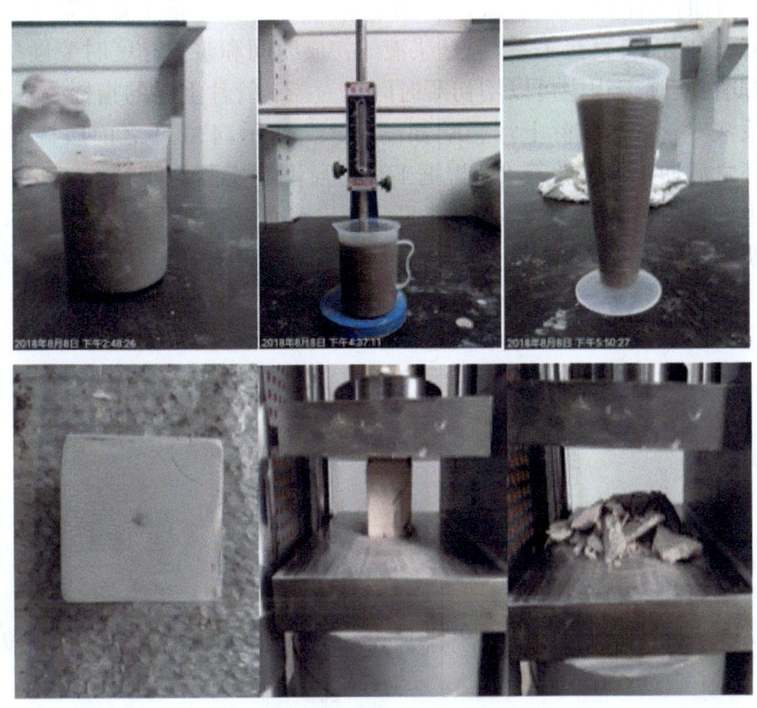

图 5.2.5 浆液配比试验

表 5.2.2 同步注浆浆液配比

浆液编号	水泥(kg)	粉煤灰(kg)	膨润土(kg)	砂(kg)	水(kg)
1	120	400	130	800	700
2	160	400	150	550	640

根据工程实际经验，水泥含量对浆液初凝时间和抗压强度的影响非常明显，浆液配比中水泥含量增加，浆液初凝时间缩短，早期固结强度增大。由表 5.2.2 和表 5.2.3 可以看出，浆液 1 水灰比为 5.83∶1，水泥含量占比 8.27%，初凝时间约为 4.5 h，浆液强度增长缓慢。对同步注浆浆液配比进行改良后，浆液 2 水灰比为 4∶1，水泥含量占比 12.7%，初凝时间约为 3 h，浆液强度增长较快。由表 5.2.2 和表 5.2.3 所给的各项参数和浆液质量，可绘出不同水灰比下管片在浆液中的上浮量和时间的变化关系，如图 5.2.6 所示。

表 5.2.3 浆液质量

浆液编号	初凝时间(h)	24 h 浆液强度(kPa)	48 h 浆液强度(kPa)	7 d 浆液强度(kPa)	k_1(MPa·s)	k_2
1	4.5	59	267.96	519.8	1.56	0.015
2	3	217	695.3	3 154.49	2.05	0.02

由图 5.2.6 可以看出，管片在浆液中的上浮量随着浆液中的水灰比增大而增大。这是因为随着水灰比的增大，水泥的相对含量减小，浆液的黏度也随之减小，同时浆液黏性时变系数也变小，所以管片的上浮无法得到很好的抑制。还可以看出，在上述两种浆液中，管片在脱出盾尾后 10 min 左右的上浮量均大于总上浮量的 95%，管片上浮量主要受浆液黏度时变性参数影响，与浆液初凝时间没有直接关系，但是浆液的初凝时间和浆液黏度时变性参数均与浆液的水灰比有关，因此在实际工程中可以用初凝时间作为控制管片上浮的指标。

上述两种浆液对管片的实际上浮影响如图 5.2.7 所示，430 环之前盾构同步注浆使用的是浆液 1，430 环之后使用的是浆液 2。根据工程地质图和实际施工情况，370～480 环区间地质情况没有发生变化，且施工参数没有发生明显变化。通过对管片姿态的复核，发现在 430 环后管片上浮量明显减小，平均上浮量由 110 mm 减小为 62.6 mm，与图 5.2.6 中理论上浮量趋势相符合。

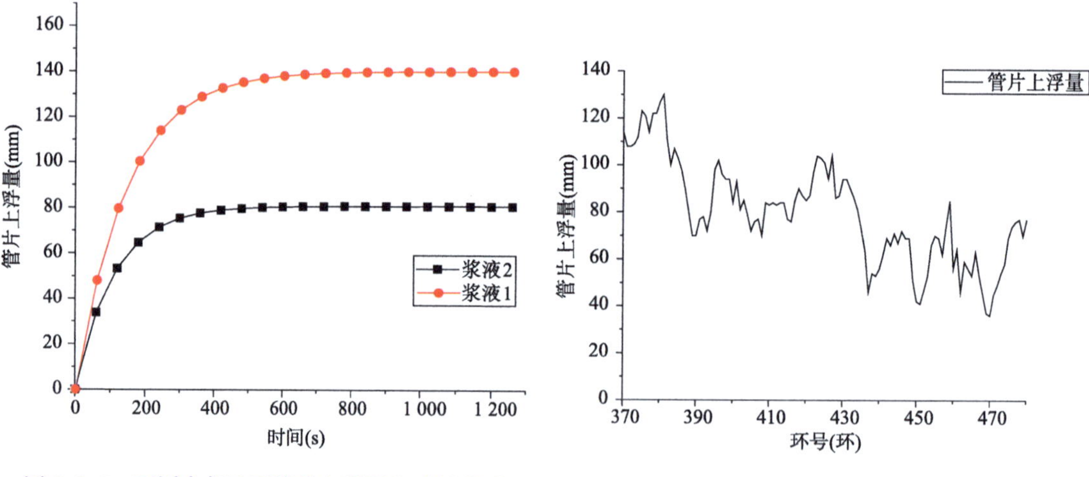

图 5.2.6 不同水灰比下管片上浮量和时间关系　　图 5.2.7 管片姿态复核数据

5.2.3 影响因素理论分析

根据上述计算公式可以知道影响管片上浮的因素主要有：地层因素、管片尺寸、同步注浆压力、浆液质量。

1. 地层因素

从上述计算公式可以看出，在进行管片受力分析时将管片周围地层等效为无渗透性地层进行考虑，没有具体分析地层的特性对管片上浮产生的影响。在实际工程中，地层因素对浆液的凝结速度和管片受到的浮力有非常重要的影响。例如在渗透性较大的地层，注浆浆液容易渗透流失，导致管片受到的浮力减小，同时浆液失水会导致浆液凝固速度加快，管片上浮量减小。在盾构施工中可将地层情况大致分为有水地层、无水不渗透地层和无水渗透地层，不同地层情况对管片上浮量的影响见表 5.2.4。

表 5.2.4 不同地层对管片上浮量的影响

地层情况	浆液凝固速度变化情况	管片浮力变化情况	管片上浮量变化情况
有水地层	减小	增大	增大
无水不渗透地层	减小	增大	增大
无水渗透地层	增大	减小	减小

2. 管片尺寸

在隧道施工前，盾构的直径大小是根据设计要求来选择的，管片的尺寸对管片重量和管片所受浮力及地层合力有直接的影响。在相同地层和条件下，假设地层土体重度为 20 kN/m³，管片混凝土重度为 25 kN/m³，管片周围液体容重为 12 kN/m³，当选用小直径盾构时，以外径 6.2 m 管片为例，盾构开挖土体每延米 33.16 m³，管片重量为 157.5 kN，管片所受浮力为 362 kN，地基反力与上覆土压力差为 768.8 kN，管片重量与地层合力比值为 0.2，管片重力与浮力比值为 0.435；当选用中型直径盾构时，以 8.8 m 管片为例，盾构开挖土体每延米 65.72 m³，管片重量为 295 kN，管片所受浮力为 729.9 kN，地基反力与上覆土压力差为 1 548.8 kN，管片重量与地层合力比值为 0.19，管片重力与浮力比值为 0.404。比较北京市工程中常用的几种管片尺寸，具体见表 5.2.5。

表 5.2.5 不同管片尺寸受力情况

管片尺寸(m)	管片重力(kN)	管片浮力(kN)	地层合力(kN)	管片重力与浮力比值	管片重力与地层合力比值
6.2	157.5	362	768.8	0.435	0.205
8.8	295	729.9	1 548.8	0.404	0.19
10	373	942.5	2 000	0.396	0.185
11.6	477	1 268.2	2 691.2	0.376	0.177

由表 5.2.5 可见，随着盾构直径增大，管片受到向上的地层合力越大，受到的浮力也越大，且管片重力与地层合力和浮力的比值也越小，管片更容易上浮。

3. 同步注浆压力

盾构施工过程中多采用盾尾同步注浆，常见盾尾同步注浆由 4 根管路组成，分布于右上侧、右下侧、左下侧和左上侧，将左、右上侧注浆压力平均值定义为上部注浆压力均值，将左、右下侧注浆压力平均值定义为下部注浆压力均值。注浆管路布置如图 5.2.8 所示。

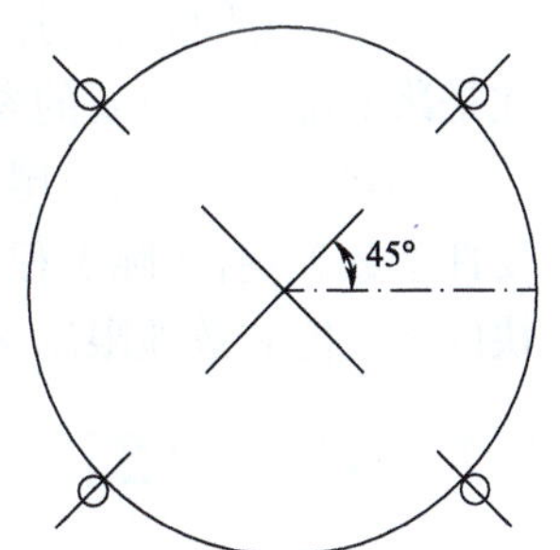

图 5.2.8 注浆管路布置图

浆液对管片的上浮作用主要与浆液压力的实际分布有关，在重力作用下，浆液压力在管片横断面上存在着一定的空间分布规律，根据 Bezuijen 对 Sophia 铁道隧道管片外浆液压力的检测结果，管片横断面内下部浆液压力比上部浆液压力大，隧道管片始终受到浆液向上的合力。同步注浆过程会影响浆液压力的实际分布，浆液的种类、配比、注浆压力、注浆位置以及浆液的扩散方式等都会对注浆压力分布产生一定影响。下大上小的注浆压差使浆液对管片的上浮作用更为加大，而同时提高上、下部注浆压力对隧道横断面内上下压力梯度的改变作用不大。施工中可以采用上大下小的注浆压差注浆，从而减小管片上浮趋势。

4. 浆液质量

盾构施工过程中必须进行同步注浆，其目的为填充管片与土体间的开挖空隙，防止地层变形，同时保证管片受力均匀，控制管片位移。从同步注浆的作用上分析，及时填充开挖空隙且为浆液快速固结提供一定的早期强度是解决管片上浮的关键。由公式(5.2.17)中对管片在浆液中上浮量的推导可以看出，采用快速固结的浆液可以大大减小管片上浮时间，有利于减小管片的上浮量；同时不同固结时间的浆液在水灰比的配比上会有较大差异，而浆液的黏度系数主要与水灰比有关，快速固结浆液的浆液黏度系数较大，进而影响管片的上浮量，双重因素会大大减小管片的上浮量。

5.2.4 小　结

本章通过建立管片在施工中的受力模型，研究了管片浮力、注浆压力、千斤顶推力的竖向分力、地基回弹力、管片重力、上覆土压力、管片环间摩擦阻力、环间螺栓剪力、管片上浮黏滞阻力等因素对管片上浮的影响，并结合对北京新机场线工程实测数据的分析，得到了北京新机场线管片上浮的原因，研究表明：

(1)通过对管片受力的分析，建立了管片力学模型，推导了管片上浮量计算公式，同时根据实际工程数据进行计算，所得结果与实际上浮量能较好地拟合。

(2)管片上浮量由管片在浆液内的上浮量和地层合力对上覆土的压缩量两部分组成，且管片上浮主要是管片在浆液内的上浮造成的；地层合力作用下管片对上覆土的压缩量很小，仅有4 mm，占管片上浮量的2.6%。

(3)在地层条件和管片尺寸选定的情况下，为解决管片上浮现象，可以从同步注浆压力和浆液质量这两方面进行考虑。减小管片上下压力差，缩短浆液初凝时间能有效控制管片上浮。

(4)不同地层对管片上浮的影响很大，全断面无水砂卵石地层内管片上浮量较为稳定，平均上浮量为54 mm。上部为砂卵石、下部为粉质黏土的无水地层内管片上浮量较大且不易控制管片姿态，平均上浮量为110 mm；这是由于黏土地层透水性差，聚水性强，浮力大，浆液内的水分不容易失水，致浆液凝固慢。

(5)浆液质量对管片上浮起重要作用，可以通过改变浆液配比对浆液质量进行优化，水灰比是浆液配比中重要的参考因素，管片在浆液中的上浮量随着浆液中的水灰比增大而增大。

(6)管片在脱出盾尾后10 min左右完成95%以上的上浮，管片上浮量主要受浆液黏度时变性参数影响，实际工程中可以用初凝时间作为控制管片上浮的指标，初凝时间短、强度增长快的浆液能有效地限制管片上浮。

5.3 管片上浮数值模拟及上浮规律分析

由于盾构隧道施工过程中现场影响因素过多，同时盾构法施工的技术特点局限了管片上浮过程分析中有效数据的收集，试验法耗资巨大且难以实现，不便于进行大量参数分析。数值模拟可以实现对多种工程问题的分析，有效延伸和扩展了分析人员的认知范围，为洞悉管片、浆液和土体变化提供了强有力的可视化手段，方便了对管片上浮问题的研究、分析和解决。

本章数值模拟的目的是利用有限元的方法对管片时工期的上浮情况进行建模分析，同时验证监测采集的数据信息，寻找管片上浮规律。工程监测过程中测量的对象主要是管片的上浮位移，数值模拟可以对管片的位移及周围土体的变形情况有更为直观的体现。根据管片的情况和周围浆液及土体的性质，采用 ABAQUS 软件进行模拟分析。ABAQUS 是国际通用的岩土工程专业分析软件，具有强大的计算功能和广泛的模拟能力，能够解决复杂力学问题。本章数值模拟分析的大致过程为：确定假设条件→ABAQUS 模拟→结果的分析比较→得出结论。

5.3.1 管片施工期上浮模型建立

1. 假设条件

为了便于对管片上浮的建模和分析，做如下的假设：

(1)由于实际工程中土层分布较为繁杂，没有规律性，且分布不均，为方便建模，将土层简化为 5 层，土层的参数取该深度范围内的平均值。

(2)由于地铁盾构隧道坡度较小(最大不超过 3.5%)，研究过程中不考虑隧道坡度的影响，将其简化为平坡。

(3)不考虑管片环间螺栓的接头效应。

(4)不考虑一环管片内块体间的相互作用，将一环管片看作一环整体，并适当考虑折减。

(5)假设盾构隧道的注浆层为一均质、等厚的弹性圆环，其材料的力学参数根据实际工程按照水泥砂浆压缩弹性模量进行确定。

(6)由于在实际工程研究的管片上浮段的地层中无地下水，因此不考虑地下水的影响。

2. ABAQUS 模型的建立

ABAQUS 进行模拟时会因为模型过小而引起误差，同时模型过大会导致工作量增加，因此需要合理确定模型大小。根据工程经验，管片上浮情况受相邻隧道影响较小，本章在研究时忽略两条隧道之间的相互影响，采用单条隧道进行研究。隧道盾构区间采用开挖直径 9.15 m 土压平衡盾构进行施工。本章所选取单隧道模型模拟土体范围深度为 42 m，模拟段隧道断面埋深约为 15 m，模型两侧分别取隧道跨度的 3 倍，整个模型高 42 m，宽 70 m，长 64 m，如图 5.3.1 所示，模型水平向右的方向为 X 轴正方向，隧道轴线开挖方向为 Y 轴正方向，垂直向上的方向为 Z 轴正方向。模型边界条件为约束左右边界、正部背部以及底部边界，边界位移为 0。

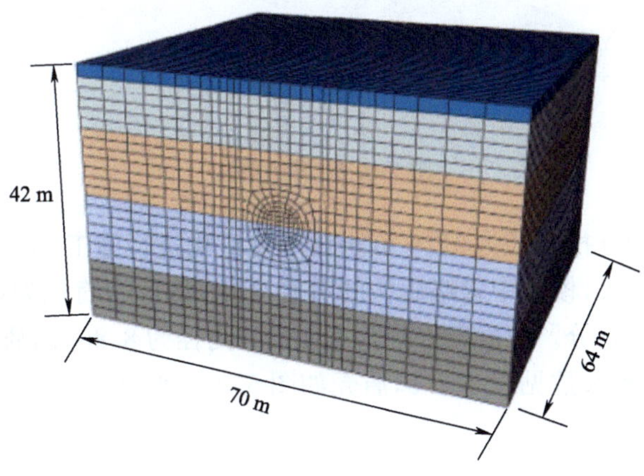

图 5.3.1 模型示意图

3. 材料参数

根据盾构隧道相关地质资料，盾构穿越地层集中为砂卵石地层，本章主要研究管片在340～380环范围内的上浮情况。盾构在340～380环范围内开挖时，盾构穿越地层除了砂卵石地层还有粉质黏土地层。为方便模拟分析，现将土体模型简化为5层，土层参数见表5.3.1。

表5.3.1 土层参数

土层名称	厚度(m)	密度(kg/m^3)	杨氏模量(Pa)	泊松比	黏聚力(Pa)	内摩擦角(°)	膨胀角(°)
素填土	1.5	1 880	4 000 000	0.18	18 000	26	0
粉细砂	6	1 920	15 000 000	0.28	0	30	0
砂卵石	11	2 000	35 000 000	0.22	0	38	0
粉质黏土	11	1 790	7 000 000	0.26	33 000	19	0
砂卵石	10.5	2 000	35 000 000	0.22	0	38	0

盾构隧道衬砌环由若干预制钢筋混凝土管片组成。有学者认为，纵向接缝对隧道的法向位移影响较小。因此，忽略纵向管片接缝，管片简化为均匀的圆环，网格划分采用八节点六面体单元。隧道衬砌管片外径为8.8 m，内径为7.9 m，采用C50钢筋混凝土材料，厚度为450 mm，环宽为1.6 m。本章重点研究管片在竖直方向上的位移，管片采用弹性本构，管片材料参数见表5.3.2，管片环如图5.3.2所示。

表5.3.2 计算所用管片参数

管片外径 D(m)	管片内径 d (m)	环宽 L(m)	弹性模量 E_c(GPa)	泊松比 v	密度 ρ (kg/m^3)
8.8	7.9	1.6	34.5	0.167	2 500

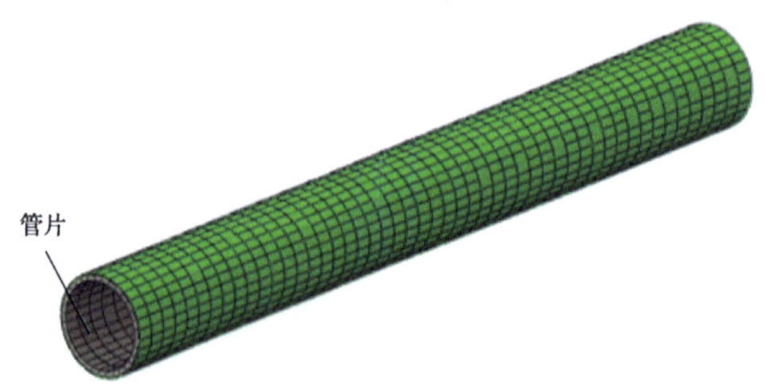

图5.3.2 管片模型

隧道盾构区间采用开挖直径为9.15 m土压平衡盾构进行施工，工程中采用的盾构的前盾一般会比尾盾的直径略大，模拟中忽略盾构的直径变化，将盾构简化为均匀的圆环，采用八节点六面体单元进行网格划分。取盾壳外径为9.15 m，内径为8.85 m，盾壳长度为9.6 m，模型采用弹性本构，盾壳材料参数见表5.3.3，盾壳如图5.3.3所示。

表 5.3.3　计算所用盾壳参数

盾构外径 D(m)	盾构内径 d (m)	环宽 L(m)	弹性模量 E_c(GPa)	泊松比 v	密度 ρ (kg/m³)
9.15	8.85	1.6	34.5	0.167	2 500

同步注浆是以一定的压力将浆液注入盾尾间隙，此时同步注浆浆液具有流动性，且浆液的强度很低，浆液以一定压力作用在土体和管片上。浆液在注入盾尾间隙后，有一个凝结硬化过程。同步注浆浆液从配制到开始失去塑性的这一段时间为浆液的初凝时间。初凝时间对浆液的性能有很大影响，在盾构推进过程中要求浆液有较短的凝结时间以便控制好地层位移。数值模拟过程中忽略浆液的液体属性，将注浆层简化为均匀的圆环，网格划分采用八节点六面体单元。注浆层内表面与管片环外表面采用绑定约束，取浆液环外径为 9.15 m，内径为 8.8 m，浆液环厚度为 175 mm，环宽为 1.6 m，浆液模型采用弹性本构，强度采用浆液配制后 24 h 时的弹性模量，浆液材料参数见表 5.3.4，浆液环如图 5.3.4 所示。

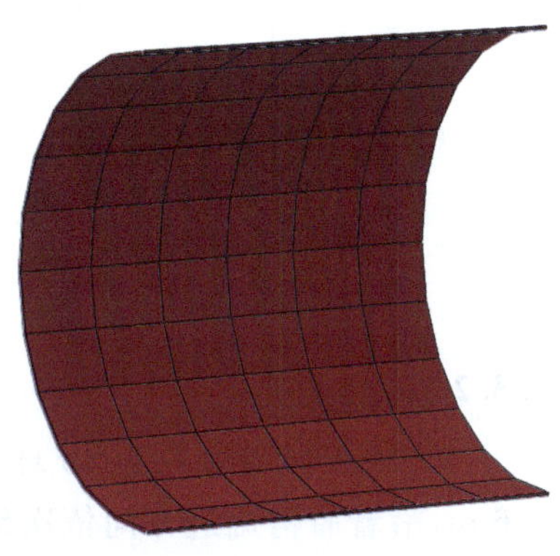

图 5.3.3　盾壳模型

表 5.3.4　计算所用浆液参数

浆液外径 D(m)	浆液内径 d (m)	环宽 L(m)	弹性模量 E_c(GPa)	泊松比 v	密度 ρ (kg/m³)
9.15	8.8	1.6	7.5×10^{-3}	0.22	2 000

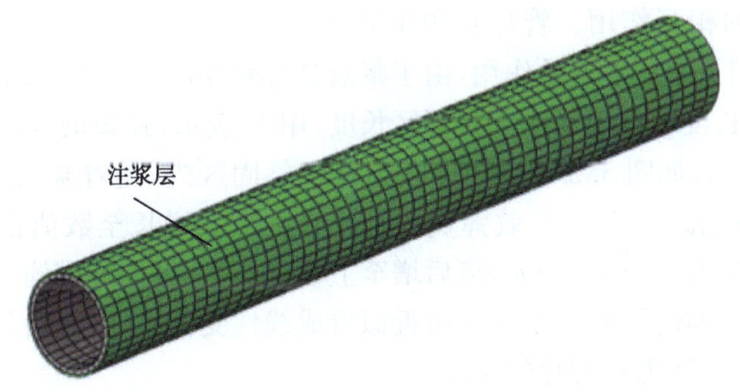

图 5.3.4　注浆层

4. 本构关系

在进行数值模拟时，合理地选择周围土体的本构关系至关重要。目前已知的土体本构关系有很多，有各自的适用条件及范围，因此应根据经验并结合实际情况来确定周围土体的本构关系。选取的本构关系为弹塑性模型，如图 5.3.5 所示。

土体弹塑性模型有多种强度准则，本书选用的是莫尔—库伦强度准则，如图 5.3.6 所示。莫尔—库伦强度准则实质上是剪切应力强度理论，即材料在受力时，某一截面上的剪切应力达到或超过该截面的极限剪切应力，材料将发生剪切破坏。

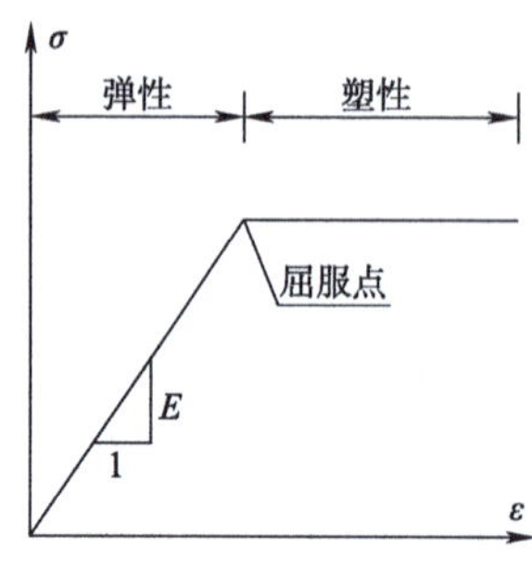

图 5.3.5　弹塑性模型简图

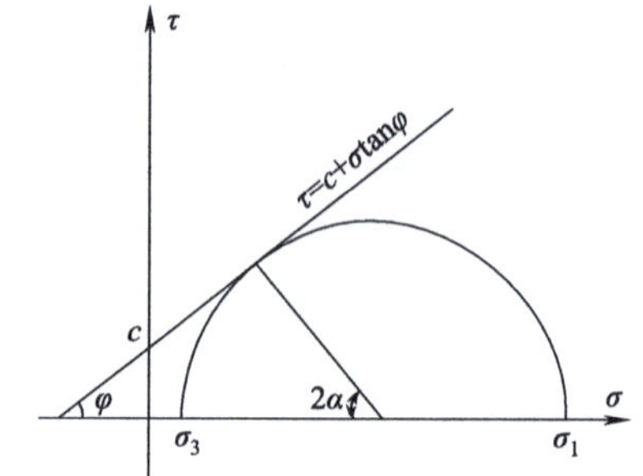

图 5.3.6　莫尔—库伦强度准则

5.3.2　模型开挖

本章模型设置管片为 40 环，每环管片宽度为 1.6 m，沿着盾构掘进方向依次编号为 1，2，3，…，40 环，管片接触面主要为环间接触面，如图 5.3.7 所示。切向接触通过库仑摩擦模型实现，定义管片间摩擦特征，其摩擦力等于法向力与摩擦系数 μ 的乘积，$\mu=0.3$。法向接触采用“硬”接触模型予以表征，“硬”接触面相对于周围材料接触面是刚性的，在荷载作用下可以产生滑移和分离的真实接触面。

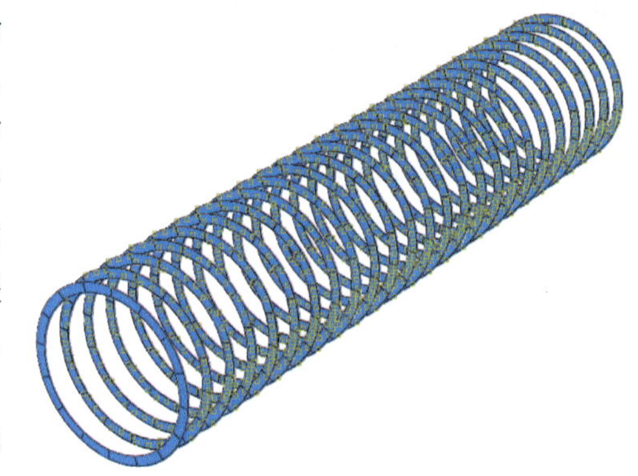
图 5.3.7　管片环间接触面

本章将盾构隧道的同步注浆层等效为均质、等厚的弹性圆环，以浆液体等价为弹簧来模拟管片周围土体与管片之间的相互作用。管片在脱出盾尾的时刻开始受到周围土体和浆液的作用，由于浆液具有时变性，等效弹簧的弹簧系数也会相应变化，弹簧的变化区长度等效于浆液未凝固区长度，用 l_1 表示；弹簧的稳定区长度等效于浆液凝固区长度，用 l_0 表示，如图 5.3.8 所示。在浆液未凝固区内，随着浆液的凝固，管片所受的浮力由最大浮力值逐渐减小为 0，等效弹簧的刚度系数由 0 增长至数值稳定区，与此同时，管片受到上方土体的约束作用逐渐增大，最后增至上覆土压力；根据隧道施工过程中作用在管片上的注浆压力进行的现场监测，这个过程可近似看成线性变化。变化过程如图 5.3.8 所示，左端约束模拟盾构千斤顶压力对管片的作用。

为实现对浆液初凝时间的模拟，并计算分析不同初凝时间对管片上浮的影响，需要根据实际工程对注浆过程设定一些参数。本章通过更改注浆层浆液的弹性模量来模拟浆液的不同强度，通过管片浮力变化来模拟浆液的初凝过程。浆液注入时注浆给管片提供的浮力为 1 167 kN，随着浆液逐渐凝固，管片提供的浮力逐渐减小，当浆液初凝后浮力减小为 0。

由于液态浆液难以模拟，且力在浆液里会进行重分布，因此模型采用等效均布力来模拟同步注浆压力。即在浆液层与土体之间施加均布力，方向背离隧道中心，同时在刚拼好的管片外侧施加均布力，方向指向隧道中心。在实际工程施工过程中，同步注浆浆液是通过盾尾 4 个注浆孔注入管片与土体之间的空隙。为了防止同步注浆压力过大破坏盾尾刷，工程注浆孔的同步注浆压力不得超过 0.4 MPa，同时为了保证浆液的填充质量，注浆孔的同步注浆压力不得低于

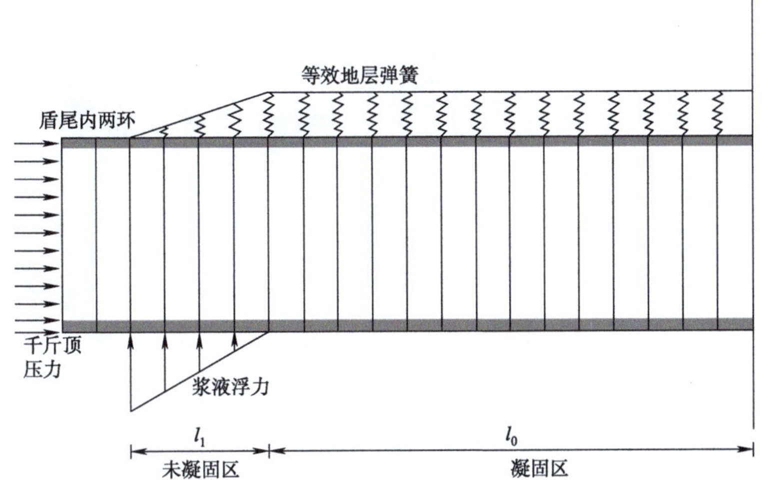

图 5.3.8　隧道模型简化图

0.1 MPa。根据施工过程中的注浆记录，盾尾上方注浆孔的注浆压力一般为 0.16 MPa 左右，盾尾下方注浆孔的注浆压力一般为 0.25 MPa 左右。将注浆孔的注浆压力均匀分布到整环管片，考虑到浆液压力的重分布，本节数值模拟中等效同步注浆压力采用上下注浆孔压力的平均值。随着浆液的凝固，管片与地层受到注浆压力的影响逐渐减小，当浆液凝固后注浆压力消散为 0。

在隧道施工过程管片还会受到来自千斤顶的压力，如图 5.3.8 所示。千斤顶的撑靴会作用在管片上，给盾构提供反力。施工过程中盾构千斤顶推力大约在 20 000～25 000 kN 之间，将千斤顶压力均匀分布在管片上。当千斤顶推力取 23 000 kN 时，管片上的均布压力为 2.9 MPa，数值模拟过程中取千斤顶等效均布压力为 3 MPa。

模型开挖过程中为了避免计算模拟过程中土体出现刚体位移的情况，对模型土体周边进行约束，同时为了尽可能减小边界条件的影响，施加土体自重应力，进行地应力平衡，得到初始地应力场。初始地应力场的形成与地层性质、地层构造、埋藏条件以及荷载历史有关，而隧道开挖过程中所引起的地层响应与开挖前地层的初始地应力状态有着密切的关联，进行地应力平衡的目的就是给土体模型施加初始地应力场和位移场。地应力平衡时的土体竖向应力如图 5.3.9 所示，从图中可以看出土体受到的应力随着地层深度的增加而增加。地应力平衡后土体位移如图 5.3.10 所示，从图中可以看到土体位移的数量级为 10^{-7}～10^{-5} m，说明模型完全达到了地应力平衡的目的，能有效减小对后期开挖结果分析的影响。

在盾构掘进过程中，取开挖土体单元长度 1.6 m，每开挖一节土体，激活相应位置的管片和注浆层，对该节土体所对应的管片及浆液性质进行赋值，同时对相应的荷载和边界条件进行施加，开挖示意如图 5.3.11 所示。远离盾尾的管片环由于周围浆液已经凝固，此处地层和浆液对管片起到一定的约束作用，该约束作用可以分为管片挤压产生的隧道径向约束以及接头和端面摩擦产生的隧道纵向约束，径向约束相对于纵向约束要小很多。忽略径向约束的作用，仅考虑既有管片对隧道的纵向约束，当管片处于终凝位置时，对管片进行全约束以避免管片出现位移。以此类推，在每一环掘进过程中，计算管片、浆液和周围土体的应力应变，最后得到管片位移变化曲线。

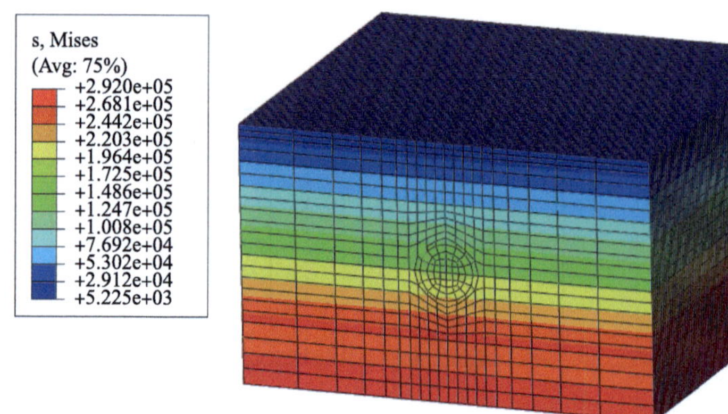

图 5.3.9 地应力平衡时土体竖向应力图(单位:Pa)

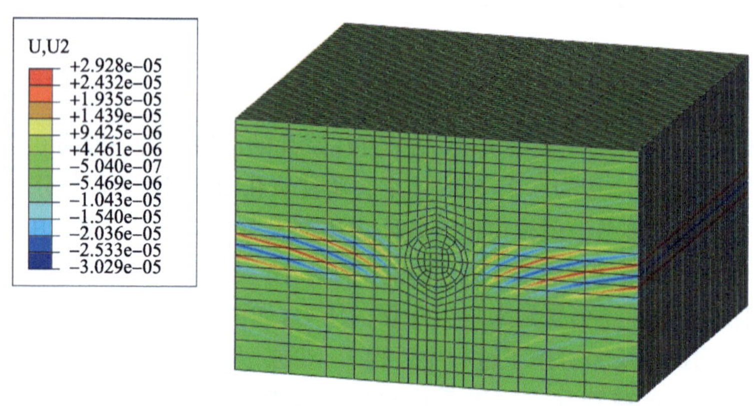

图 5.3.10 地应力平衡时土体位移图(单位:m)

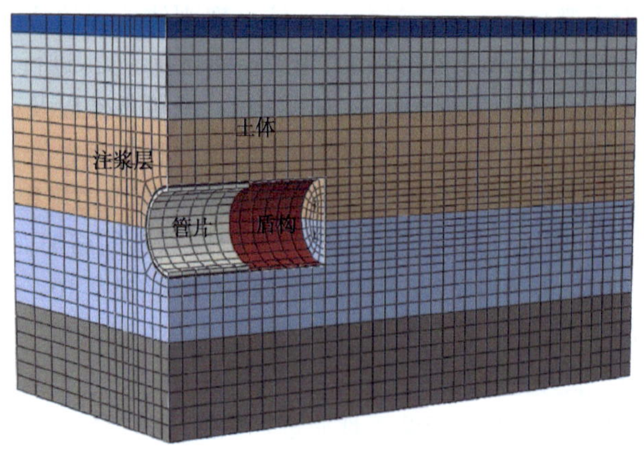

图 5.3.11 管片开挖示意图

由于盾构施工过程是一个连续推进的过程,所以,模型中不同位置的管片环也可以分别代表其中某一环管片在施工过程中不同时间的状态,如图 5.3.12 所示为盾构管片上浮量位移变化情况。从管片位移云图中可以看出管片上浮量与盾尾距离之间的关系,当管片脱出盾尾后,在距离盾尾 1~3 环内管片上浮量急剧增加,管片在距离盾尾 3 环之后上浮增量减小并逐渐平缓。

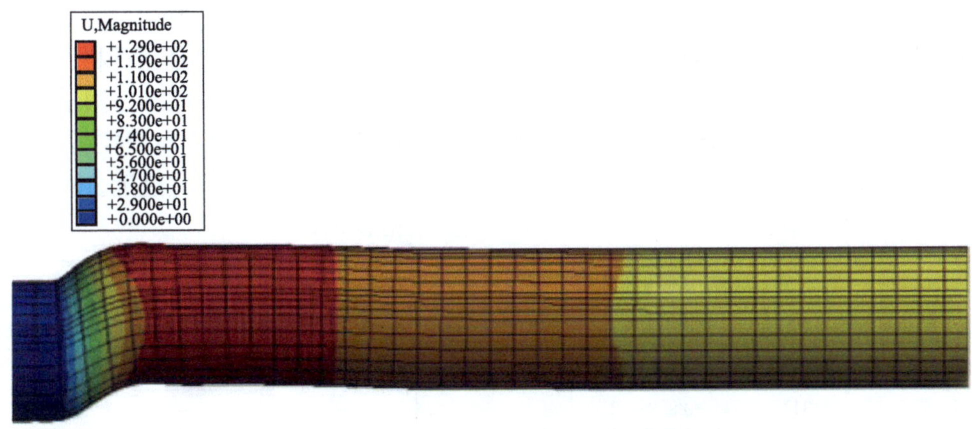

图 5.3.12 管片上浮位移图(单位:mm)

为了更直观观察管片上浮规律,对模型开挖过程中管片上浮量导出进行汇总,管片上浮量与盾尾关系如图 5.3.13 所示。管片上浮过程大致可以分为三个阶段,其中 1～3 环为上浮激增段,3～12 环为上浮平缓段,12 环之后为上浮稳定段。管片刚脱出盾尾时上浮量较小,2～3 环上浮量急剧增大,在距离盾尾 3 环时管片上浮量达到了上浮总量的 90%。管片在该区域上浮明显,其原因主要为管片刚脱出盾尾时,受到盾壳的约束作用,管片上浮量较小,当距离盾尾 2～3 环时,管片失去了盾尾的约束,在管片周围较大的浆液压力差作用下,管片开始大幅度上浮。管片在距离盾尾 3～12 环时,管片距离开挖面较远,该环管片受到地层应力释放影响较小,且管片上浮过程中也会受到管片环之间的摩擦力的约束,同时浆液逐渐凝固,提供的上浮力不断减小,管片的上浮增量减小,当管片受到的上浮力小于管片重量时,管片会有略微下沉,随着浆液强度的增加,管片周围浆液会对管片下沉提供阻力。管片在距离盾尾 12 环以后管片上浮量基本不再变化,其原因是管片周围浆液及土体变形趋于稳定,管片达到受力平衡状态,因此管片的上浮量趋于稳定。

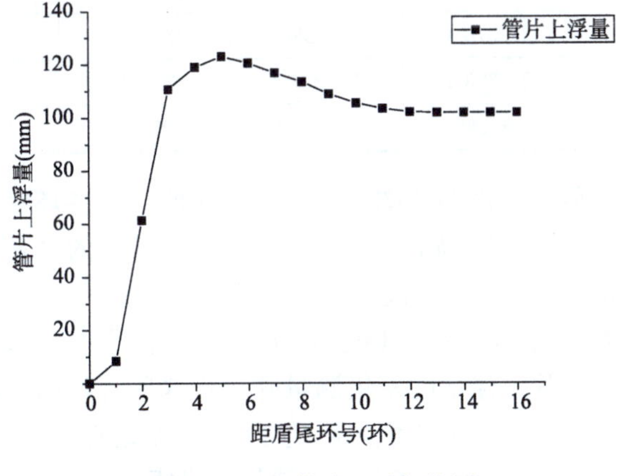

图 5.3.13 管片上浮规律图

5.3.3 模型验证及上浮规律分析

工程盾构区间在施工过程中发生明显上浮，为了得到该区段管片上浮的具体规律，需要对该区间管片上浮段进行密集测量。管片上浮监测过程中的测量及仪器的使用严格按照普通水准测量要求进行操作，对 361～380 环共计 20 环管片上浮量进行了密集监测。测量时刻为该环管片刚刚脱出盾尾，每环管片测量三次取平均值，每次测量起点为地下高程控制点，根据测量的管片环与高程控制点的距离合理安排中转测点的数目，前后视距不宜过远。对测量次数较多的 361～366 环数据进行整理汇总，管片测量数据见表 5.3.5。

表 5.3.5 管片上浮数据

测量次数	361 环高程(m)	362 环高程(m)	363 环高程(m)	364 环高程(m)	365 环高程(m)	366 环高程(m)
1	28.294	—	—	—	—	—
2	28.345 3	28.286 2	—	—	—	—
3	28.385 3	28.325 4	27.168 8	—	—	—
4	28.396 1	28.37	27.203 9	27.444 6	—	—
5	28.396 3	28.380 9	27.246 1	27.470 7	27.990 3	—
6	28.395 4	28.380 8	27.258 5	27.522 4	28.031 4	28.276 7
7	28.396	28.386 8	27.260 6	27.534 9	28.075 1	28.301 6
8	28.399 4	28.388 5	27.267 7	27.540 3	28.098 9	28.361 1
9	28.395 4	28.381 1	27.267 9	27.547 7	28.099 6	28.369 6
10	28.392 9	28.381 8	27.258 1	27.546 6	28.107	28.376 3
11	28.391 1	28.379 1	27.261 4	27.542 1	28.107 8	28.387 4
12	28.397	28.380 6	27.253 7	27.544 5	28.107 6	28.386 3
13	28.392 9	28.378 3	27.256 4	27.537 5	28.103 5	28.378 6
14	28.392 8	28.377 3	27.253 9	27.534 4	28.102 9	28.377 6
15	28.393 1	28.377 3	27.256	27.518	28.102 4	28.376 6
16	28.392 2	28.378 4	27.253 1	27.536 7	28.106 4	28.376
17	28.393 6	28.378 9	27.256	27.536 6	28.106 5	28.377 5
18	28.391 4	28.378 4	27.256	27.535 6	28.106 2	28.375 9
19	28.394 3	28.378 1	27.254 4	27.537 9	28.105 7	28.371 8
20	28.388 9	28.382	27.252 3	27.54	28.095 4	28.367 6

根据表 5.3.5 可绘出管片上浮曲线图，如图 5.3.14 所示为各环管片的上浮曲线图，管片上浮量为管片脱出盾尾后的稳定高程与管片刚脱出盾尾时的高程差。结合表 5.3.5 和图 5.3.14 可以得出，365 环管片上浮量最大，其值为 115.9 mm；366 环管片上浮量次之，其值为 100.9 mm；363 环管片上浮量最小，其值为 87.2 mm，密集监测段内管片平均上浮量为 97.7 mm。通过对每一环管片上浮量的密集测量并分析这些管片的上浮过程，发现管片在上浮过程中并不是一直上升直到达到某一值之后趋于稳定，而是管片在上浮到某一值之后管片会有一定程度的下沉，整个上浮过程存在一个上浮量的峰值。

通过对模型开挖过程中的上浮规律进行分析，发现模型的上浮规律与在工程现场所得的

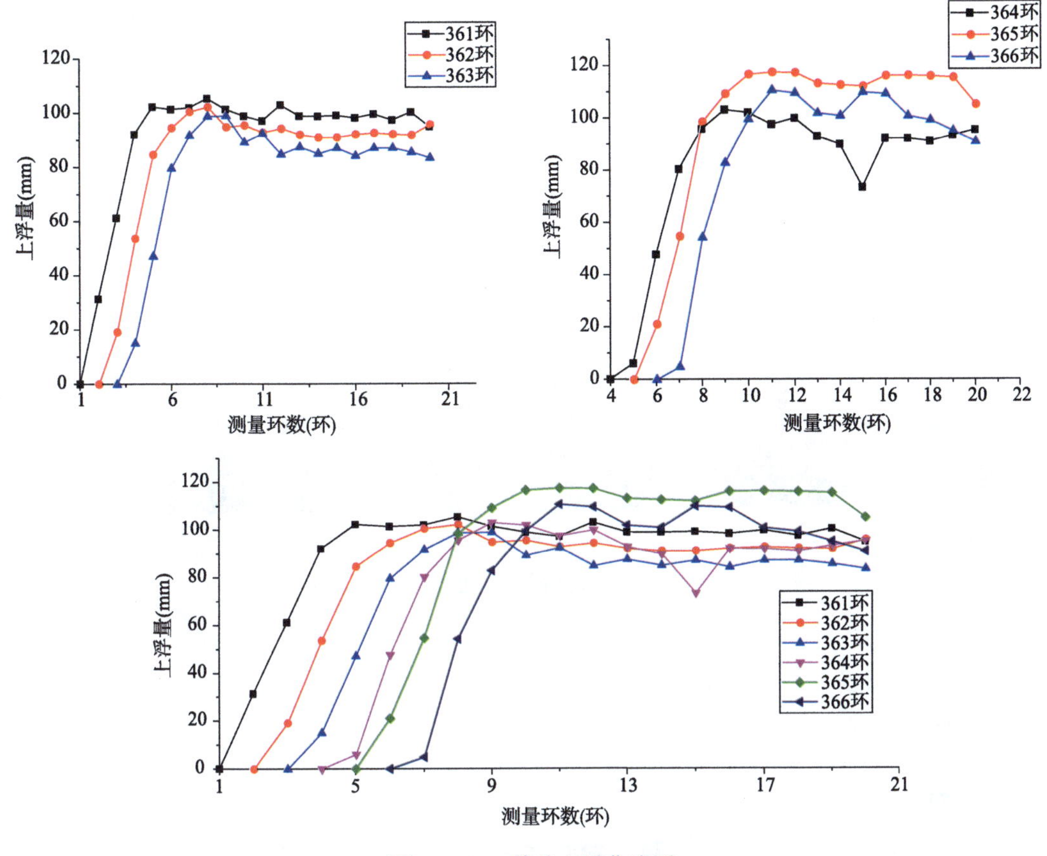

图 5.3.14 管片上浮曲线图

上浮规律一致。模型模拟所选参数均是采用工程参数,模拟所得的管片上浮量(管片上浮量取该区段管片上浮趋于稳定时的数据量)为 101.9 mm,340～380 环区段工程实测平均上浮量为 110 mm,误差为 7.4%;模拟所得管片最大上浮量为 123 mm,该区段工程实测最大上浮量为 132 mm,误差为 6.8%。由此可见,该模型对管片上浮量计算具有一定准确性,对工程中的管片上浮研究具有一定参考价值。

5.3.4 上浮影响因素数值分析

1. 注浆压力的影响

注浆压力控制是盾构隧道施工过程中的一个难题,对注浆压力对管片上浮的影响进行了研究。在注浆过程中,注浆压力同时作用于管片和周围土体,对管片和土体的变形位移有很大的影响。随着浆液的逐步凝固,注浆压力会逐步减小,此时管片上的受力状态也会随之发生改变,承受来自周围土体和浆液层共同作用的力。注浆压力的分布变化对土体沉降和管片上浮有着重要的影响,因此注浆压力控制是施工过程中需要严格控制的一个参数。

为了方便对注浆压力进行研究,模拟中将同步注浆的注浆压力设置为施加在管片外圆表面的均布压力,其方向指向管片圆心。同时在与土体接触的浆液层外表面施加一个等值的均布压力,其方向背离管片圆心。

根据工程施工情况,同步注浆压力控制在 0.1～0.4 MPa。为了研究同步注浆压力对管片上浮的影响，模拟在保证管片尺寸、浆液性质等因素不变的基础上，设置了 0.1 MPa、0.2 MPa 和 0.3 MPa 三组不同的注浆压力，并对三组管片分别进行模拟开挖，所得管片上浮情况如图 5.3.15～图 5.3.17 所示。

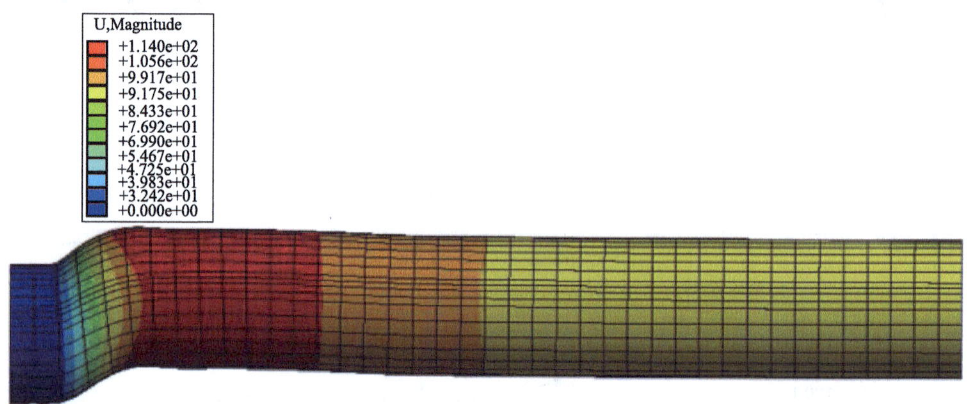

图 5.3.15　0.1 MPa 注浆压力下的管片上浮(单位:mm)

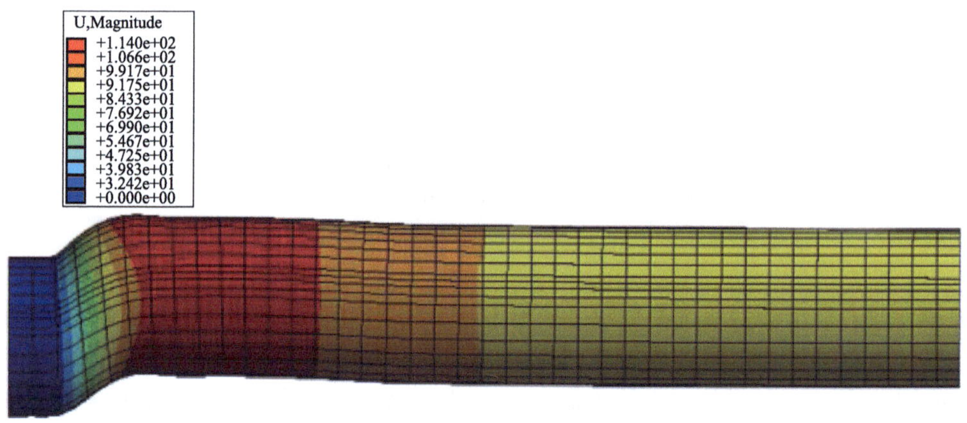

图 5.3.16　0.2 MPa 注浆压力下的管片上浮(单位:mm)

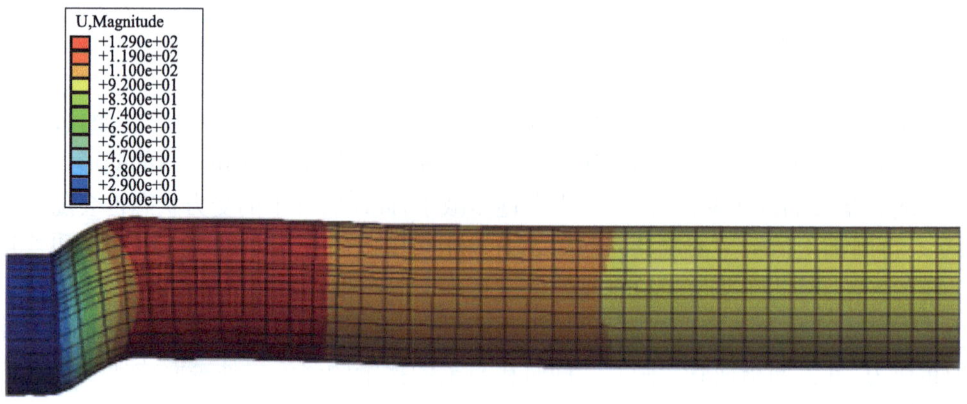

图 5.3.17　0.3 MPa 注浆压力下的管片上浮(单位:mm)

从图上可以看出随着注浆压力大小的变化，管片的上浮量也会发生变化。从模拟结果中提取管片上浮数据，依据上浮数据绘制不同注浆压力下管片上浮规律图，如图 5.3.18 所示。

由图 5.3.18 可以看出，注浆压力的大小对管片上浮有一定的影响，随着注浆压力的提高，管片的上浮量会有增加趋势。其原因为注浆压力的增大，会对周围土体造成扰动，管片上部土体的沉降值会减小，导致顶部管片有了更大的上浮空间，使得管片上浮量增加。通过对图 5.3.18 注浆压力与管片上浮量值的关系可以看出，注浆压力对管片上浮产生的影响主要在管片上浮激增段发生，此时管片刚脱出盾尾，离盾尾较近，还处在注浆压力影响范围之内。因此在保证填充质量的前提下，减小注浆压力能有效控制隧道管片上浮。

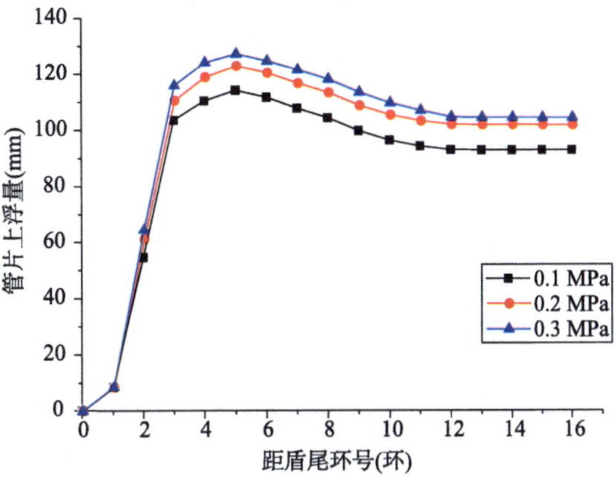

图 5.3.18　不同注浆压力下管片上浮规律

2. 浆液性质的影响

通过对管片上浮理论研究，发现引起管片上浮最主要的力为浆液所提供的浮力，为了研究浆液不同性质对管片上浮的影响，对同步注浆的浆液强度和浆液初凝时间两个方面进行分析。为了研究浆液强度对管片上浮的影响，在保证注浆压力、管片尺寸等因素不变的前提下，设计浆液弹性模量见表 5.3.6，并对四组管片进行模拟开挖，所得管片上浮模拟如图 5.3.19～图 5.3.22 所示。

表 5.3.6　不同弹性模量模型参数

模　　型	注浆压力(MPa)	浆液弹性模量(MPa)	管片尺寸(m)	千斤顶推力(MPa)
1	0.2	5	8.8	3
2	0.2	7.5	8.8	3
3	0.2	10	8.8	3
4	0.2	12.5	8.8	3

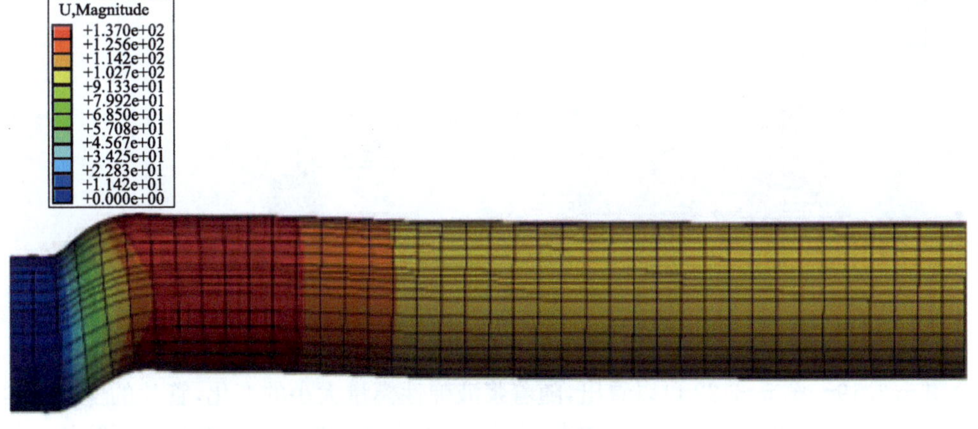

图 5.3.19　弹性模量为 5 MPa 时的管片上浮情况(单位:mm)

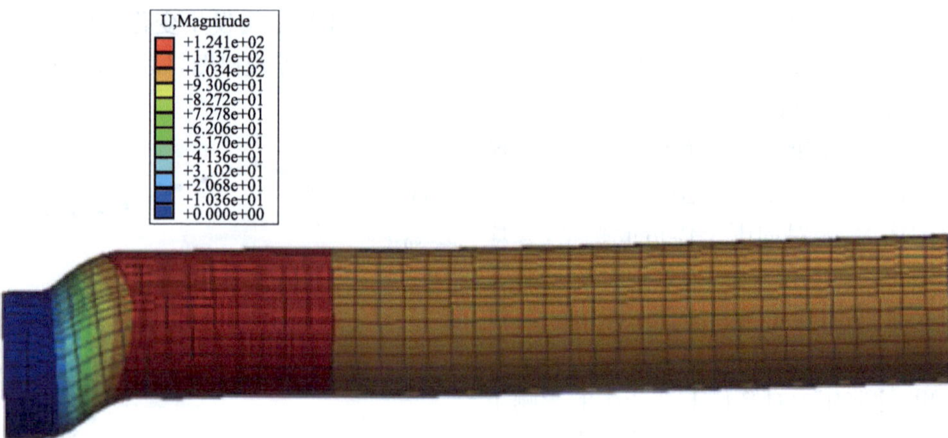

图 5.3.20　弹性模量为 7.5 MPa 时的管片上浮情况（单位：mm）

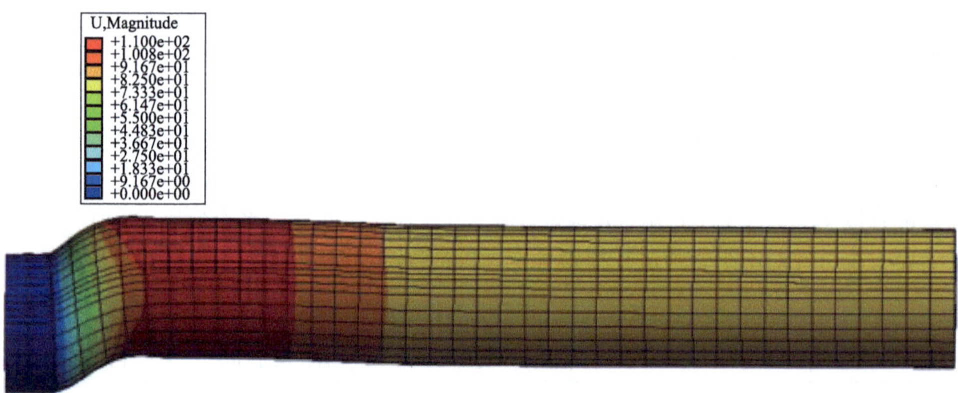

图 5.3.21　弹性模量为 10 MPa 时的管片上浮情况（单位：mm）

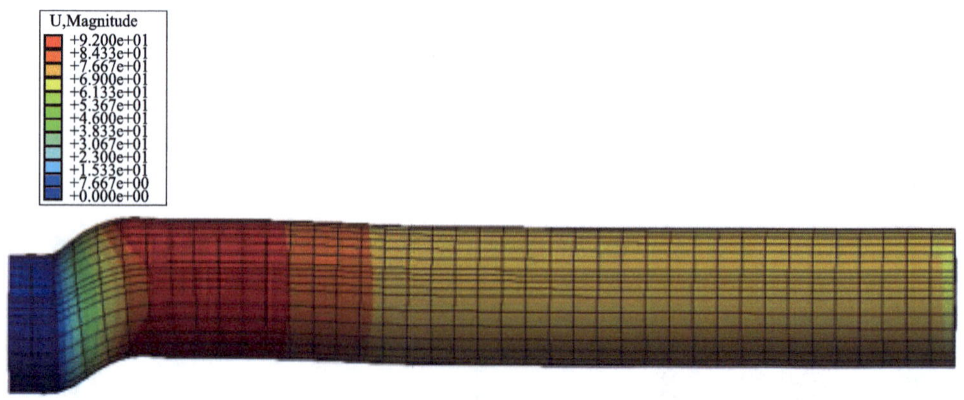

图 5.3.22　弹性模量为 12.5 MPa 时的管片上浮情况（单位：mm）

由图 5.3.19～图 5.3.22 可以看出，随着浆液弹性模量大小的变化，管片的上浮量也会发生变化。从模拟结果中提取管片上浮数据，依据上浮数据绘制不同弹性模量下管片上浮规律图，如图 5.3.23 所示。由图 5.3.23 可知，管片在刚脱出盾尾时由于管片受到盾尾的约束作用，浆液强度对管片的上浮量影响较小，随着浆液弹性模量增大，管片上浮量减小。

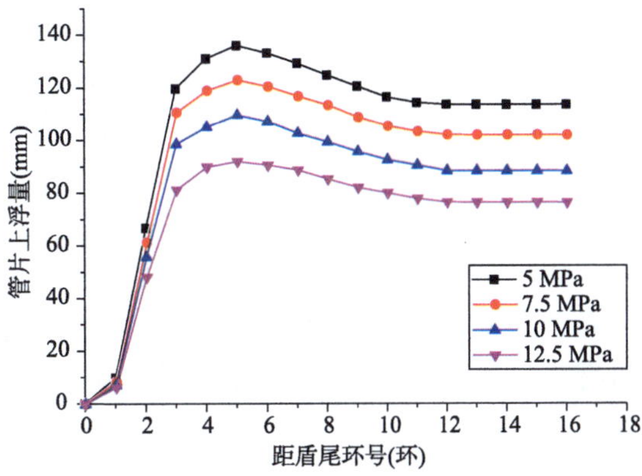

图 5.3.23 不同浆液强度下管片上浮规律

通过对管片上浮过程规律进行分析发现管片脱出盾尾后在浆液浮力作用下，管片开始逐渐上浮，随着浆液的凝固，管片上浮量趋于稳定。管片的上浮过程也是浆液初凝的过程，因此浆液初凝时间是控制管片上浮的一个重要因素。为了研究浆液初凝时间对管片上浮的具体影响，在控制其他因素不变的前提下，对管片初凝时间进行模拟，如图 5.3.24 和图 5.3.25 所示。浆液初凝时间直接影响初凝时管片和盾尾之间的距离，所以在模拟过程中通过控制初凝点距盾尾的距离来控制初凝时间，浆液初凝时间和管片上浮的关系如图 5.3.26 所示。从图中可以看出，随着管片初凝时间增长，管片上浮量增加。其原因是随着浆液初凝时间增大，初凝时管片位置距离盾尾变大，上浮段管片变长，管片受到来自盾尾和稳定段管片的约束变小，因此管片上浮量变大。

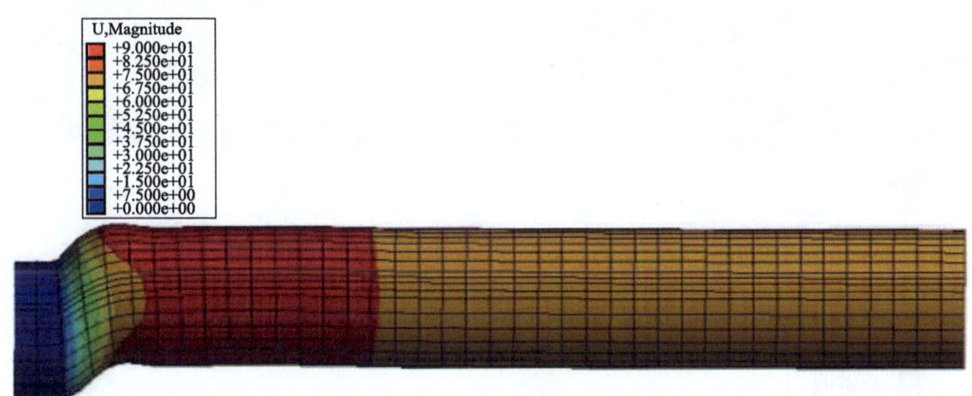

图 5.3.24 3 h 初凝管片上浮情况(单位:mm)

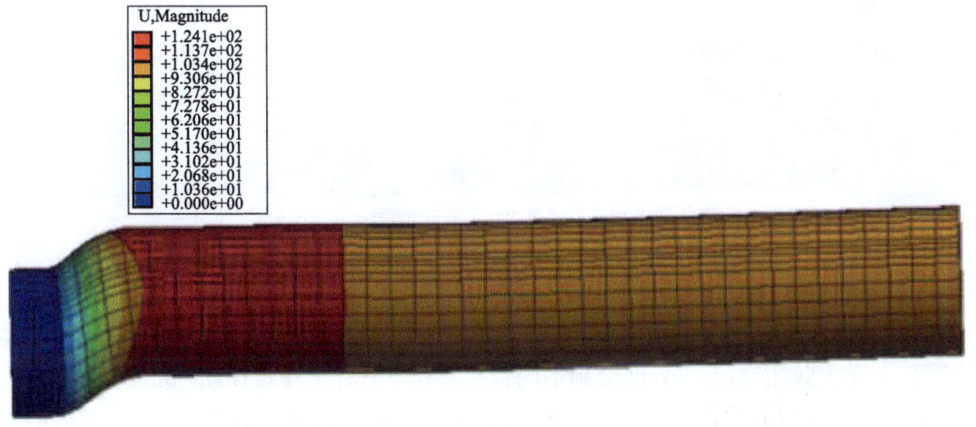

图 5.3.25 4.5 h 初凝管片上浮情况(单位:mm)

3. 管片尺寸

北京新机场线是北京首次选用 8.8 m 直径管片进行施工的双线隧道，在此之前北京地铁多选用管片直径为 6 m 的盾构进行施工，在盾构施工中并未发现大幅度管片上浮。为了研究管片尺寸差异对管片上浮的影响，以北京新机场线为工程参考，在保证其他参数不变的前提下，仅改变盾构开挖尺寸和管片尺寸，对管片直径为 8.8 m 和 6 m 的隧道进行模拟开挖，所得管片上浮情况如图 5.3.27 和图 5.3.28 所示。

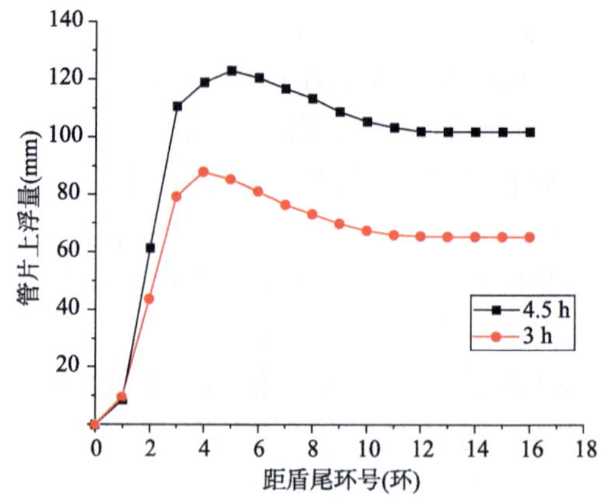

图 5.3.26　初凝时间与上浮量关系(单位:mm)

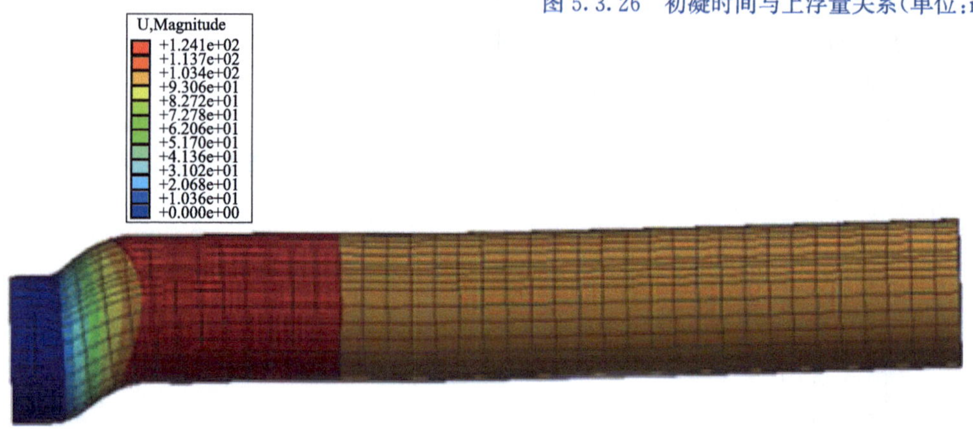

图 5.3.27　直径 8.8 m 管片上浮情况(单位:mm)

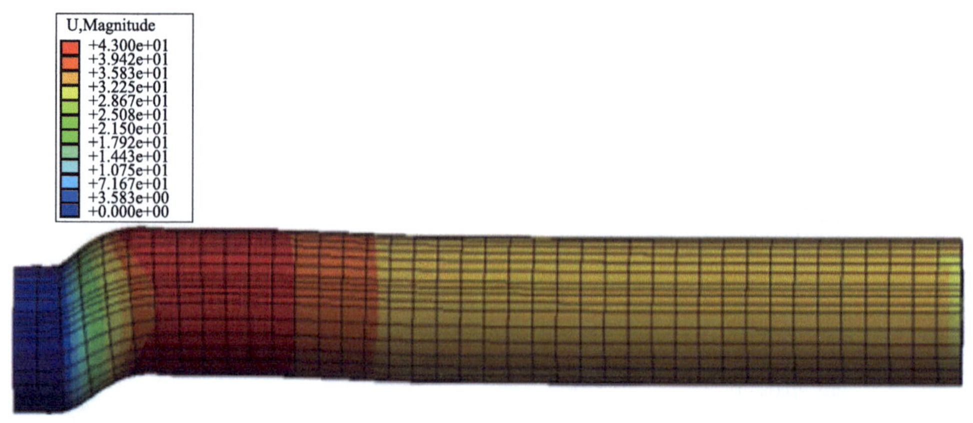

图 5.3.28　直径 6 m 管片上浮情况(单位:mm)

由图 5.3.27 和图 5.3.28 可以看出，管片的上浮量大小与管片尺寸有密切关系，从模拟结果中提取管片上浮数据，依据上浮数据绘制不同管片直径下管片上浮规律图，如图 5.3.29 所示。

从图 5.3.29 可以看出两种不同直径的管片上浮规律大致相同，但是直径为 6 m 的管片上浮量值远小于直径为 8.8 m 的管片上浮量值。其原因是随着盾构直径增大，管片的重量不断变大，同时管片受到的浮力也在不断变大，但是管片重量的增长幅度远小于浮力的增长幅度，即随着管片尺寸的不断增大，管片重力与所受浮力的比值不断减小，管片受到的浮力相对更大。因此，在浮力的作用下，尺寸较大的管片更容易上浮。在管片上浮过程中，浆液强度不断增长，由于尺寸较小的管片所受的浮力相对较小，因此更容易控制管片上浮。

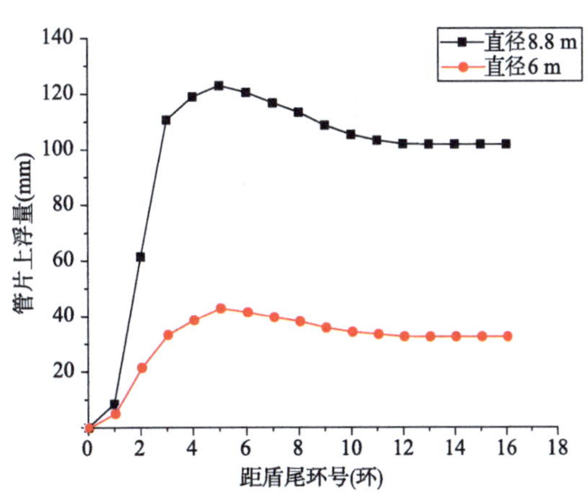

图 5.3.29　管片尺寸与上浮量关系

4. 千斤顶推力

在盾构掘进过程中对管片产生的千斤顶推力对管片的上浮有一定的影响，为研究不同千斤顶推力与管片上浮量之间的关系，在保证其他参数不变的前提下，设置 1 MPa、3 MPa、5 MPa和 7 MPa 四组不同的千斤顶推力，对这四组模型进行开挖，如图 5.3.30～图 5.3.33 所示。

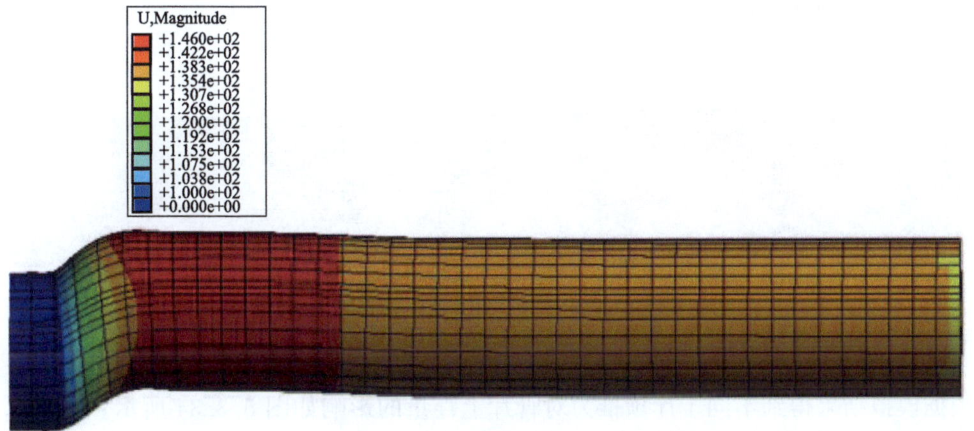

图 5.3.30　1 MPa 千斤顶推力下管片上浮情况(单位：mm)

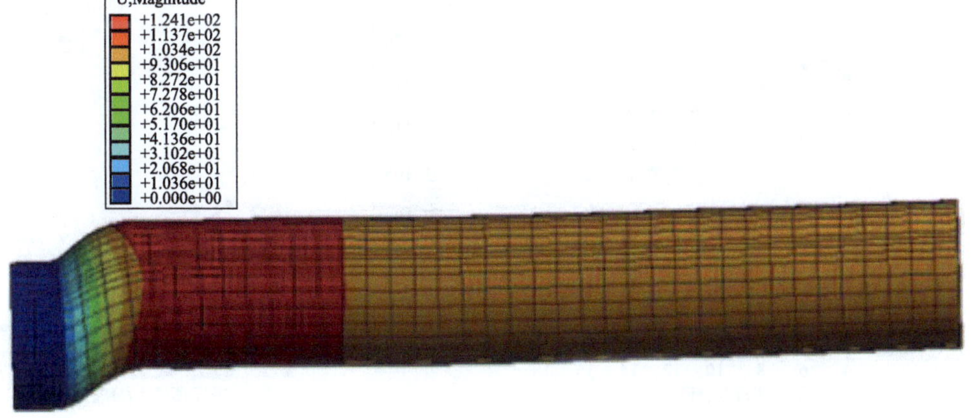

图 5.3.31　3 MPa 千斤顶推力下管片上浮情况(单位：mm)

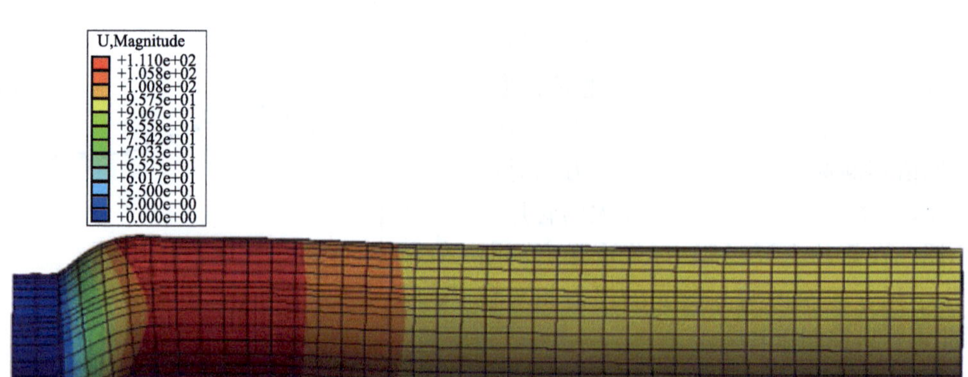

图 5.3.32　5 MPa 千斤顶推力下管片上浮情况(单位:mm)

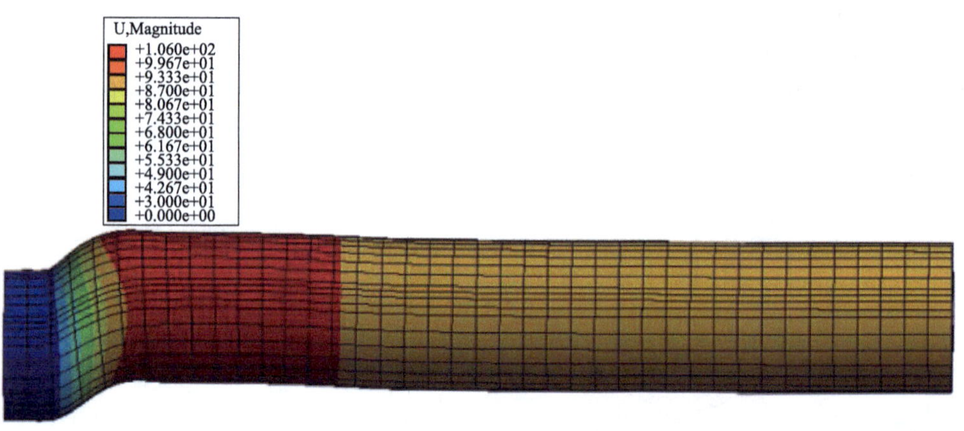

图 5.3.33　7 MPa 千斤顶推力下管片上浮情况(单位:mm)

根据模拟结果得到不同千斤顶推力对管片上浮量的影响如图 5.3.34 所示。由图 5.3.34 可以看出,随着千斤顶推力的增加,脱出盾尾的管片的上浮量逐渐减小。由图 5.3.35 可知,当千斤顶推力大于 5 MPa 时,增加千斤顶推力对控制管片上浮的效果有限。

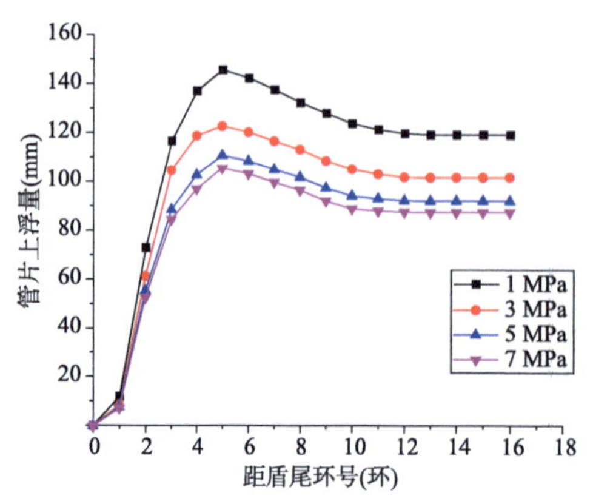

图 5.3.34　不同千斤顶推力下管片上浮量

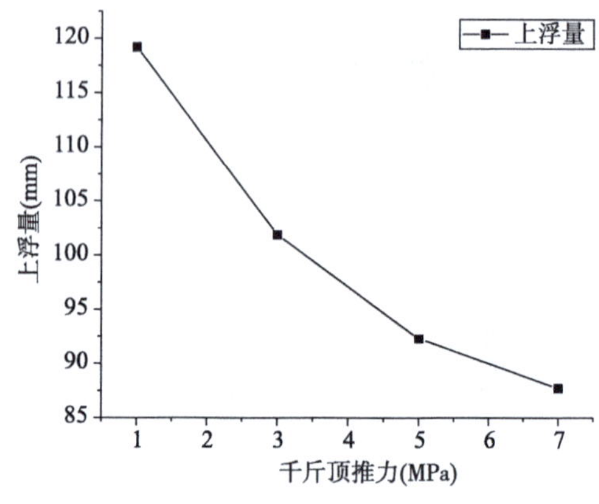

图 5.3.35　管片上浮量与千斤顶推力的关系

5. 推进速度和地层条件

盾构推进速度对管片上浮具有一定影响，推进速度的大小影响的是初凝点处管片位置与盾尾之间的距离。当浆液凝结速度不变时，盾构推进速度越大，初凝点处管片位置与盾尾之间的距离越长，上浮段管片环数越多，此时管片受到来自盾尾和稳定段管片的约束变小，因此管片上浮量变大。地层条件同理，在渗透性较大的地层，注浆浆液容易渗透流失，导致管片受到的浮力减小。同时浆液失水会导致浆液凝固速度加快，初凝点处管片距离盾尾较近，受到来自盾尾和稳定段管片的约束较大，管片上浮量减小，地层有水与无水对管片的上浮也有很直接的影响。

5.3.5 小　　结

通过建立管片在施工中的数值模型，研究了注浆压力、浆液性质、管片尺寸和千斤顶推力等因素对管片上浮的影响，并结合对大兴新机场线工程实测数据的分析，得到了大兴新机场线管片上浮的规律，研究表明：

(1)通过对工程现场每一环管片上浮量的密集测量并分析这些管片的上浮过程，发现管片在上浮过程中并不是一直上升直到达到某一值之后趋于稳定，而是管片在上浮到某一值之后管片会有一定程度的下沉，整个上浮过程存在一个上浮量的峰值。

(2)对管片上浮过程进行数值模拟，通过对上浮量数据进行分析，管片上浮过程大致可以分为三个阶段，其中 1～3 环为上浮激增段，3～12 环为上浮平缓段，12 环之后为上浮稳定段。管片刚脱出盾尾时上浮量较小，2～3 环上浮量急剧增大，在距离盾尾 3 环时管片上浮量达到了上浮总量的 90%，管片上浮量在上浮平缓段会出现略微下降。

(3)注浆压力的大小对管片上浮有一定的影响，随着注浆压力的提高，管片的上浮量会有增加趋势。在保证浆液填充质量的前提下，减小注浆压力能有效控制隧道管片上浮。

(4)浆液质量对管片上浮具有较大的影响，随着浆液弹性模量的增大，管片整体上浮量减小，在相同浆液弹性模量下，管片下部上浮量比管片上部上浮量大；同时，随着管片初凝时间增长，管片上浮量增加。

(5)管片尺寸越大，受到的浮力相对更大，越容易上浮，上浮量越大；对于尺寸较小的管片更容易控制管片上浮。

(6)随着千斤顶推力的增加，脱出盾尾的管片的上浮量逐渐减小，当千斤顶推力大于 5 MPa时，增加千斤顶推力对控制管片上浮的效果有限。

(7)盾构推进速度和地层条件对管片上浮具有一定影响，可以通过控制盾构推进速度控制管片上浮量。

5.4 管片抗浮措施

5.4.1 施工阶段常用抗浮措施

通过前面的分析，发现影响管片上浮的因素主要有地层因素、管片尺寸、千斤顶推力、注浆压力、浆液强度及初凝时间，其中地层因素、管片尺寸和浆液初凝时间对管片上浮影响较大。不同因素在实际工程中的控制难易程度有很大差别，在施工过程中浆液强度及初凝时间较容易控制，千斤顶推力和注浆压力控制范围有限，而地层和管片尺寸选定后无法改变。在上浮因素研究基础上提出管片的抗浮措施，以期对类似施工有一个很好的指导。

根据对管片上浮的研究，影响管片上浮的因素较多，且每种因素对应的控制方法并不单一，因此管片上浮的控制方法多种多样。根据施工阶段的不同，可以将管片上浮的控制方法大体分为前期控制、施工过程中控制和注浆后控制。

1. 前期控制

前期控制主要有地层选择、上覆土厚度控制以及盾构选型。虽然在对工程实例分析中未出现管片上浮到间隙顶层的现象，但当管片受到的上浮力明显大于管片的抗浮力导致管片上浮到顶时，可能造成管片对上覆土的挤压，导致上覆土在一定范围内出现挤压变形，从而造成隧道局部或整体上浮增大。在地铁线路规划中，对线路所处地层的选择影响因素有很多，在考虑对管片上浮的影响因素时，应尽可能选择无水渗透性较大的地层，且尽量避免浅埋开挖，在浅埋段尽量增加上覆土厚度。

盾构进场前需对盾构进行严格选择，根据施工前对地层勘探的结果进行分析，选择能满足对开挖周边土体变形控制要求的盾构，即盾构掘进过程中引起的对地层的扰动变形应满足隧道的控制要求，同步注浆等参数满足工程施工的要求。在考虑管片上浮控制时，注浆浆液类型和注浆能力是盾构选型的重要参考因素。注浆浆液类型主要分为单液浆和双液浆两种，双液浆初凝时间通常较短，当使用瞬凝型双液浆时可以解决管片上浮问题，但由于双液浆的特性，极易发生堵管现象；在不考虑施工中超挖和地层坍塌等情况的发生，每环理论注浆量为土体与管片之间的空隙的理论体积，根据施工设计要求充盈系数一般取 1.5～1.8，为保证注浆充盈，需要选择注浆能力满足要求的盾构。

盾构选定之后，管片尺寸也会随之确定，通过前文对管片尺寸和上浮量关系的研究，发现管片尺寸对管片上浮控制具有重要影响。随着管片直径的增大，管片受到的浮力也越大，且由于管片尺寸增大所带来管片重量增量变化没有浮力大。因此，随着管片尺寸的增大，管片受到的向上合力也随之增大，管片更容易上浮。在对盾构进行选型时，为了控制管片上浮，要充分考虑地层控制要求和盾构尺寸因素，尽可能选择管片直径较小且满足施工要求的盾构。

2. 施工过程中控制

为了有效控制管片上浮，需要在施工过程中加强对隧道管片的姿态控制，做好管片上浮的预防措施，加强施工过程中的参数控制，如注浆压力、浆液性质、盾构姿态，施工过程中出土量以及千斤顶压力等。

(1)注浆压力控制。管片所受的动态上浮力主要由注浆压力产生，根据前文对注浆压力的模拟，发现随着注浆压力的增大，管片上浮量增加，如图 5.4.1 所示。增大注浆压力会对管片周围土体造成扰动，对于管片周围土体而言，管片上方土体对注浆压力更为敏感，随着注浆压力的增加，管片上部土体的沉降值会减小，导致顶部管片有了更大的上浮空间。因此在保证填充质量的前提下，减小注浆压力能有效控制隧道管片上浮。同时，根据对管片上浮的理论研究，管片的上浮主要

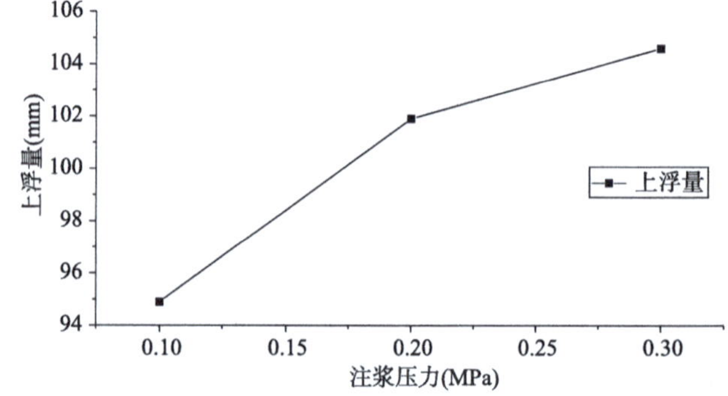

图 5.4.1　管片上浮量与注浆压力关系

与浆液压力的实际分布有关,在重力作用下,管片横断面内下部浆液压力比上部浆液压力大,这是管片上浮的主要原因。注浆压力会对管片受到的浆液压力分布产生一定的影响,同时增大上、下部注浆压力对隧道横断面内上下压力梯度的改变作用不大,施工中可以采用上大下小的注浆压差注浆,减小注浆压力对管片底部的影响,同时可以有效减小上下压力差,从而减小管片上浮趋势。

(2)浆液质量控制。浆液质量对管片上浮控制具有重要影响,随着浆液弹性模量的增大,在相同应力作用下,注浆层的变形减小,注浆层对管片上浮位移能够提供更大的支撑作用,抑制管片的上浮变形。根据前文管片初凝时间对管片上浮量影响的分析,随着浆液初凝时间增大,初凝时管片位置距离盾尾变大,上浮段管片变长,管片受到来自盾尾和稳定段管片的约束变小,因此管片上浮量变大。在工程中应根据工程地质情况、施工进度情况等因素合理选择浆液,对浆液质量进行动态管理,在保证浆液流动性和填充性的前提下,尽可能选择初凝时间较短、浆液强度较高的浆液,能够有效控制管片上浮量。

(3)盾构姿态控制。工程中地层土体不是均匀分布的,因此盾构在开挖过程中可能会发生姿态改变,需要不断调整盾构的施工参数。盾构姿态的调整过程会造成盾构的蛇形运动,此时管片环面受力不均且增加了对盾构周围土体的扰动,所以在盾构开挖过程中要控制好盾构的姿态,适时且合理的调整盾构的姿态,尽可能使其在设计轴线附近做小量的蛇形运动。按照盾构施工规范要求,盾构掘进过程中盾构的姿态偏差保持在±50 mm之内,发现偏差时不可过急过猛纠正偏差,应逐步进行纠正,以免人为造成管片环受力不均,同时防止扩大盾构周围土体扰动,增大管片上浮空间,造成管片上浮量增大。

(4)出土量控制。在盾构法施工过程中对出土量的控制一直是一项非常重要的工作,盾构施工中理论出土量为盾构每环理论开挖土体体积与土体平均密度的乘积。超挖对管片上方的砂卵石地层扰动较大,砂卵石地层稳定性较差,当受到较大扰动时,管片上方的砂卵石会产生松动塌落而产生更大的上浮空间。当施工过程中注浆量以及浆液质量等因素对管片上浮不利时,超挖所提供的上浮空间会使管片上浮量增大。因此在施工过程中控制出土量,在一定程度上可以控制管片上浮量。

(5)千斤顶压力控制。研究段工程隧道最大坡度为28.5‰,施工过程中盾构千斤顶推力在20 000~25 000 kN之间。通过前文千斤顶压力对管片作用力的理论分析,在理想状态下千斤顶作用力的向上分力不会超过12.43 kN。所以当千斤顶压力一定时,在推进过程中需关注管片姿态,控制千斤顶的压力偏角,尽可能使管片均匀受力;根据前文中千斤顶压力对管片上浮量的数值模拟分析发现,随着千斤顶推力的增加,脱出盾尾的管片的上浮量逐渐减小,因此可以根据管片上浮情况以及工程现场施工情况合理调整各区千斤顶,在保证管片质量的前提下合理选择千斤顶压力。

3. 注浆后控制

当管片脱出盾尾后,要对管片上浮状态进行严密监测,当发现管片发生较大上浮量时,应及时采取控制措施,防止管片上浮量进一步增大。管片脱出盾尾后可采取的控制方法为二次注浆以及增加管片配重。

(1)二次注浆控制。在同步注浆完成后,有可能出现浆液凝结收缩和同步注浆不足的情况,施工人员可以根据工程实际需要进行二次注浆。当同步注浆初凝时间达不到要求时,也可以采用注入双液浆的方式进行二次补浆，注浆压力和注浆量具有很大的不确定性，需要根据工程现场情况进行调整。二次补浆时尽可能选择在管片顶部进行注浆。当对管片下方进行补浆时，会对管片下方产生局部注浆压力，为管片上浮提供上浮力，使管片上浮量增大。当二次补浆位置选在管片顶部时，二次补浆过程会增大管片上方压力，减小管片上下压力差，因此对管片顶部进行注浆可以抑制管片的上浮。二次注浆位置如图 5.4.2 所示。

图 5.4.2　二次注浆位置

(2)增加管片配重。为了有效控制管片上浮量，可以选择在不影响盾构施工效率的前提下，在管片 1～3 环的位置适当增加配重。增加配重的方式可以等效为增加管片的重量。通过增大管片重量的方式，增加管片的抗浮力，从而控制管片的上浮。

5.4.2　实际工程案例分析

1. 上浮情况

盾构区间左线隧道施工过程中，对盾构管片脱出盾尾后的姿态进行复核，管片姿态复核频率为每开挖 20 环进行一次集中测量。通过复核数据发现管片 323～385 环部分出现明显上浮变化，现场根据实际工程情况采取有效针对性措施，在 430 环之后管片上浮情况得到很好的控制。为了详细研究该部分段管片上浮情况，选取 283～480 环管片姿态复核数据，绘制管片上浮曲线，如图 5.4.3 所示。在 283 环之前管片上浮量集中在 40～60 mm 之间，与 283～315 环的上浮量持平，283～315 环期间最大上浮量 70 mm，平均上浮量 54 mm。323～385 环位置管片上浮量发生明显变化，323～385 环管片上浮量值较 283～315 环增大近一倍，323～385 环期间最大上浮量 132 mm，平均上浮量 110 mm。430 环之后管片上浮情况得到很好的控制，430～480 环期间管片最大上浮量 79 mm，平均上浮量 62.6 mm。通过对 283～400 环位置管片施工地质情况进行分析，发现 283～315 环管片所在地层为全断面砂卵石地层，323～480 环管片所在地层为上半部分为砂卵石地层、下半部分为粉质黏土地层。

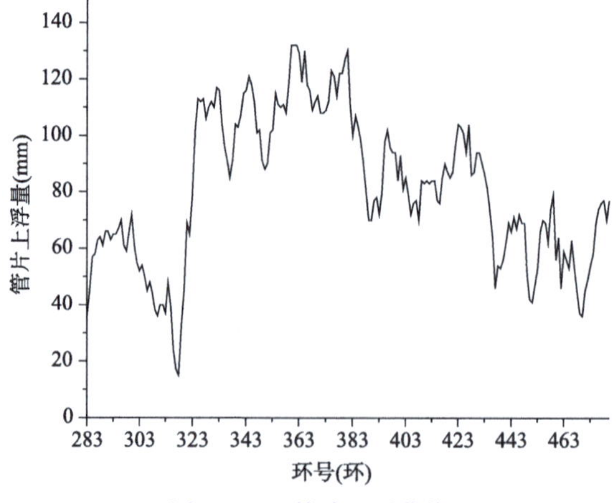

图 5.4.3　管片上浮曲线

在单环管片的上浮量理论计算模型和隧道整体上浮的数值模拟分析中，浆液质量控制在影响管片上浮方面都发挥着重要的作用。在黏土地层开挖过程中，盾构周边土体会形成一圈黏土层，由于黏土地层透水性差、聚水性强、浮力大、浆液内的水分不容易失水，致浆液凝固慢，所以工程重点关注了同步注浆浆液在施工过程中的初凝情况。在盾构完成推进 365 环时，对盾尾后 5 环处(即 360 环)管片顶部进行开孔检查，发现有浆液喷出。说明浆液在黏土地层中 6 h 后仍没有凝固，同步注浆浆液没有达到预期的初凝时间。

2. 处理措施

工程在发现管片出现大幅度上浮且同步注浆浆液没有达到预期初凝时间之后，针对工程的地质条件、隧道埋深和隧道穿越地区的重要管线及地面建筑物的状况，对注浆浆液进行了改进。工程同步注浆浆液采用单液浆，由水泥、粉煤灰、膨润土、砂和水配合组成，水泥含量对浆液初凝时间和抗压强度的影响非常明显，浆液配比中水泥含量增加，浆液初凝时间缩短，早期固结强度增大。因此工程重点对浆液的水灰比进行了调整，调整前浆液的水灰比为 5.83∶1，水泥含量占比 8.27%，利用维卡仪测得初凝时间约为 4.5 h；调整后浆液的水灰比为4∶1，水泥含量占比 12.7%，利用维卡仪测得初凝时间约为 3 h。调整后浆液初凝时间明显缩短。利用单轴抗压强度试验仪对浆液强度进行测定，调整后的浆液养护 24 h 强度为调整前浆液养护 24 h 的 3.6 倍；养护 48 h，调整后浆液的强度为调整前浆液的强度的 2.6 倍，调整后浆液的固结强度明显增大。

工程现场严格控制同步注浆配比，保证浆液初凝时间。为保证浆液配比满足工程要求，工程所使用的的同步注浆材料均是由工厂严格按照配比进行配制后的半成品，工程现场仅需要按照浆液的配比比例加水进行搅拌即可使用。工程现场搅拌完全后，在每环管片注浆前，均对同步注浆浆液进行取样，并对注浆环数、取样时间进行标注，观察浆液的初凝情况，当浆液初凝后记录浆液初凝时间。通过取样记录，确保每一环浆液初凝时间满足要求。

工程现场加强对施工期管片上浮的监测。区间工期紧张，在管片全断面为砂卵石地层时，对管片上浮变形的测量频率为每开挖 5 环进行一次集中测量。管片出现明显上浮之后，现场测量部门迅速调整测量频率，对管片做到每环一测，严密监测管片在施工阶段的上浮数据，掌握管片上浮情况。当管片出现异常上浮时，现场测量人员及时报备，对施工过程进行优化调整，确保管片上浮量在安全可控范围。

为了保证盾构区间施工正常快速进行，工程主要采取了调整浆液质量的措施，并没有施加过多的其他措施。430 环之前盾构同步注浆使用的是未调整的浆液，430 环之后使用的是调整后的浆液。根据工程地质图和实际施工情况，370～480 环区间地质情况没有发生较大变化，通过对管片姿态的复核，发现在 430 环后管片上浮量明显减小，平均上浮量由 110 mm 减小为 62.6 mm，减小为原上浮量的 56.9%。由工程可知，调整浆液质量可以有效控制管片上浮。

6 盾构长距离掘进运输方式

目前，盾构/TBM 施工过程中出渣水平运输主要为有轨运输、无轨运输、连续皮带机及管道输送出渣四种方式，其中管道输送出渣为泥水平衡盾构专有的出渣方式。TBM 多应用于山岭隧道、大型煤矿或引水工程等长大隧洞，施工多以连续皮带机作为施工出渣方式。盾构主要应用于城市轨道交通中，其隧道往往具有区间短、隧道直径小、上覆土层浅等特点。TBM 工程中广泛使用的连续皮带机出渣系统，安装拆卸占用工期较长，一次性投入成本大，因而在传统短距离盾构隧道施工时不宜采用，有轨运输仍是盾构施工出渣运输的主要方式。但随着城市轨道交通建设的发展，长距离、大直径盾构隧道逐渐出现，传统的有轨出渣方式已不能充分满足施工要求，因此需对现有的出渣方式进行优化，以满足盾构工程施工的要求。

6.1 盾构渣土运输方式

目前盾构施工采用的水平出渣方式主要有：无轨运输系统、有轨运输系统、连续皮带机运输系统三种方式。

1. 无轨运输系统

无轨运输常指轮胎式机械(如自卸汽车、装运机、轮胎式梭车等)运输。由于无轨运输系统对运输车动力要求较高，施工过程中存在污染严重，隧道通风费用高，装载、回车、会车、避车等附加洞室工程量大，出渣能力有限等缺点，因此当开挖长度大于 2 km 时，不宜采用无轨运输方式。另外，由于盾构设备自身的特点，无轨运输系统与盾构隧道工程适配性较差。

2. 有轨运输系统

有轨运输指机车牵引台车进行物料运输，牵引机车有内燃机车、电瓶车与架线式电力机车等。目前北京地区比较常用的有轨运输牵引机车为电瓶车，电瓶车具有使用灵活无污染等优点，但电瓶车存在使用寿命短、用电效率低、牵引能力不足等缺点。电瓶车在短距离、小直径城市地铁盾构施工过程中有轨运输系统应用十分广泛，如图 6.1.1 所示。

3. 连续皮带机运输系统

皮带运输是指连续皮带机，其优点是出渣效率快，污染少，所需的通风费用低，出渣和材料运输两条线，施工干扰小；缺点是一旦出现故障，出渣系统将失去作用，因此检修、维护时间长。但随着近年动态分析技术、可控起动技术、自动张紧技术、中间驱动技术、高速托辊技术等新技术的应用，弥补了设备故障率高、维修时间长的缺点，使皮带出渣系统具有运距长、运量大、速度快、无污染、盾构/TBM 利用率高等特点，如图 6.1.2 所示。

图 6.1.1 有轨运输出渣系统

图 6.1.2 连续皮带机出渣系统

4. 不同出渣方式对比分析

结合三种出渣方式优缺点进行总结对比，得出常规水平运输情况下三种出渣方式的优缺点及工程适应性，见表 6.1.1。

表 6.1.1 三种出渣方式优缺点对比情况表

出渣方式	优　点	缺　点	工程适应性
有轨运输	单次运输能力高，可靠性强，可同时完成管片与渣土的运输	持续运输能力低，斜坡条件制动能力差，安全性低，轨线铺设成本高	适用于各种断面隧道，隧道坡度小于 2%
无轨运输	设备简单，对场地要求不高，可同时完成管片与渣土的运输	斜坡条件制动能力差，安全性与运输能力低，隧道内空气污染严重	适用于大断面隧道，隧道坡度小于 10%，长度小于 2 km
连续皮带机	连续出渣能力强，地形适应性好，占用空间小，通风性好，节约施工工期	只能完成渣土运输，无法运输管片，投入成本较高，不适用于短距离运输	适用于各种断面隧道，隧道坡度小于 22%，长度大于 2 km

通过对出渣方式的对比分析，结合大兴新机场线 2 号风井～3 号风井盾构区间工程概况及存在的施工距离长、隧道断面直径大、隧道内部通风要求高、施工工期紧张等特点，该工程采用连续皮带机进行渣土水平运输，有轨电瓶牵引车作为管片及其他物料的水平运输方式更为适宜。

6.2 长距离隧道盾构掘进渣土运输方式对比

在北京新机场线 2 号风井～3 号风井盾构区间长距离掘进过程中，盾构出渣与管片运输是限制盾构施工进度的重要因素，下面对北京地区常见的两种盾构出渣方式进行分析对比。

1. 有轨运输出渣方式

北京新机场线类似标段电瓶车编组方式为：电瓶车头 1 辆、30 m^3 渣土车 4 辆、砂浆车 2 辆、管片车 3 辆。根据盾构完成一个循环掘进理论出土量为 117.7～120.9 m^3，可知选取常规电瓶车及其渣土斗需要 4 台渣土斗方能完成一个循环掘进，故若使用常规电瓶车及其渣土斗，只需要一组编列。表 6.2.1 为电瓶车设备运行参数。

表 6.2.1 电瓶车设备运行参数

项　目	参　数
隧道内行驶运行速度(km/h)	7
进出盾构机、洞口道岔、会车运行速度(km/h)	<5
隧道内管片、辅料卸运时间(min)	20
电瓶车岔道会车时间(min)	10

根据北京新机场线 2 号风井～3 号风井区间全长约 3 km，将其区间每隔 0.5 km 进行分段讨论计算，得出在相应距离范围内盾构每掘进完成当前环数所需要的时间(未考虑道岔情况)。

在 0.5 km 的条件下，盾构完成拼装一环所需时间主要包括盾构掘进时间、管片拼装时间、电瓶车在隧道内通行时间。其中，盾构平均每环掘进时间约为 30 min。根据现场实测每环管片平均拼装时间约为 40 min。电瓶车运行平均速度约 6 km/h，故完成一环掘进电瓶车需要在隧道内行驶所需时间为 20 min。

因此在 0.5 km 条件下有轨运输方式完成当前 3 环拼装所需时间约为 240 min。同理可以计算出在 1 km、1.5 km、2 km、2.5 km、3 km、3.5 km 条件下盾构完成当前 3 环拼装所需时间，计算结果见表 6.2.2。

表 6.2.2 有轨运输出渣方式盾构拼装 3 环所需时间

距离(km)	0.5	1	1.5	2	2.5	3	3.5
时间(min)	240	270	300	330	360	390	420

2. 连续皮带机出渣方式

在盾构掘进过程中连续皮带机需在盾构每掘进 300 m(188 环)时续接一次皮带。盾构区间左、右线续接皮带记录见表 6.2.3。

表 6.2.3　盾构续接皮带机记录

左线续接日期	时间(h)	右线续接日期	时间(h)
2018.01.14	20	2017.12.17	24
2018.02.07	20	2018.01.09	20
2018.03.07	16	2018.01.24	17
2018.03.23	16	2018.02.29	16
2018.04.12	15	2018.03.15	16
2018.05.03	15	2018.04.01	15.5
2018.05.14	15.5	2018.04.27	16
2018.05.28	16.5	2018.05.07	15.5
2018.06.21	14	2018.05.18	14
2018.07.05	15	2018.06.28	15
2018.07.18	16	2018.07.11	15
2018.08.05	14	2018.07.29	14

通过记录分析可知皮带续接时间最大不会超过 24 h，并且随着施工操作熟练，续接施工时间也会随之大幅度减少，最低仅 14 h。对表 6.2.3 进行计算，将连续皮带机续接皮带所需时间分摊至盾构拼装每一环上，计算结果见表 6.2.4。

表 6.2.4　平均续接皮带时间

项　目	线　路	时　间
平均续接皮带时间	左线	5.1(min/环)
	右线	5.3(min/环)
	双线平均	5.2(min/环)

在连续皮带机出渣条件下对盾构掘进长度为 0.5 km、1 km、1.5 km、2 km、2.5 km、3 km、3.5 km 情况下盾构完成当前 3 环拼装所需时间进行计算分析。由于采用连续皮带机出渣，因此原渣土台车可改变为管片台车，故电瓶车编组可更改为电瓶车头 1 辆＋砂浆车 2 辆＋管片车 7 辆。即电瓶车可一次运输 3 环盾构管片，计算结果见表 6.2.5。

表 6.2.5　连续皮带机出渣方式盾构拼装 3 环所需时间

距离(km)	0.5	1	1.5	2	2.5	3	3.5
时间(min)	235	245	255	265	275	285	295

3. *两种盾构出渣方式对比分析*

通过上述计算分析可知随着开挖长度的增加，有轨运输条件下盾构完成当前 3 环拼装所需时间为每增加 0.5 km 需要增加 30 min；在连续皮带机运输条件下盾构完成当前 3 环拼装所需时间为每增加 0.5 km 需要增加 10 min。同时在相同隧道长度条件下，连续皮带机出渣情况下盾构完成当前 3 环拼装所需时间小于有轨运输出渣情况下盾构完成当前 3 环拼装所需时间，而且随着开挖深度的增加，时间优势会更加明显，当隧道长度达到 3.5 km 时，每环施工时间可缩短约 29.7%。

6.3 连续皮带机应用效率分析

6.3.1 连续皮带机参数确定

1. 盾构掘进单环出土量计算

确定皮带机相关参数，首先需要对盾构掘进过程中出土量进行计算。根据隧道开挖地层特点（卵石），每环掘进出渣综合松散系数取 1.12～1.15。施工中土仓压力适中；控制掘进速度和盾构姿态，尽量保持已经建立的平衡，保持匀速推进和连续掘进。根据以往类似工程统计，9 m 直径盾构在砂卵石地层中掘进的速度约为 30～60 mm/min，最大不超过 80 mm/min，最终确定计算参数见表 6.3.1。

表 6.3.1　盾构机设计掘进参数与渣土参数表

项　　目	参　　数
地层松散系数	1.12～1.15
渣土密度（g/cm^3）	1.8
开挖直径（mm）	9 150
盾体直径（mm）	9 100
平均推进速度（mm/min）	30～60
最大推进速度（mm/min）	80

盾构的掘进速度决定了盾构单位时间内出渣的体积：

$$P_{max}=\frac{1}{4}\pi D^2 v_{max} \tag{6.3.1}$$

式中　P_{max}——盾构单位时间内出渣的体积；

D——盾构开挖直径；

v_{max}——盾构掘进的最大速度。

2. 皮带机带速计算

为保证盾构的顺利掘进，皮带机的运输能力需满足盾构单位时间内出渣的体积，同时尚需一定的安全系数，即

$$I_{min}\geqslant aP_{max} \tag{6.3.2}$$

式中　I_{max}——皮带机最低输送能力；

a——安全系数。

带式输送机的最大输送能力是由输送带上物料的最大面积、带速和设备倾斜系数决定，如下式：

$$I_v=Skv_d \tag{6.3.3}$$

式中　I_v——连续皮带机的输送能力；

S——输送带上物料的最大横截面积；

v_d——连续皮带机带速；

k——倾斜系数，本工程最大坡度为 5.9‰，但为了保证渣土的垂直提升，2 号风井处皮带机的倾斜角度较大。

连续皮带机输送带物料的最大横截面积按下式进行计算。其中，综合考虑工程特点结合带式输送机手册带宽选择原则和常用带宽确定带宽为 1 m。计算简图如图 6.3.1 所示。

$$S_1=[l_3+(b-l_3)\cos\lambda]^2\,\frac{\tan\theta}{6} \tag{6.3.4}$$

$$S_2=\left[l_3+\frac{(b-l_3)}{2}\cos\lambda\right]\left[\frac{(b-l_3)}{2}\sin\lambda\right] \tag{6.3.5}$$

$$S=S_1+S_2 \tag{6.3.6}$$

式中　b——有效带宽，$b=0.9B-50(B\leqslant 2\,000)$(mm)；

θ——堆积角，由地层参数确定，取 $\theta=15°$；

λ——倾斜角，取 $\lambda=35°$；

l_3——底边皮带长度，取 360(mm)。

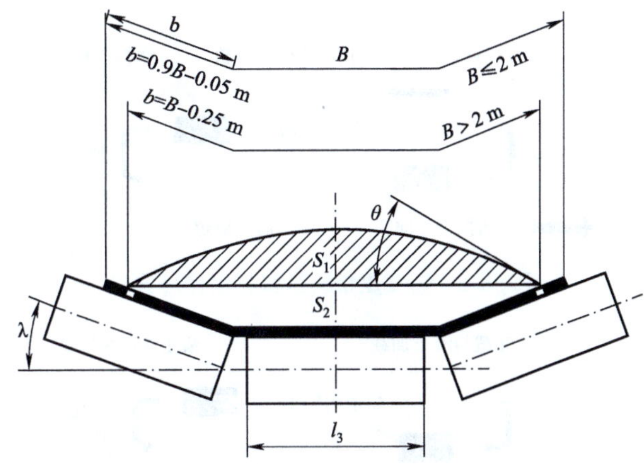

图 6.3.1　连续皮带机输送能力计算简图

由计算可得连续皮带机最大带速 v_{dmin} 应不小于渣土输送所需的最大带速，即

$$v_{dmin}=\frac{I_{min}}{Sk}\geqslant\frac{aP_{max}}{Sk} \tag{6.3.7}$$

根据工程实际情况及相关资料，综合判定对连续皮带机最大带速进行计算，在满足一定安全系数的条件下，最大带速确定为 2.8 m/s。确定所需最大带速后对驱动装置进行选择，以满足带速要求。

3. *皮带材料及带厚的选择*

由于区间渣土为中长距离运输，对皮带质量要求较高，主要体现在皮带的耐磨性和皮带的弹性要求。因此，长距离隧道多采用高强度带钢丝绳的皮带，皮带的结构包括上盖胶、下盖胶及钢丝绳。钢丝绳的作用是承受较大的负载，保持皮带的整体性，同时保持皮带的硬度，减小皮带受拉后的伸长率。选择钢丝绳主要是根据皮带的总长度及张紧力，最终确定选择直径 3 mm 的钢丝绳。皮带中上盖胶较厚，运行时作为工作面可以承受耐磨和较大程度的冲击荷载，上盖胶厚度为 5 mm。下盖胶不是工作面，耐磨要求低，根据相关经验确定下盖胶厚度为 4 mm。最终确定的皮带厚度为 12 mm。

6.3.2 水平运输物料循环方式

工程盾构区间选取连续皮带输送机出渣，轨道电瓶车运输管片物料的水平运输方式。在盾构掘进过程中，螺旋输送机输送的渣土直接运输到后方连续皮带输送机上，随着皮带输送机运输出隧道直至进入地面渣土池。轨道电瓶车携带管片与浆液等物料自盾构始发井吊装完成后向盾构机方向驶去，管片及物料由电瓶车运送至盾构机后配套设备处进行卸载，卸载完成后电瓶车即可驶出隧道至盾构始发井继续进行吊装加载，至此完成一次物料循环。相比于连续皮带输送机出渣系统，传统有轨水平运输需要轨道电瓶车同时携带管片与渣土斗，自始发风井吊装完成后驶入隧道。在盾构掘进过程中需将渣土斗移动至螺旋输送机出渣口下方，同时承担管片物料卸载与渣土加载，待盾构完成掘进后驶出隧道至始发井进行吊装渣土斗卸载，渣土斗倾倒完成后再加载至轨道电瓶车上，至此完成一次物料循环。两种物料循环方式如图 6.3.2 和图 6.3.3 所示。

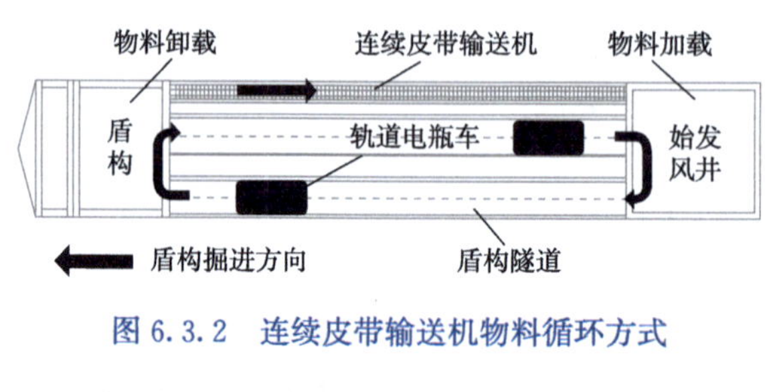

图 6.3.2 连续皮带输送机物料循环方式

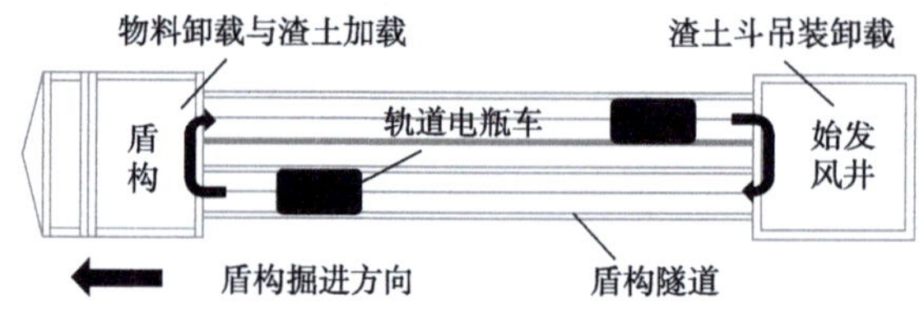

图 6.3.3 有轨水平运输物料循环方式

通过对比两种物料循环方式，连续皮带输送机相比于传统轨道运输在盾构出渣方面具有不需要等待盾构掘进出渣时间，可直接进行皮带运输渣土的优势；同时由于电瓶车不需要携带渣土斗，单次循环运输过程中可携带更多的管片及物料，大幅度提高盾构掘进速度。但连续皮带输送机一次性投入费用较大，设备组装复杂且故障率较高，所占施工成本费用比例较大。

6.3.3 建模基本思路

设定隧道中移动道岔始终处于 1/2 隧道处，在盾构施工过程中存在两种施工状态。状态 A：电瓶车 T1 在盾构机后配套设备处完成装载/卸载后向洞门方向驶出，同时电瓶车 T2 在洞门处完成卸载/装载后向盾构机方向驶入，二者恰好在隧道 1/2 处相遇，通过道岔错车后继续行驶，称之为“理想状态”。状态 B：两辆电瓶车会车处不在 1/2 道岔，称之为“非理想状态”。两种施工状态如图 6.3.4 和图 6.3.5 所示。

设定电瓶车当前水平运输循环属于状态 A，下一次水平运输循环转变为状态 B 的概率为 $\alpha(\alpha>0)$；当前水平运输循环属于状态 B，下一次转变为状态 A 的概率为 $\beta(\beta>0)$。则讨论两个问题：问题一，当前属于状态 A 的电瓶车，在其第 n 次时转变为状态 B 的概率为多少。问题二,从长远来看,这两个状态各自所占比例是多少。

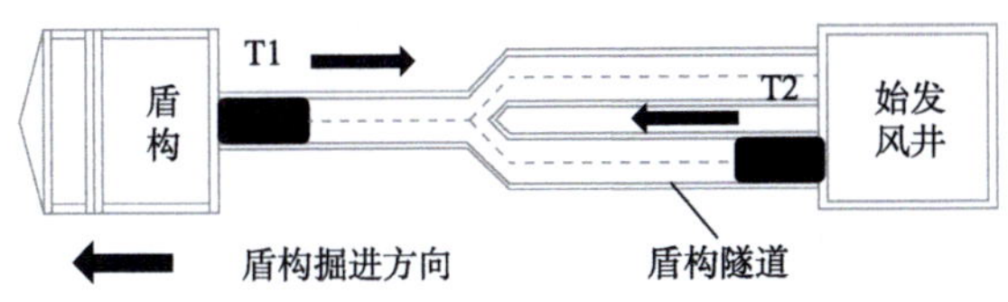

图 6.3.4　理想状态水平运输物料循环

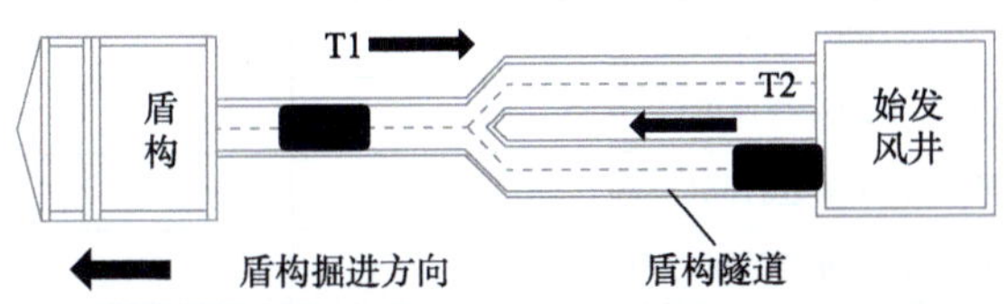

图 6.3.5　非理想状态水平运输物料循环

6.3.4　建立马尔可夫链

设 $X^{(n)}$ 为具有两种状态的过程(取值集合{0,1}),用其来描述下一次转变的状态,若电瓶车在第 n 次转变为状态 A,则记作 $X^{(n)}=0$;若电瓶车在第 n 次转变为状态 B,则记作 $X^{(n)}=1$,则其转移概率分别为

$$\begin{aligned} P_{00}&=1-\alpha \\ P_{10}&=\alpha \\ P_{11}&=1-\beta \\ P_{01}&=\beta \end{aligned} \tag{6.3.8}$$

其中 P_{00} 表示当前电瓶车属于状态 A,下一状态转变仍为状态 A 的概率;P_{01} 表示当前电瓶车属于状态 A,下一状态转变为状态 B 的概率;P_{10} 表示当前电瓶车属于状态 B,下一状态转变为状态 A 的概率;P_{11} 表示当前电瓶车属于状态 B,下一状态转变仍为状态 B 的概率。

则此过程的一步转移概率矩阵为

$$\boldsymbol{P}=\begin{bmatrix}1-\alpha & \beta \\ \alpha & 1-\beta\end{bmatrix} \tag{6.3.9}$$

可知在第 n 次情况下,状态转移的概率服从 n 步转移矩阵:

$$\boldsymbol{P}^{(n)}=\boldsymbol{P}^{n}=\begin{bmatrix}1-\alpha & \beta \\ \alpha & 1-\beta\end{bmatrix}^{n} \tag{6.3.10}$$

由上述一步转移矩阵可得平稳分布 $(\pi_0,\pi_1)^T$,可得线性方程组为

$$\begin{cases}(1-\alpha)\pi_0+\beta\pi_1=\pi_0 \\ \alpha\pi_0+(1-\beta)\pi_1=\pi_1 \\ \pi_0+\pi_1=1\end{cases} \tag{6.3.11}$$

解线性方程组可得

$$\begin{cases}\pi_0=\beta\,(\alpha+\beta)^{-1} \\ \pi_1=\alpha\,(\alpha+\beta)^{-1}\end{cases} \tag{6.3.12}$$

因此，从长远来看状态 A 与状态 B 所占比例分别为

$$A=\frac{\beta}{\alpha+\beta};B=\frac{\alpha}{\alpha+\beta} \tag{6.3.13}$$

6.3.5 系统参数的确定

由上文可知盾构完成一次掘进循环过程主要消耗时间为盾构掘进时间、拼装时间、电瓶车运输时间、管片物料卸载及加载时间。各具体时间参数见表 6.3.2。

表 6.3.2 水平循环过程各事项时间参数

序 号	事 项	参 数
1	电瓶车平均运行速度(km/h)	5
2	盾构平均掘进时间(h/环)	0.75
3	管片平均拼装时间(h/环)	0.5
4	电瓶车管片/物料平均卸载时间(盾构机处)(h)	0.33
5	电瓶车管片/物料平均加载时间(始发风井处)(h)	0.5

由表中数据可知，电瓶车管片/物料的加载与卸载时间均小于等于盾构掘进及拼装时间。即在理想条件下，电瓶车管片/物料的加载与卸载不会影响到盾构掘进，可通过盾构掘进及拼装时间相抵消。

6.3.6 连续皮带输送机模型求解

假定电瓶车水平运输处于理想状态，计算日掘进最大环数。电瓶车编组为：电瓶车头 1 辆、砂浆车 2 辆、管片车 6 辆，即电瓶车可一次运输 2 环盾构管片。具体列车编组如图 6.3.6 所示。

图 6.3.6 连续皮带机水平运输列车编组

对盾构区间拼装至第 100 环时电瓶车在隧道内部运行时间进行计算统计：

$$T_{100}^{皮带机}=\frac{2(100\times1.6\times10^{-3})}{5}\approx0.06\ \text{h/环} \tag{6.3.14}$$

可知盾构掘进每百环电瓶车在隧道内部运行时间统计，见表 6.3.3。

表 6.3.3 盾构掘进每百环电瓶车隧道内部运行时间情况

环 数	参数(h/环)	环 数	参数(h/环)
100	0.06	800	0.51
200	0.13	900	0.58
300	0.19	1 000	0.64
400	0.26	1 100	0.70
500	0.32	1 200	0.77
600	0.38	1 300	0.83
700	0.45	1 400	0.90

续上表

环　数	参数(h/环)	环　数	参数(h/环)
1 500	0.96	2 000	1.28
1 600	1.02	2 100	1.34
1 700	1.09	2 200	1.41
1 800	1.15	2 300	1.47
1 900	1.22	2 400	1.54

由于选择连续皮带输送机进行盾构出渣，因此电瓶车在盾构后配套设备处完成卸载后即可驶离盾构机，则盾构机完成掘进拼装一环所需时间为

$$T_{拼}=0.75+0.5=1.25\ \text{h} \tag{6.3.15}$$

且电瓶车一次携带两环管片与物料，因此电瓶车在隧道内部完成一次运输循环过程所需最大时间小于盾构掘进拼装时间：

$$T_{2\,400}<2T_{拼} \tag{6.3.16}$$

即在不考虑其他影响条件，连续皮带输送机出渣系统下影响盾构掘进进度的关键因素为盾构掘进速度与管片拼装速度。

左线盾构区间共计施工 258 d，在盾构施工过程中，盾构每天净施工时间受到很多因素影响，现将影响因素进行收集统计，见表 6.3.4。

表 6.3.4　连续皮带输送机盾构净施工时间影响因素

序号	事　项	总损耗时间(h)	总损耗时间(d)	平均每天损耗时间(h)
1	续接皮带时间	264	11	1.02
2	清理渣土池时间	480	20	1.86
3	会议检查与出土受限时间	240	10	0.93
4	每天例行检查皮带输送机时间	96	4	0.37
5	每周/月保养皮带输送机时间	444	18.5	1.72
6	刀具检修时间	552	23	2.14
7	施工准备时间	540	22.5	2.09
8	其他时间	540	22.5	2.09
9	合计	3 156	131.5	12.23

通过上表统计可知，施工过程中平均每天损耗时间为

$$T_{损}^{皮带机}=12.23\ \text{h} \tag{6.3.17}$$

平均每天净施工时间为

$$T_{净}^{皮带机}=24-12.23=11.77\ \text{h} \tag{6.3.18}$$

则理想状态下盾构日掘进环数为

$$H_{1\sim2\,400}^{皮带机}=11.77\div1.25=9.4\approx10(环) \tag{6.3.19}$$

即盾构日掘进环数超过 10 环/d 时，盾构施工状态可认为属于理想状态；当盾构日掘进环数低于 10 环/d 时则为非理想状态。

统计整理左线盾构平均日掘进环数情况，得到每周盾构掘进状态情况，即盾构掘进环数大于 70 环/周时，可视为理想状态，反之则为非理想状态，具体统计情况见表 6.3.5。

表 6.3.5　左线盾构周掘进状态统计

周数	掘进环数/周	状态	周数	掘进环数/周	状态	周数	掘进环数/周	状态	周数	掘进环数/周	状态
1	31	1(B)	10	34	1(B)	19	41	1(B)	28	87	1(A)
2	33	1(B)	11	0	1(B)	20	11	1(B)	29	90	0(A)
3	24	1(B)	12	29	1(B)	21	68	1(B)	30	112	0(A)
4	0	1(B)	13	114	0(A)	22	92	0(A)	31	92	0(A)
5	29	1(B)	14	96	0(A)	23	113	0(A)	32	107	0(A)
6	49	1(B)	15	50	1(B)	24	77	0(A)	33	83	0(A)
7	79	1(B)	16	38	1(B)	25	113	0(A)	34	60	1(B)
8	98	0(A)	17	71	1(B)	26	43	1(B)	35	63	1(B)
9	94	0(A)	18	118	0(A)	27	0	1(B)	36	114	0(A)

分析表中数据，其中有 16 周属于状态 A，20 周属于状态 B，连续出现状态 A 的周数为 10 次，连续出现状态 B 的周数为 14 次，从状态 A 转移为状态 B 的周数为 5 次，从状态 B 转移为状态 A 的周数为 6 次。由此，可以得到盾构施工状态转移情况见表 6.3.6。

表 6.3.6　左线盾构施工状态转移情况表

本周盾构所处施工状态	下周盾构所处施工状态	
	1(状态 B)	0(状态 A)
1(状态 B)	14	6
0(状态 A)	5	10

计算转移概率，以频率替代概率，可得连续属于状态 A 的概率：

$$P_{00}=\frac{\text{连续出现状态 A 的次数}}{\text{出现状态 A 的次数}}=\frac{10}{16-1}=0.67 \tag{6.3.20}$$

分母为 16−1 是因为第 36 周是属于状态 A，无后续记录，故需减 1。

同理可得，由状态 A 转入状态 B 的概率：

$$P_{01}=\frac{\text{状态 A 转入状态 B 的次数}}{\text{出现状态 A 的次数}}=\frac{5}{16-1}=0.33 \tag{6.3.21}$$

状态 B 转入状态 A 的概率：

$$P_{10}=\frac{\text{状态 B 转入状态 A 的次数}}{\text{出现状态 B 的次数}}=\frac{6}{20}=0.3 \tag{6.3.22}$$

连续状态 B 的概率：

$$P_{11}=\frac{\text{连续出现状态 B 的次数}}{\text{出现状态 B 的次数}}=\frac{14}{20}=0.7 \tag{6.3.23}$$

综上可得施工状态转移概率矩阵为

$$\boldsymbol{P}=\begin{bmatrix}1-\alpha & \beta \\ \alpha & 1-\beta\end{bmatrix}=\begin{bmatrix}0.67 & 0.33 \\ 0.3 & 0.7\end{bmatrix} \tag{6.3.24}$$

矩阵中的第一行(0.67,0.33)表示本周施工属于状态 A,下一周有 67%的概率仍保持在状态 A,转变为状态 B 的概率为 33%;同理可知第二行本周施工属于状态 B,下一周有 30%的概率转变为状态 A,70%的概率仍保持状态 B。

由此可得任意 n 次盾构施工状态转移概率矩阵,如三步转移矩阵:

$$\boldsymbol{P}^3=\begin{bmatrix}0.67 & 0.33\\0.3 & 0.7\end{bmatrix}^3=\begin{bmatrix}0.5 & 0.5\\0.45 & 0.55\end{bmatrix} \tag{6.3.25}$$

由第一行可知当前盾构施工属于状态 A,三周后有 50%的概率仍保持状态 A,有 50%的概率转入状态 B。设 $S^{(k)}=[P_A^{(k)},P_B^{(k)}]$表示预测对象 k 周后的状态转移概率,初始分布则为 $S^{(0)}=[P_A^{(0)},P_B^{(0)}]$,则转移概率预测模型为:

$$S^{(k)}=S^{(0)}\cdot P^k=S^{(k-1)}\cdot P \tag{6.3.26}$$

由上述公式继续逐步求解,可知当 k 大到一定程度,$S^{(k)}$将几乎不会发生改变,即稳定的施工状态占有率,设其稳定值为 $S=(P_{\mathrm{A}}+P_{\mathrm{B}})$,且 $P_{\mathrm{A}}+P_{\mathrm{B}}=1$。则有:

$$(P_{\mathrm{A}},P_{\mathrm{B}})=(P_{\mathrm{A}},P_{\mathrm{B}})\begin{bmatrix}0.67 & 0.33\\0.3 & 0.7\end{bmatrix} \tag{6.3.27}$$

由此可得

$$\begin{cases}P_{\mathrm{A}}=0.67P_{\mathrm{A}}+0.3P_{\mathrm{B}}\\P_{\mathrm{B}}=0.33P_{\mathrm{A}}+0.7P_{\mathrm{B}}\end{cases} \tag{6.3.28}$$

整理并加上条件 $P_{\mathrm{A}}+P_{\mathrm{B}}=1$,得

$$\begin{cases}0.33P_{\mathrm{A}}-0.3P_{\mathrm{B}}=0\\-0.33P_{\mathrm{A}}+0.3P_{\mathrm{B}}=0\\P_{\mathrm{A}}+P_{\mathrm{B}}=1\end{cases} \tag{6.3.29}$$

上式方程组中前两个方程中只有一个是独立的,任意删去一个,可求得唯一解:

$$P_{\mathrm{A}}=0.48,P_{\mathrm{B}}=0.52 \tag{6.3.30}$$

即从长远来看,状态 A 与状态 B 所占比例分别为 48%与 52%。

6.3.7 有轨电瓶车模型求解

北京新机场线类似标段有轨电瓶车水平运输编组方式为:电瓶车头 1 辆、30 m³ 渣土车 4 辆、砂浆车 1 辆、管片车 3 辆,即电瓶车可一次运输 1 环盾构管片。具体列车编组如图 6.3.7 所示。

图 6.3.7 有轨电瓶车水平运输列车编组

由于选择有轨电瓶车进行盾构渣土运输,因此电瓶车在盾构后配套设备处需等待螺旋输送机排渣加载,同时进行管片及物料卸载。待盾构完成一环掘进,停止出渣后方可驶离盾构机,则电瓶车在隧道内部运行时间需增加等待盾构出渣时间。

对盾构区间拼装至第 100 环时电瓶车在隧道内部运行时间进行计算统计:

$$T_{100}^{\text{有轨}}=\frac{2(100\times1.6\times10^{-3})}{5}+0.75=0.81\ \mathrm{h/环} \tag{6.3.31}$$

由此可得有轨电瓶车水平运输情况下盾构掘进每百环电瓶车在隧道内部运行时间统计,

见表 6.3.7。

表 6.3.7　盾构掘进每百环电瓶车隧道内部运行时间情况

管　环	参数(h/环)	管　环	参数(h/环)
100	0.81	1 300	1.58
200	0.88	1 400	1.65
300	0.94	1 500	1.71
400	1.01	1 600	1.77
500	1.07	1 700	1.84
600	1.13	1 800	1.90
700	1.20	1 900	1.97
800	1.26	2 000	2.03
900	1.33	2 100	2.09
1 000	1.39	2 200	2.16
1 100	1.45	2 300	2.22
1 200	1.52	2 400	2.29

盾构机完成掘进拼装一环所需时间仍为 1.25 h。设盾构掘进至 Z 环时，电瓶车在隧道内部运行时间等于盾构掘进拼装时间，易得等式方程：

$$T_Z^{有轨}=\frac{2(Z\times 1.6\times 10^{-3})}{5}+0.75=1.25\ \mathrm{h} \tag{6.3.32}$$

解得 $Z=781.25\approx 782$ 环，即在盾构掘进至 782 环时，电瓶车在隧道内部运行时间大于盾构掘进拼装时间：

$$T_{782}^{有轨}>T_{拼} \tag{6.3.33}$$

在不考虑其他影响因素条件下，有轨电瓶车出渣系统在 782 环前后影响盾构掘进进度的关键因素分别为盾构掘进拼装时间与电瓶车在隧道内部运行的时间。通过对比，易知有轨电瓶车出渣相比于连续皮带机出渣系统在盾构掘进至 782 环后电瓶车在隧道内部的运行时间大幅上升，并随隧道开挖长度增加，这种时间增幅会逐渐增大，最大可达 83.2%。即

$$\frac{T_{2\,400}^{有轨}-T_{2\,400}^{皮带机}}{T_{掘进拼装}}=\frac{2.29-1.54}{1.25}\times 100\%=83.2\% \tag{6.3.34}$$

在有轨电瓶车运输条件下对各施工影响因素时间进行统计整体，见表 6.3.8。

表 6.3.8　有轨电瓶车盾构净施工时间影响因素

序号	事　项	总损耗时间(h)	总损耗时间(d)	平均每天损耗时间(h)
1	清理渣土池时间	480	20	1.86
2	会议检查等时间	240	10	0.93
3	轨道电瓶车检修保养时间	144	6	0.56
4	刀具检修时间	552	23	2.14
5	施工准备时间	540	22.5	2.09

续上表

序号	事　　项	总损耗时间(h)	总损耗时间(d)	平均每天损耗时间(h)
6	其他时间	540	22.5	2.09
	合计	2 496	104	9.67

通过上表统计可知，施工过程中平均每天损耗时间：

$$T_{损}^{有轨}=9.67\ \mathrm{h} \tag{6.3.35}$$

则平均每天净施工时间为

$$T_{净}^{有轨}=24-9.67=14.33\ \mathrm{h} \tag{6.3.36}$$

由上述分析易知，当盾构掘进小于782环时，由于有轨电瓶车运输净施工时间大于连续皮带输送机净施工时间，因此，有轨电瓶车出渣系统盾构日掘进环数要大于连续皮带输送机出渣系统盾构日掘进环。

设定当盾构拼装至 $X(X>782$ 环)时，有轨电瓶车出渣系统与连续皮带输送机出渣系统的盾构日掘进环数相同，根据上述整理，可得两种出渣系统盾构日掘进环数方程组：

$$\begin{cases} H_X^{有轨}=\dfrac{T_{净}^{有轨}}{T_X^{有轨}}=\dfrac{14.33}{\dfrac{2(X\times1.6\times10^{-3})}{5}+0.75} \\ H_X^{皮带机}=9.4 \end{cases} \tag{6.3.37}$$

易解得方程组 $X=1\ 210$ 环。即盾构掘进环数小于1 210环时，有轨电瓶车出渣系统盾构日掘进环数大于连续皮带输送机出渣系统盾构日掘进环数；当盾构掘进环数大于1 210环时，连续皮带输送机出渣系统盾构日掘进环数大于有轨电瓶车出渣系统盾构日掘进环数。

当盾构掘进至2 400环时，可得在此条件下有轨电瓶车理想盾构日掘进环数：

$$H_{2\ 400}^{有轨}=\frac{T_{净}^{有轨}}{T_{2\ 400}^{有轨}}=\frac{14.33}{2.29}=6.25\approx6(环) \tag{6.3.38}$$

则在盾构掘进最大长度情况下连续皮带输送机出渣系统相较于有轨电瓶车出渣系统盾构日掘进环数增加4环，即最大施工进度差百分比为：

$$\frac{H_{2\ 400}^{皮带机}-H_{2\ 400}^{有轨}}{H_{2\ 400}^{皮带机}}=\frac{10-6}{10}\times100\%=40\% \tag{6.3.39}$$

通过上述分析可知当盾构掘进环数大于782环时，不考虑施工成本因素影响，连续皮带输送机出渣相较于有轨电瓶车出渣在盾构施工进度方面有较大优势，且随着隧道开挖的增加，最大施工进度可相差40%。

6.3.8 提高皮带机运输效率措施

1. 皮带机安装前设备调试

皮带输送机需要在盾构入场前浇筑安装完成，相邻机壳法兰面应连接平整、密和，机壳内表面接头处错位偏差不超过2 mm。机壳法兰间允许垫石棉带调整机壳和螺旋体长度的积累误差。

皮带输送机作业时，应首先考虑转载点处上下两条皮带机的相对高度。相对高度越低，物料的水平速度分量越大，对下层皮带的侧向冲击越大；同时，物料也很难居中，使在输送带横断面上的物料偏斜，冲击力的水平分力最终导致皮带跑偏。

2. 实现交叉作业的皮带机效率优化

由于北京新机场线 2～3 号始发风井结构空间相对狭窄，因此可能会出现交叉作业的情况。这时，如何解决皮带机的连接问题就成为工作效率优化的重要难题。针对这一问题，可对皮带机结构进行适当优化，如改造运输机头架，通过延长皮带机头架上卸载滚筒支撑的长度来加高皮带机头架底座，从而控制皮带与底板的高度，使轨道运输物料、行人和皮带运输互不耽误，进而可进行交叉作业。

3. 防止落物的效率优化

在皮带机运输过程中若需要大幅度调整皮带机的角度，这时货物就容易发生坠落，给现场的工作人员带来一定的安全隐患。对于这种情况，可以利用废旧钢板、槽钢及钢管等材料设计防落物装置，并将此装置安装在坡度较大的运输机皮带上，可以有效控制运输货料的滑落。同时，在急陡坡处安设防跑矸装置的基础上，在皮带两侧及顶部进一步架设护网，更有效地避免了运输物品滑落伤人事故的发生，大大提升了皮带运行期间工作面上行人的安全系数。

4. 解决变坡点带来的问题

在皮带运输中，因盾构隧道部分段起伏较大，容易出现曲率半径较小的地点。如果直接通过该处，皮带运行时极易悬空造成货料洒落问题。同时，皮带启动时，还易与隧道周围刮擦，造成皮带撕裂，进而造成材料的浪费。对此，可通过运用吊挂皮带原理，将皮带机中间段通过打锚杆配合锚链吊挂在巷道顶板上，以改变皮带机运行中曲率半径过小引起的飘带等问题，可较好地解决皮带经过曲率半径较小的变坡点所带来的问题。

6.4 连续皮带机布置方案

1. 连续皮带机工艺流程

北京新机场线项目 2 号～3 号风井盾构区间盾构机采用连续皮带机出渣。连续皮带机由连续皮带、1 号转渣皮带、2 号转渣皮带、3 号反向倾斜皮带、移动布料皮带等组成。皮带库可储存皮带 750 m，掘进 300 m 续接一次皮带。皮带机工艺流程如图 6.4.1 所示。

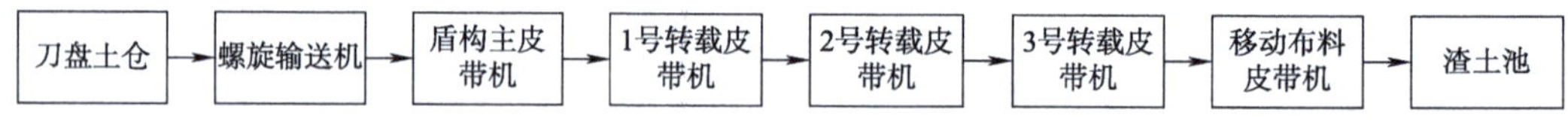

图 6.4.1 连续皮带机工艺流程

2. 连续皮带机主要参数

双线盾构连续皮带机具体参数见表 6.4.1。

表 6.4.1 连续皮带机参数表

皮带机参数	右线连续皮带机	1 号转载皮带机	2 号转载皮带机	3 号转载皮带机	右线移动皮带
带宽 B(mm)	1 000	1 200	1 000	1 000	1 000
带速 v(m/s)	0～2.8	2.8	0～2.8	0～2.8	0～2.8
运量 q(m^3/h)	700	700	700	700	700
长度 l(m)	3 852	9.5	109	71	36
高度 h(m)	5	0	18	8	0

续上表

皮带机参数	右线连续皮带机	1 号转载皮带机	2 号转载皮带机	3 号转载皮带机	右线移动皮带
胶带	ST800	ST630	ST630	ST630	ST630
电机功率(kW)	2×250	15	90	55	30
驱动形式	变频电机+减速机+变频器	电动滚筒	变频电机+减速器+变频器	变频电机+减速机+变频器	电机+减速机+电气软启动
传动滚筒 托辊直径	ϕ800×1 150 mm，ϕ108	ϕ630×1 400 mm，ϕ108	ϕ630×1 150 mm，ϕ108	ϕ630×1 150 mm，ϕ108	ϕ630×1 150 mm，ϕ108

3. 连续皮带机布置

(1)1 号转载皮带机

该皮带位于盾构机尾部井口处，首先定位固定头部和尾部滚筒架，安装中间支腿和连接中间架。头部和尾部连接完成后，穿皮带(1 号皮带机皮带长度较短，安装前已硫化完成)，将皮带上部用葫芦拉起，吊车吊头部电动滚筒，手拉葫芦配合放置安装头部支架上。安装头部漏斗及挡泥板，安装皮带下部缓冲托辊及上部托辊支架、托辊，安装水清洗装置，调试完成后装漏斗护罩。安装上部导料槽的同时拉紧皮带，尾部滚筒可调整水平位置，用于拉紧皮带。1 号皮带安装完成后可硫化放储带仓皮带。

(2)2 号转载皮带机

2 号转载机皮带机将物料从底板运至 3 号转载皮带机上，皮带机采用变频软启动，机头卸载兼传动，张紧方式采用机头垂直重锤拉紧。从 1 号转载皮带机上接料，将物料运输到 3 号转载皮带机上，皮带机机头部分布置在顶板上，机尾部分布置在底板上，中间机身部分钢架落地固定在中板和底板上。具体皮带机布置如图 6.4.2 所示。

(3)3 号转载皮带机

3 号转载皮带机的结构形式类同于 2 号转载机，将物料从顶板运至地面移动皮带机上，皮带机采用变频软启动，机头卸载兼传动，张紧方式采用机头垂直重锤拉紧。从 2 号转载皮带机上接料，将物料运输移动到皮带机上，皮带机机头部分布置在地面渣坑上面，机尾部分布置在顶板上，中间机身部分钢架落地固定在顶和地面渣坑内。具体皮带机布置如图 6.4.3 所示。

图 6.4.2　2 号转载皮带机布置图

图 6.4.3　3 号转载皮带机布置图

(4)移动皮带机

移动皮带机布置在渣坑内,负责将物料从 3 号转载皮带机运至地面渣坑内,皮带机采用电气软启动,机头卸载兼传动,张紧方式采用机尾螺旋张紧,中间机身部分通过三角斜撑固定在地面渣坑墙壁侧。

(5)储带装置

储带装置是用来存储胶带的装置,由储带转向架、储带仓架、托带小车、改向滚筒和张紧车等组成。储带装置采用十四层塔式储带方式,总长度 73 m,最大储带长度 650 m。储带转向架、储带仓架主要为焊接结构,各架体之间用螺栓连接。在储带转向架内装有改向滚筒,与张紧车上的改向滚筒一起供胶带在储带装置中往复导向。架子的上部安装槽形托辊和下托辊,以支撑胶带,在储带仓架内有角钢焊成的轨道,供支撑小车和张紧车行走。具体皮带机布置如图 6.4.4 和图 6.4.5 所示。

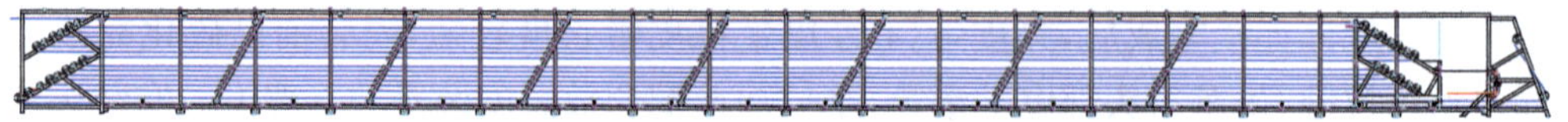

图 6.4.4　储带装置布置图

图 6.4.5　储带装置布置图

(6)张紧装置

张紧装置是给胶带提供一定张紧力的装置,采用变频恒扭矩自动张紧装置。特点为动态控制、快速跟随、占地空间少、无液压泄露等。变频恒扭矩自动张紧装置由变频器、变频电机、减速器、张紧绞车组成。

(7)放带装置

放带装置采用电动放带,满足放带 650 m 的要求。主要由放带机架(含驱动轴、带芯轴、从动轴组、卷带机座体、托辊)、驱动装置(含减速电机)及行走轨道组成。放带装置放置在轨道上,轨道有抱轨器,轨道限位块根据工地现场实际情况焊接。

(8)硫化装置

硫化装置包含硫化机和硫化平台两部分。硫化机由加热板、水压板、隔热板、大螺栓、夹紧装置、加压泵、高压水管、棘轮扳手、电控箱、电源线及温度传感器等部件组成。

硫化平台是为硫化胶带接头所必备的工作场所。装置共设硫化平台两个，满足两个接头硫化的要求。第一硫化平台位于放带机与传动装置之间，第二硫化平台位于放带机与储带装置之间。平台面积满足硫化时对空间的要求，双层单卷输送带 650 m 一卷，同时伸出两个接头，分别放置在放带机两侧的两平台上进行硫化，如图 6.4.6 所示。为保证硫化胶带的需要，在传动滚筒后及张紧装置后各设置 1 套夹紧装置，可以根据现场空间情况放置。

图 6.4.6　硫化平台现场情况图

(9)清扫装置

清扫装置是用来清除黏附在胶带上的物料的装置，是输送机必不可少的部件，特别是头部胶带(脏面)的清扫效果，直接影响输送机的启动、运转性能，影响胶带的使用寿命。

由于皮带机输送的渣料含部分黏土，为有效地去除皮带粘料，提高清扫效果，采用机头二道清扫器＋水清洗箱、机尾一道空段清扫器的清扫系统。

6.5　连续皮带机布置方案优化

1. 连续皮带机改造目的及范围

根据节点工期及施工进度要求，盾构左、右线将于 8 月初到达接收端。3 号风井～草桥站盾构区间连续皮带机驱动部分安装于接收井内，完全占用接收井，双线盾构机不具备接收条件。对此，将对接收井内的连续皮带机布置进行方案优化。具体改造范围如图 6.5.1 所示。

图 6.5.1　接收井处皮带机布置情况

2. 连续皮带机改造方案

(1)接收井内连续皮带机机头部分改造方案

连续皮带机机头延伸架(包含驱动部分)沿中心线向洞内方向整体后撤 12 m，保证接收井内盾构机拆机空间纵向 13 m。后撤前需拆除机头延伸架走道、护栏等部分，两驱动装置从左侧移至右侧。具体改造示意如图 6.5.2 和图 6.5.3 所示。

图 6.5.2　连续皮带机机头处现场拆除情况 1

图 6.5.3　连续皮带机机头处现场拆除情况 2

(2)折返皮带机吊挂部分改造方案

折返皮带机分两部分(吊挂部分和固定部分),二层平台上固定部分不动,二层和底层之间的吊挂部分后撤 11 m;同时调整吊链高度,倾斜角度由 10°变为 13°。具体改造示意如图 6.5.4 和图 6.5.5 所示。

图 6.5.4　连续皮带机吊挂部分现场改造情况 1

图 6.5.5 连续皮带机吊挂部分现场改造情况 2

3. 连续皮带机常见问题处置措施

(1)皮带机跑偏

采用连续皮带机进行长距离出渣难以避免出现皮带跑偏问题。在大兴新机场线盾构区间连续皮带机系统运行中,皮带跑偏主要有以下 5 种形式:皮带支架、托辊或滚筒安装倾斜;清扫器挂渣不净;给料位置不正;皮带纵向撕裂;皮带存在破损、边部缺失或老化变质。针对上述出现问题,可采用以下方法进行纠偏。

调整托辊组:皮带机的皮带在整个皮带运输机的中部跑偏时尽量调整托辊组的位置来调整跑偏。具体调整方法为皮带偏向哪一侧,托辊组的哪一侧朝皮带前进方向前移,或另外一侧后移。皮带向上方向跑偏,则托辊组的上部位处应当向左移动,托辊组的下部位处向右移动。

安装偏移立辊:其原理是采用立辊在水平面内方向转动阻挡或产生横向推力使皮带自动向心达到调整皮带跑偏的目的。一般在皮带运输机总长度较短时或皮带运输机双向运行时采用此方法比较合理,原因为较短距离皮带运输机更容易跑偏且不容易调整,而长距离皮带在隧道转弯段使用偏移立辊会对皮带的使用寿命产生一定的影响,因而采用调整托辊组较为合理。

(2)皮带打滑

皮带打滑分为重锤张紧、螺旋张紧、液压张紧皮带机的打滑,针对这三种张紧皮带机,可采用以下方式解决。

重锤张紧装置的皮带运输机在皮带打滑时可添加配重来解决,添加到皮带不打滑为止。但不应添加过多,以免使皮带承受不必要的过大张力而降低皮带的使用寿命。

螺旋张紧或液压张紧皮带运输机出现打滑时可调整张紧行程来增大张紧力。在施工过程中张紧变频器设置的拉力吨位基数较大,所以需要缓慢的调整设置,逐步增加张力。但若张紧行程不够或皮带出现了永久性变形,可将皮带截去一段重新进行硫化。

(3)皮带修补

冷硫化修补需将输送带破损部位用角磨机配合钨钢打磨碟进行打磨,根据输送带破损部位的大小选择相应的带半硫化层的输送带修补片或修补条(修补条或修补片至少多出破损部位 15~20 mm),不带半硫化层的材料需要将粘接面进行深层次打磨。再将输送带破损部位和输送带修补条半硫化面进行涂刷皮带胶水,晾置一段时间后进行二次涂刷,最后将修补条拉直贴在输送带打磨面上，用橡胶锤或者压实滚轮进行敲打压实，排出空气。

热硫化修补需根据破损大小，沿破损四周至少多出 15～20 mm，划出切割修补线，以 45°角斜切，并剥去已损坏的盖胶。将输送带破损部位用角磨机配合钨钢打磨碟进行深层次打磨，将打磨好的输送带铺上织物加强层或钢丝加强层，对加强层与破损部位进行涂刷热硫化剂，最后使用热硫化修补器或硫化机进行加压、加温硫化。